허브 코헨의
협상의 기술

2

허브 코헨의 협상의 기술 2

1판 1쇄 발행 2021. 1. 8.
1판 7쇄 발행 2023. 10. 16.

지은이 허브 코헨
옮긴이 박진서

발행인 고세규
편집 심성미 디자인 유상현 마케팅 백선미 홍보 이한솔
발행처 김영사
등록 1979년 5월 17일(제406-2003-036호)
주소 경기도 파주시 문발로 197(문발동) 우편번호 10881
전화 마케팅부 031)955-3100, 편집부 031)955-3200 | 팩스 031)955-3111

값은 뒤표지에 있습니다.
ISBN 978-89-349-8974-5 04320 | 978-89-349-8972-1 (세트)

홈페이지 www.gimmyoung.com   블로그 blog.naver.com/gybook
인스타그램 instagram.com/gimmyoung   이메일 bestbook@gimmyoung.com

좋은 독자가 좋은 책을 만듭니다.
김영사는 독자 여러분의 의견에 항상 귀 기울이고 있습니다.

허브 코헨 지음 | 박진서 옮김

허브 코헨의

협상의 기술

2

Negotiate This!

김영사

내 운명의 여인, 아내에게
그녀는 웃는 자가 끝까지 살아남는다는
사실을 일깨워주었다!

Negotiate This!

협상, 상대방을 내 편으로 만드는 심리게임

현재나 과거는 없다.
오직 과거만이 계속해서 반복될 뿐이다.

유진 오닐

오랫동안 이 책을 준비해왔다. "발표하지 않으면 도태된다"라는 학계의 정설대로라면, 나는 사람들의 기억 속에서 잊힌 지 오래되었을 것이다.

1980년《허브 코헨의 협상의 기술 1 You Can Negotiate Anything》이 출간된 이후, 협상과 관련한 책이 수없이 쏟아져 나온 덕분에, 이제는 협상이라는 말이 새로운 모토나 "구원의 후광"으로까지 여겨진다.

이렇게 넘쳐나는, 지혜를 담은 책 대부분이 케케묵은 이야기나 오래된 일화, 즉흥적인 통찰력, 직감을 뛰어넘어 그 이상의 주제를 다루고 있다. 따라서 나는 이런 지혜에 내 개인적 경험을 더해 흥미롭고도 매우 읽기 쉬운 책으로 엮으려고 한다.

이 책은 무엇이 다른가? 우선, 나만의 고유한 스타일이 담겨 있다. 지난 세월 동안 연설과 강연, 세미나를 통해 100만 명에 이르는 사람들과 소통하면서 사용했던 독특한 스타일이 이 책에 녹아 있다. 잘못된 생각일 수도 있지만, 나는 다시 한번 나만의 스타일을 고수했다.

다음으로, 이 책의 뚜렷한 특징은 새로운 사실이나 기법 대신에 우화와 은유, 간단한 모델 등을 이용해 독자가 자신의 경험과 행동, 인간관계 등을 다른 시각에서 바라볼 수 있도록 했다는 점이다.

마지막으로, 웃음과 즐거움을 선사하는 다양한 사례와 예시가 담겨 있다. 물론 여기에 실린 유머들은 단순히 웃고 넘길 만한 내용은 아니다. 다른 건 몰라도 이 유머만큼은 아무런 부작용 없이 마음을 안정시켜줄 것이다. 그러나 더 중요한 것은, 이 유머를 잘 활용하면 이해력을 높이고 급변하는 혼란스러운 세상에서 다른 사람과 교류하는 주체로서 자신의 진가를 알아가는 데 도움이 될 것이다.

책에 실린 아이디어와 개념의 상당 부분은 1963년 올스테이트 보험회사의 후원으로 손해사정인과 변호사를 위해 내가 직접 개발하고 가르친 3주 협상 교육 프로그램의 초기 형태를 따랐다.

내가 "윈루스win-lose"와 "윈윈win-win"이라는 표현을 사용한 게 그때부터다. 하지만 그보다 중요한 것은 그 이후로 수많은 협상에 직접 참여하여 이 분야의 수많은 이론가나 협상가와의 만남을 통해 엄청난 지혜를 얻었다. 더욱이 역사, 국제관계, 법을 정식으로 교육받는 한편, 게임 이론이나 사회심리학 등 다양한 분야에서 협상의 다양한 수단에 관해 오랫동안 공부했다.

또 수십 년 동안 〈타임〉, 〈뉴스위크〉, 〈코멘터리〉, 〈뉴리퍼블릭〉, 〈네이션〉, 〈이코노미스트〉를 꾸준히 읽으면서 사고를 키우고 시각을 넓히는 데 상당한 도움을 받았다.

따라서 이 책은 한 사람의 이름으로 출간되지만, 많은 사람의 통찰력을 담고 있다. 극작가 아서 밀러는 "우리는 세상 속에 있지만, 세상 또한 우리 안에 있다"라고 말했다. 그러므로 나는 "완전히 독창적"이라는 주장은 본래의 출처를 무의식적으로 망각한 데서 비롯된다고 믿게 되었다. 기억이 조작하기 위해서가 아니라면 왜 필요하단 말인가?

그러면 이제, 내 성장과 발전에 도움을 주신 분들을 언급하고자 한다. 항상 시대를 앞서간 사상가인 미시간주립대학의 유진 에머슨 제닝스에게 특별히 감사한다. 또 솔 앨린스키, 한나 아렌트, 모린 버먼, 할랜 클리블랜드, 노먼 커즌스, 로버트 달, 모튼 도이치, 빅터 프랭클, 제이 할리, 에릭 호퍼, 프레드 이클레, 조지 케넌, 헨리 키신저, 모리 리브먼, 데이비드 마멧, 마리아 매니스, 한스 모겐소, 조지 오디온, 딘 프루이트, 아나톨 래퍼포트, 에드워드 로우니, 버트런드 러셀, 톰 셸링, 윌리엄 자트먼에게 감사한다.

아울러 내 삶과 이 책에 큰 영향을 준 알 카졸리, 해리 채핀, 웨스 코니시, 랄프 코페토, 헨리 드루스, 테미 하다드, 루즈카 코르작-마를르, 비트카와 아바 코프너, FBI의 월트 시렌과 에드 툴리에게 감사한다. 그리고 이 책이 결실을 맺기까지는 특히 래리 킹의 아낌없는 도움이 컸다. 래리는 《허브 코헨의 협상의 기술 1》의 인기로 보면, 이 책의 독자는 이미 준비된 거나 다름 없어"라고 말하곤 했는데, 그러고 나서는 항상 이런 말로 자만하지 않도록 주의를 주었다. "하지만 시간이 흐른 만큼 그 독자들 절반은 이미 죽었겠군."

마찬가지로 줄리 맥캐런, 폴 맥래플린, 데보라 래핀, 그리고 특히 에드 빅터의 도움이 없었다면 이 책은 세상에 나오지 못했을 것이다. 그리고 무엇보다도, 무한한 참을성과 이해심을 보여 준 편집자 릭 울프와 내 에이전트인 마이클 비너의 격려와 도움에도 감사한다.

또한 나는 많은 친구들로부터 오랫동안 변함없는 우정을 선물 받았다. 베티와 포레스트 벨처, 앨리스 기너트와 테드 콘, 마틸다와 마리오 쿠오모, 애셔 댄, 엘리와 데이비드 드라크먼, 로빈과 솔 기틀먼, 테드 그린버그, 바바라와 제리 그린바움, 존과 제프 맥그래스, 재닌과 존 밀러, 수잔과 맥스웰 솔, 시드 영, 그리고 특히 주디와 스탠 스포킨에게 감사한다.

개인적으로, 항상 지원을 아끼지 않는 나의 가족에게 감사한다. 나의 부모님, 에스더와 모리스 코헨은 성공하는 사람보다 가치 있는 사람이 되라고 직접 모범을 보이며 가르치셨다. 인생을 살면서 주는 것보다는 받는 것이 많은 사람은 실로 성공한 사람이다. 하지만 진정 가치 있는 사람은 자신이 받는 것보다 더 많이 기여하는 사람일 것이다.

나의 가족 중에 최고의 지성인 누이 르네 블루멘탈은 내 첫 책《허브 코헨의 협상의 기술 1》을 읽고는 "열 살에서 열두 살 짜리를 위한 책이네"라고 말했다.

나의 아이들 샤론과 스티븐, 리치, 그리고 반려자 빌 레빈과 리사 멜메드, 제시카 메도프는 우리 삶을 풍요롭게 했다.

무엇보다도, 지난 40여 년 동안 조언자이자 비평가로서 내조해 준 아내 엘렌에게 고마움을 전하고 싶다.

여기서 잠깐, 본론에 들어가기 전에 이 책을 읽는 데 도움이 되는 "참고사항" 몇 가지를 짚고 넘어가는 것이 좋겠다.

우선, 이 책을 쓰면서 나는 영어를 사용하는 데 큰 제약이 있음을 깨달았다. 바로 대명사 용법 문제였다. 내가 사용한 대명사 용법이 원칙과 다른 부분이 있지만, 명확성과 간결성에 중점을 두었으므로, 의도치 않은 실수가 보이더라도 독자들이 너그러이 이해해주리라고 믿는다. 또 하나, 일반 독자가 읽기 편하도록 혼동을 줄 수 있는 각주를 넣지 않기로 결정했다. 한편 이 주제를 다른 시각에서 보고자 하는 독자를 위해서는, 뒤에 여러 참고문헌을 소개해놓았다.

마지막으로, 이 책에서는 구체적인 사실을 언급하기보다는 제안하는 형식을 사용했다는 점에서, 특정 세부 사항이나 사실보다는 일반적인 의견 또는 아이디어를 제시했음을 밝힌다.

사실 나는 행동을 처방하기보다는 설명하는 것이 편하다. 일반적인 처방이 문제가 되는 것은 사람마다 처한 상황이 다르기 때문이다. 사람들에게는 저마다 다른 고유의 인생과 목표가 있다. 그 목표를 달성하기 위해서는 다른 사람이 말해주는 지식은 물론이고, 스스로 안다고 생각하는 지식까지 포함해 모든 것에 의문을 가져야 한다. 당신 삶의 주인은 당신 자신이다.

러시아 대사가 잠을 자다 죽었다는 소식을 듣고, 프랑스 외교관 탈레랑은 이렇게 말했다고 한다. "그 친구, 동기가 무엇이었는지 궁금하군." 그런 의미에서, 내가 왜 이 책을 쓰게 되었는지 궁금해할 독자를 위해 그 동기를 분명히 밝히고자 한다.

어떤 이들은 협상을 단체 교섭이나 외교, 또는 거액이 오가는 거래에 국한된 커다란 이벤트로 생각한다. 그러나 협상은 점점 더 다양한 사회 상황에서 계속해서 늘어나고 있다. 실제로, 우리 시대의 가장 보편적인 징후 중 하나는 둘 이상의 당사자들이 각기 다른 욕구와 관심사를 해결하기 위해 소통하는 의사결정 수단으로서 협상을 폭넓게 수용하는 것이다.

숨을 쉬는 것과 마찬가지로 우리가 지속적으로 생존하기 위해서는 협상이 필요하다. 삶의 질, 아니 생존 자체가 얼마나 협상을 잘하느냐에 달려 있다.

좀 더 쉽게 설명해보자. 우리는 매일매일 업무에서나 업무 외의 일을 할 때 타인과 소통하면서 그들의 행동에 영향을 주려고 한다. 그러므로 협상은 꼭 필요한 기술이며, 더 중요하게는 그 기술을 습득할 수 있다는 사실이다. 분명 이 책의 기본 원칙대로 협상가는 타고나는 것이 아니라 만들어진다.

이 책의 목적은 어려운 인간 문제와 상황에 대처할 수 있도록, 독자들에게 만고불변의 검증된 조언과 함께 통찰력을 주기 위한 것이다. 페이지를 넘기면서 당신은 쉽게 사용할 수 있는 상식적이면서도 만족스러운 기술을 배우게 될 것이다. 단순히 새로운 가능성과 현실을 보는 것만으로도 당신은 더욱 힘을 얻고 자신감과 해방감을 느낄 것이다.

놀랍지만 시대를 막론하고 세상에는 삶의 질을 높이기보다는 수명을 연장하려고 안달하는 사람들이 있다.

로널드 레이건 대통령은 언젠가 "탱고를 추려면 두 사람이 필요하다"라고 말했지만, 어떤 결과의 본질을 바꾸는 데는 한 사람이면 충분하다. 모든 "협상 가능한 관계"에서는 내 태도가 상대의 반응을 결정하듯, 상대의 태도가 내 반응을 결정하기 때문이다. 우리는 자신의 행동을 바꿈으로써 상대의 반응을 바꿀 수 있다.

되는대로, 또는 다른 사람의 생각대로 살아가는 것은 분명 삶에 대한 태만이고 일종의 자기학대다. 협상이라는 게임은 신념과 행동 사이에, 그리고 현재의 당신과 미래의 당신 혹은 당신이 성취하려는 목표 사이에 벌어진 틈을 메워주는 훌륭한 수단이다. 그러나 더 나아가서 협상은 오래된 통념, 동료와의 경쟁, 환경, 또는 통제받지 않는 권위 등으로 인간을 넋이 빠진 로봇으로 몰아가려는 모든 시도로부터 개인의 자유를 보장하는 가장 실용적인 메커니즘이다. 솔 앨린스키는 "자신에 대한 믿음과 자신의 미래를 결정할 힘을 잃는 것보다 더 암담하고 끔찍한 비극은 없다"라고 썼다.

그럼 다시 맨 처음에 인용한 유진 오닐의 말로 돌아가자. 이 결정론적인 말을 깊이 생각해보면, 만일 우리가 똑같은 일을 계속하려는 '반복 충동'에서 헤어나지 못한다면, 입구만 다를 뿐 도착하는 미래는 과거와 똑같다는 사실을 우리는 안다. "변하는 것이 많아질수록, 변하지 않는 것도 많아진다"라는 프랑스 속담도 의미가 다르지 않다.

굳이 말할 필요가 없음을 알지만, 다시 한번 강조한다. 나는 협상 기술이 새롭게 시작해서 영원히 남을, 그리고 심지어 예측할 수 없는 결과를 만들어내는 행동의 자유를 주리라고 믿는다. 안드레이 사하로프, 넬슨 만델라, 레흐 바웬사, 테레사 수녀, 케말 아타튀르크, 마틴 루서 킹을 보아라. 그들만이 아니다. 우리는 모두 원하기만 하면 인간관계의 본질과 속성을 변화시킬 수 있는 잠재력을 지니고 있다.

이 책을 쓰는 행위는 그 자체로 낙관주의의 표현이며, 상황 판단과 협상 전략, 그리고 전문지식이 성공과 만족의 원천이 될 수 있다는 확신을 보여준다. 나는 우리가 단순히 과거의 자신을 반복하기보다는 서로에게 이익이 되는 새로운 결과를 만들어 낼 수 있는 능력을 발휘할 수 있다고 믿기 때문이다.

제 1 장

한 걸음 물러서야 보인다:
협상의 메커니즘

사람에게서 뺏을 수 없는 자유 가운데 하나는
어떠한 환경에서도
스스로 자신의 길을 선택할 수 있는 자유다.

빅터 프랭클

NEGOTIATE THIS!

협상은 인생의 게임이다

협상은 인생의 게임이다. 이견과 갈등을 조정하고, 분쟁을 해결하고, 관계를 맺거나 조정하려고 할 때 협상이라는 게임을 벌이게 된다. 협상이란 실질적인 관계의 원천이다. 사람들은 외교 문제나 노사 관계에서 이런 협상 기술의 중요성을 인정하지만, 협상 노하우를 통해 일상생활에서 주도적인 삶을 살아갈 수 있는 기회는 보지 못한다.

우리 모두에게 삶은 타인에게 영향을 주려고 노력하는 지속적인 과정이다. 상사, 고객, 집주인, 이웃, 은행가, 브로커, 의료 또는 법률 전문가, 보험회사나 공기업, 세일즈맨, 자동차 판매원, HMO(미국 보험자 단체)나 IRS(미국 국세청) 감사, 심지어 가족까지 이 타인에 포함된다.

우리는 언제나 다른 사람이 내 생각에 동의하지 않을까를 걱정하며 신경을 곤두세운다. 어떤 경우나 이유에서든, 어떤 목적으로 타인의 태도나 행동에 영향을 주기 위해 사회적 교류에서 소통할 때마다, 우리는 협상 게임을 한다. 따라서 우리의 태도와 행동에 따라 가용 자원의 분배나 당사자들의 만족도, 그리고 관계까지도 결정되는 경우가 많다.

내가 협상을 게임 메커니즘 또는 게임이라고 말하는 점에 주목하길 바란다. 협상을 게임의 관점에서 바라본다면, 훨씬 더 좋은 결과를 낳을 수 있다. 게임이란 정말 집중하기는 하지만, 지나치게 신경을 쓰는 일이 아니기 때문이다.

내가 이렇게 말하는 이유는 무엇일까? 당신은 누구를 위한 협상이 가장 어렵다고 생각하는가? 물론 나는 그 답이 자기 자신을 위한 협상이라고 믿는다. 이것은 모든 사람에게 해당되며, 나 또한 예외가 아니다.

솔직히 말하면, 나는 지난 30년 동안 고객을 대신해 협상하면서 돈을 꽤 벌었다. 사실, 나는 아주 부유한 사업가나 대기업을 고객으로 삼으려 노력하고, 그들을 대신해 협상 테이블에 앉는다. 그리고 거액의 거래에서 아주 적은 퍼센트를 수수료로 받는다. 하지만 이런 불안정한 벌이로는 가족을 부양하고 나 자신을 건사하기란 쉽지 않다. 그래서 나는 협상에서 베테랑이 되어야만 한다.

하지만 나 자신을 위해 협상을 할 때면 결코 게임이 아니게 된다. 내 인생, 내 유산이 달린 문제이기 때문이다. 그래서 협상은 형편없는 결과로 이어질 때가 많다. 이유가 무엇일까? 내가 자존감이 부족해서일까?

절대 그렇지 않다. 나는 정말 나 자신을 사랑한다. 만일 내가 타인보다 내게 이롭게 협상을 진행할 수 있다면, 나는 그렇게 할 것이다. 그러나 현실은 어떤가? 고객에게 유리하게 협상을 이끈다. 왜일까? 나는 고객과 잘 알지도 못하는 사이여서 별다른 부담이 없기 때문이다.

물론 고객에게 신경을 쓰지만, 지나치게 신경을 쓰지는 않는다. 내가 고객을 대신해서 협상에 나설 때 객관적인 시각을 유지하는 비결이 바로 이런 태도다.

이제 당신도 눈치챘을 것이다. 굳이 거래를 하지 않아도 된다는 점, 즉 내게는 다른 대안이 있다는 사실을 상대에게 보여주는 것이 최선의 거래 방법이다.

"협상의 대가" 케니 로저스가 〈더 갬블러The Gambler〉에서 "패를 쥐고 있을 때와 내려놓을 때를 알아야 해"라고 노래한 것처럼 말이다. 간단히 말하면, 인생의 모든 거래에서 가장 효과적인 접근법은 정말로 신경을 쓰되, 도가 지나쳐서는 안 된다는 뜻이다.

실례를 들어 이 개념을 살펴보자. 25년 전, 나는 시카고의 어느 회사 경영자로부터 프랑스 정부와의 협상을 매듭지어 달라는 요청을 받았다. 우리는 케네디 공항을 떠나 파리로 날아갔다. 우리는 일등석에 나란히 앉아 있었는데, 보아하니 그에게는 이번 협상이 회사의 사활이 걸린 아주 중요한 사안이었다.

그는 자꾸만 나를 쳐다보며 "아시겠지만, 이번 건은 엄청난 금액이 걸려 있어요. 회사의 사활이 걸린 문제입니다"라고 말했다.

그가 다섯 번쯤이나 똑같은 말을 했기 때문에 나는 이번 거래가 여간 중요한 일이 아님을 알 수 있었다. 그는 확실히 스트레스를 받고 있었고 몇 번이나 내게 "우리 작전은 뭔가요"라고 물었다.

나는 "글쎄요, 일단 가서 상황을 봅시다"라는 식으로 대답했다.

그는 한동안 고개를 내젓더니 불쑥 말했다. "아니에요, 치밀하고 분명한 계획이 있어야 해요. 핵심적인 골자 말이에요." '골자'라는 말에 나는 조금 당황했다.

애매한 내 대답에 실망했는지 그가 적극적으로 나왔다.

"어쩌면 프랑스 관리들을 먼저 집중 공략해야 할지도 몰라요. 허를 찔러 치고 들어가는 겁니다. 플랭커flanker(미식축구에서 양끝에 있는 민첩한 선수)를 보내도 좋겠어요. 저쪽에서 플랭커에 정신이 팔려 있을 때 빈 곳을 공략하는 겁니다."

나는 한참 뒤에야 이 사람이 어려운 전문용어를 쓰고 있음을 알아차렸다. 그는 미식축구 용어로 말하고 있었던 것이다.

어떤 의도나 목적을 갖고 대화나 교류를 할 때에는, 먼저 상대의 기준 틀을 알아내야 한다. 우리가 흔히 "이 사람, 뭐하던 사람이지?" 하고 호기심이 생기는, 내 출장 파트너의 패러다임은 분명히 미식축구였다.

나는 "아, 알겠습니다. 하지만 여기 문화에서는 너무 공격적으로 나가서 무례하게 보이면 좋을 거 같지 않습니다. 따라서 처음엔 유연한 수비 자세를 취하도록 하지요"라고 대답했다.

의외로, 그는 내 말을 알아들은 듯 고개를 끄덕였다. 자신을 얻은 나는 "몇 야드 물러서기는 하겠지만, 점수를 내주지는 않을 겁니다"라고 말했다. 이 말에 그는 마음이 놓였는지 그 뒤로 우리 여행은 평온했다.

다음 날, 우리는 프랑스 관리들을 만났다. 그런데 모든 정황이 의뢰인이 걱정했던 대로 돌아가는 것 같았다. 시작부터 나는 커다란 오류를 범한 셈이었다.

내가 실책을 "오류error"라고 말하는 데 주목하길 바란다. 이 실책은 내 책임이기는 했지만, 나는 "오류"가 당시 상황을 나타내는 가장 적당한 말이라고 생각한다. 그래서 나는 일이 잘못 돌아가는 경우, 항상 "오류"라는 단어를 사용한다. "사람은 실수하기 마련이고 용서는 신의 몫이다"라는 말도 있으니 말이다.

그에 반해서 일을 완전히 그르치는 경우, 그것은 전적으로 어리석음과 무능력의 소치로 "잘못mistake"이라고 해야 한다.

내 계산 착오로 의뢰인은 궁지에 몰렸다. 그리고 불행히도 그 사실을 알고는 크게 낙담했다. 하지만 나는 그렇지 않았다. 물론 나는 협상에 신경을 쓴다. 그러나 일급으로 보수를 받으므로 지나치게 신경을 쓰지는 않는다. 바로 이런 태도 덕분에 다음 날 상황은 역전됐고, 의뢰인은 예상보다 2배나 큰 성과를 거두며 협상을 성사시킬 수 있었다.

나는 조금은 의기양양하게 집으로 돌아왔다. 집 안으로 들어서면서, 나는 평소처럼 가족에게 따뜻한 환영을 받으리라 기대했다. 하지만 이번엔 집안 분위기가 냉랭했다. 나는 아내에게 "왜 그래요?", "무슨 일이에요?"라고 물었다. 그리고 곧바로 내가 없는 동안 가족이 무엇 때문인지 모두 내게 등을 돌린 것을 알게 되었다.

결국 나는 집에서 홀로 작은 "자유노조운동Solidarity Movement"을 벌여야 했다. 마치 그단스크Gdansk(폴란드의 발트해 연안 도시로 1980년대 공산주의 정권에 맞서 자유노조가 투쟁을 이끈 곳)에라도 온 것 같았다.

대체 무슨 문제가 생긴 것일까? 가족은 내가 막내에게 제 방을 청소하라고 타이르길 바라고 있었다. 핵 확산 같은 중대한 문제에 관심을 쏟았던 내게 이런 문제는 사소한 것이었다(어느 모로 보나 핵 확산 문제에 대해 걱정하는 사람은 사춘기의 에이미 카터와 나뿐이었다).

"좋아, 다른 방법이 있지. 막내한테 문을 닫고 지내라고 하세요." 내가 말했다.

하지만 가족은 내 말은 들은 척도 하지 않고, "아빠, 막내 방에는 곰팡이도 핀다고요", "여보, 이 녀석은 당신을 닮아 게을러 터졌어요. 우리 염색체도 애 때문에 이상해져요"라는 등 온갖 불만을 쏟아냈다. 그러고 나서 아내는 최후 일격을 가했다.

"이봐요, 세계 여행가 양반, 당신이 무슨 일을 하건 그게 중요한 게 아니에요. 당신이 남길 유산이 고작 이런 거라고요."

일이 이렇게 되자, 나는 열두 살 막내 문제에 지나치게 예민해졌다. 단순히 게임 정도가 아니라 내 인생과 유산이 걸린 문제였기 때문이었다. 결국 나는 막내와 다른 아이들에게 너무나 감정적인 모습을 보였고, 그 때문에 협상에서 졌을 뿐만 아니라 체면도 구겼다.

여기서 내가 말하려는 바는, 서구 문명에서는 사회적 상호작용이 마음속에 크게 자리 잡을 때면, 사람들은 그것을 중대한 문제로 여기기 때문에 일을 그르친다는 사실이다. 다시 말해 그런 관계에 너무 신경을 쓰는 바람에 객관성을 잃는다는 의미다.

진부하게 들릴지 모르지만, 사람이 분노든 욕망이든 감정에 사로잡히면 "숲을 보지 못하고 나무만 본다"라는 말이 있다. 이럴 때면 너무나 가까이 다가가는 바람에 "나무는 젠장, 옹이구멍밖에 없잖아"라고 분통을 터뜨리는 웃지 못할 일도 생긴다.

우리에게는 한 걸음 물러서는 연습이 필요하다. 그래야 문제의 유형이나 관계, 상호 연관성이 분명하게 보이기 때문이다.

> 📝 기원전 5세기, 중국의 전략가이자 정치사상가인 손자는 객관적인 시각의 지혜에 대해 말했다. "전장에서 장수는 병사들 한가운데 있기보다는 조금 떨어진 곳에 있어야 한다. 그렇지 않으면 그의 시각이 왜곡되어 전체적인 상황을 오판하게 될 것이다."

앞서 언급한 대로 협상은 흔히 분쟁을 조정할 때 쓰인다. 하지만 분쟁은 때로는 해결하려고 나서기보다는 피해 가야 할 경우가 있다. 객관적인 시각을 갖고 있다면 상황이 전개되는 것을 지켜보며 얼마간 준비할 시간을 갖고 문제를 피해 가는 전략을 세울 수 있다.

거리 두기로 얻을 수 있는 또 하나의 전략은, 문제가 커지기 전에 의견 차이를 좁히거나 해소하는 것이다.

세 번째 전략은, 문제와 정면으로 맞서서 서로가 윈윈하고 앞으로도 유익한 관계를 이어가도록 대안을 찾아내는 것이다.

그러므로 협상은 게임이기는 하지만 **뺄셈이나 제외가 아닌 덧셈**이 되어야 가장 효과적이다. 이 말은 우리가 충동적인 적대감을 줄이고 삶의 전략적인 교류에서 감정을 배제해야 한다는 의미다. 당장은 아주 중요해 보이는 사안이라도 장기적으로 보면 티끌보다도 못한 것임을 명심해라.

아마도 이 책의 저자가 협상에 정통하고 경험이 있는지, 혹은 비즈니스 협상에서 낭패를 보지는 않았는지 궁금해할 독자도 있을 것이다. 작년에 있었던 사건을 하나 소개하면 그런 의심은 충분히 사라질 거라고 생각한다.

지난 30여 년 동안, 나는 순회강연에서 국제 테러리즘 문제에서부터 전문 판매와 분쟁 해결에 이르기까지 폭넓은 주제를 강의하며 강연료를 받았다. 고객이 내게 강연을 요청할 때는 강사 사무소나 때로는 내 사무실에 전화를 건다. 그들이 강연 예약에 필요한 조건을 협의하려고 내 사무실로 전화를 하는 경우, 처음부터 나와 직접 연결되는 일은 전혀 없는데, 거기에는 물론 이유가 있다. 알다시피 내 강연료는 천문학적이고, 그 비싼 강연료를 내가 직접 설명하고 정당화하기가 상당히 난감하기 때문이다.

하지만 그들과 맨 처음 협의하는 우리 직원들은 양심의 가책을 나만큼은 느끼지 않는다. 물론 문의 전화를 받으면 직원들은 강연 날짜에 신경을 쓰지만, 그게 전부다. 그래서 직원들은 눈 하나 깜짝하지 않고 어마어마한 금액을 부른다. 보통 고객은 우리가 부른 금액을 아무런 협상 없이 즉시 수락한다. 물론 이것은 우리 직원들의 노련한 상담 기술 덕분이다.

예를 들어보자. 직원들은 "코헨 씨의 표준 강연료는 이렇습니다. 표준 강연을 원하시는 거 맞지요?"라고 말한다.

이때 반응은 언제나 뻔하다. "그러면 강연에는 무엇이 포함되나요?"

우리 답변도 늘 한결같다. "가장 중요한 것은 코헨 씨가 강연 약속을 지킨다는 겁니다. 그게 가장 중요하지 않습니까?"

그러면 상대는 얼떨결에 "아, 그렇죠"라고 말하고 확실한 고객이 된다. 90퍼센트는 이런 식이다.

물론 예외도 있어서 화를 내며 "관둡시다. 헨리 키신저도 그보다는 싸겠네요"라고 말하는 사람도 더러 있다. 하지만 이 시나리오대로라면, 난 이런 사람들이 누군지도 모른다. 그들과는 절대 일하지 않으니 말이다.

다른 예를 하나 더 들어보자. 작년에 캘리포니아주 실리콘밸리에 있는 한 대형 IT 회사에서 우리 사무실로 전화를 걸었다. 그 회사의 여성 중역이 샌프란시스코에서 열리는 특정 회의의 강연료를 문의했다. 통화 내용은 평소 유형과 별반 다르지 않았다. 강연 시간과 대상 등에 대해 언급한 후, 늘 그렇듯 "비용이 얼마나 들까요? 보수는 얼마인가요?"라거나 "그럼 강연료는 얼마인가요?"라는 식의 전형적인 대화가 이어진다.

바로 이때, 직원들은 앞서 말했던 드물게 10퍼센트에 속하는 고객들이 부정적인 반응을 보인다는 사실을 알고도 "천문학적인 강연료"를 제시했다.

그러나 이 여성 중역의 반응은 일반적인 생각이나 우리의 예상과는 전혀 달랐다. 그녀는 독특했고 말하는 방식도 보통 사람들과 달랐다. 놀랍게도 그녀는 "들을 줄 아는 코 하나는 냄새를 맡는 코 둘보다 낫다"라는 이론을 적용하고 있었다. 이 말의 뜻을 정확히는 모르지만, 나는 이렇게 남과 다른 독특함이 효과가 있다는 것은 알고 있다.

"코헨 씨는 얼마를 원합니까?"라거나 "얼마를 내야 하죠?"라고 묻는 대신 그녀는 "그러면 코헨 씨에게 드려야 할 호노라리움honorarium〔사례금〕은 얼마인가요?"라고 완곡하게 말했다.

당황한 직원의 첫 반응은 이랬다. "호노라리움요?"

라틴어를 조금 아는 나는 '호노라리움'이라는 말이 '많이 드리지는 못합니다'라는 뜻이란 것을 알고 있었다. 이 말이 머릿속에 남아 있는 이유는, 사람들이 내게 명예honor를 크게 추켜세우려고 할 때면, 그들이 내게 주는 돈arium이 적었던 경우가 있었기 때문이다.

다행히 우리 직원은 라틴어를 몰랐기에 엄청난 액수의 강연료를 그대로 불렀다.

그녀는 "얼마나 대단하기에 그렇죠? 아무도 그렇게 받지는 않아요"라는 식으로 감정적으로 나오지 않았다. 오히려 그녀는 "우리도 코헨 씨에게 그 정도는 드려야 한다고 알고 있습니다. 게다가 우리 회사 부사장님도 예전에 코헨 씨의 강연을 듣고서는 적어도 그 금액의 2배는 드려야 한다고 말씀하신 적이 있습니다. 우리가 그만한 돈이 있어서 코헨 씨를 모실 수 있다면 정말 대단한 영광이겠습니다. 하지만 안타깝게도 우리 예산에서 쓸 수 있는 금액은 이것뿐입니다"라고 말했다.

그래서 어떻게 됐을까? 6개월 후, 나는 샌프란시스코 셰라톤 호텔의 연단에 섰다.

 TV 황금시대에 〈재키 글리슨 Jackie Gleason 쇼〉는 CBS에서 최고 시청률을 자랑하는 프로그램 중 하나였다. CBS의 CEO 윌리엄 패일리는 글리슨과 재계약하고 싶었지만, 글리슨은 당시로서는 전례가 없는 1,100만 달러의 연봉을 요구했다. 최종 협상에서 이 대단한 분은 연봉을 놓고 줄다리기를 벌이는 상황에서도 술이 얼큰하게 취해 잠이 들었다. 그의 상태를 지켜보던 패일리는 이렇게 말했다.

"좋아, 글리슨이 이런 식으로(신경을 쓰되, 지나치지 않게) 나온다면 원하는 대로 줘."

상대방이 우월감을 느끼도록 해라

기본적으로 협상은 자발적 의사결정에 관한 문제다. 우리 시대의 고성장 산업 가운데 하나인 소송 분야와 달리, 결국 협상은 양쪽이 "예"라고 말해야 성사된다.

진짜 문제는 한쪽에서 "아니요"라고 나오거나, 양쪽이 확신이 없거나, "예"라고 말하기 싫다고 선언하는 경우다. 그러므로 협상 전문가의 기본 임무는 "아니요"라고 말하는 상대를 "예"라고 대답하게 하거나 뒷걸음치는 상대를 협상 테이블로 나오게 하는 것이다.

가끔 이런 질문을 받는다. "지금까지 일하면서 양쪽이 처음부터 '예'라고 하면서 당신을 끌어들인 적은 없나요?" 대답은 당연히 "아니요!"다. 그런 상황에서 나를 부를 리가 없지 않은가?

예를 들어, 댈러스의 협상 테이블에 앉은 두 사람 중 하나가 상대에게 "당신 회사를 800만 달러에 인수할 의향이 있습니다"

라고 제의한다고 해보자.

상대는 "좋습니다. 그렇게 합시다. 이제 이스트코스트에 있는 코헨이라는 사람을 불러서 수수료를 줍시다"라고 하는 일은 일어나지 않는다. 결코 그런 일은 없다. 누군가에게 그런 일이 생기는지는 모르지만, 나에게는 절대 아니다.

그러면 내가 개입하는 상황은 어떤 때인가? 위에서 말한 두 사람이 댈러스에서 만나 한쪽이 전과 동일한 800만 달러를 제시한다. 하지만 이번에는 상대의 반응이 완전히 다르다.

"지금 장난합니까? 그따위 터무니없는 한심한 금액으로 날 모욕하자는 거요? 우리 할아버지가 이 회사를 설립했을 때도 회사 가치가 최소 8천만 달러는 됐어요. 당신이 내게 혀를 자르겠다거나, 눈알을 뽑겠다거나, 사랑하는 가족을 모조리 없애겠다고 덤비지 않는 이상, 꿈쩍도 할 생각이 없어요. 이렇게 나올 거라면 집어치우세요."

얼마 지나지 않아, 욕을 먹은 상대는 내 사무실로 전화를 걸어올 것이다. 재미있는 점은, 그가 문제를 사실 그대로 설명한다는 것이다. "상대와 견해차가 좀 있습니다. 코헨 씨가 여기 댈러스로 와서 문제를 해결해주셨으면 합니다."

지금까지 나는 이런 식의 성공 가능성이 낮은 출장을 간 적이 허다하다.

하지만 나는 댈러스 공항에 도착해 당사자들과 만나면 이렇게 말하지는 않는다. "안녕하세요? 동부에서 날아온 협상 전문가입니다. 제가 해결해드리죠."

솔직히 책 표지에 실린 사진이 내가 제일 잘 나온 모습이다. 사진을 보면 내가 '성공을 위한 옷차림' 따위에 그다지 신경을 쓰지 않는다는 사실을 바로 알 것이다. 물론 내가 최대한 멋지게 차려입고 나타났다고 해서 사람들이 "아니요", "관둡시다", "절대 안 돼요"라고 말하는 경우는 없었다. 사람들이 내 모습을 보고 "이봐, 저 사람 옷이 멋지네, 정말 잘 어울려. 화려한 타이에 옷도 최고급이잖아. 이런, 거절할 작정이었는데, 저 사람 차림새를 보니 거래를 해야겠어"라고 반응하리라 생각하는가?

아마도 정반대일 것이다. 상대가 너무 잘 차려입으면, 사람들은 왠지 양보를 얻어낼 수 있으리라 기대한다. 그 때문에 내 협상 전략은 대개 상대에게 우월감을 느끼게 하는 것이다. 물론 그렇게 하려면 정말 많은 노력이 필요하다. 하지만 그만한 보상이 있을 것이다.

상대방의 입장에서 출발해라

자발적 의사결정 과정에서 누군가와 마주할 때면, 우리는 다른 종류의 유기체와 관련되어 공생관계로 엮인다. 즉, 타인과 같은 배를 타게 되어 협력과 경쟁의 요소(공동의 이익과 갈등)가 공존하는 상황에 처한다.

분명한 것은 공통점이 없으면 문제를 해결하려고 할 이유가 없으며, 또 불협화음이 없다면 협상할 거리도 없다는 것이다. 그러므로 누군가가 "좋습니다. 다음에 만나기로 하지요. 하지만 이 문제를 협상하는 일은 절대 없을 겁니다"라고 말할 때가 협상의 출발점이다.

당신이 특별히 매력적인 인물이거나 연예인이 아닌 이상, 사람들이 당신과의 미팅에 아까운 시간을 투자할 이유가 있을까? 분명 그들은 어떤 공통점을 인식했거나 혹은 노골적으로 만남을 거절하면 해로운 일이 생길 가능성이 있음을 알기 때문이다.

일반적으로 사람들이 알고 있는 협상은 양쪽이 먼저 상반된 요구를 말한 뒤, 양보를 하거나 새로운 대안을 찾음으로써 합의점을 향해 나아가는 과정이다. 이 때문에 협상이라는 게임은 수학적 계산으로 해결책을 찾는 일로 보일 수 있다. 그러나 이런 외견상의 인식은 오해를 낳을 소지가 있다. 우리가 흔히 간과하기 쉬운 명백한 사실 하나는, 시행착오를 겪으며 대화하는 역동적인 협상 과정의 당사자들은 각자의 필요를 충족하기 위해 시도한다는 점이다.

그것이 문제다. 우리는 지각이 있는 존재, 즉 유순하면서도 강하고, 충분한 이유와 시간 그리고 사회적 지원이 있다면 마음을 바꿀 수 있는 독특하고 복잡한 존재를 상대하고 있다. 사실 인간은 개인적인 이해관계에 따라 움직이지만, 일반적으로 그들의 "합리적인 의사결정"에는 직관과 감정, 습관, 독단 등이 어느 정도 담기게 된다.

그러므로 어떤 행동을 보고 뜻밖이라고 생각하게 되는 것은 거기에 우리가 이해하지 못하는 가치나 신념, 경험 등이 깔려 있기 때문이다. 사실 아무리 이상하더라도 주체자의 관점에서 보면 모든 행동에 일리가 있기 때문이다. 이런 점에서 보면, 악의를 품은 옛 배우자, 말 안 듣는 아이, 골치 아픈 사돈, 복수심에 찬 전 동료, 또는 냉담한 공무원 등과도 대화를 나누지 못할 이유는 없다.

우리 모두는 자신의 편협한 생각이나 행동방식, 경험에 얽매여 있어서 타인과의 차이를 인식하지 못하는 경우가 많다. 이것은 우리가 다른 문화의 한가운데에 있을 때에도 마찬가지다. 요컨대, 우리는 사물을 있는 그대로가 아닌 자신의 시각에서 바라본다. 결국 우리는 머릿속에 그리는 그림의 포로인 셈이다. 사람들의 말을 듣고 행동을 관찰하면서 우리는 지도를 그리지만 나중에서야 그 지도가 실제와 다른 것을 알아차린다.

요점은 이렇다. 세상에 판에 박힌 행동이 널려 있고 어쩌면 그것이 복잡하고 혼란한 세상을 살아가는 데 편할지는 모르지만, 개인을 분류하는 일은 결코 쉽지 않다는 점이다. 우리는 저마다 고유한 특성을 갖고 있다. 나와 똑같은 사람이 있다면, 우리가 존재할 이유가 있을까?

결국 이 모든 것이 시사하는 바는 효과적으로 자신의 아이디어를 이해시키고, 타인을 설득하거나, 리더십을 발휘하려면, 타인의 시각에서 출발해야 한다는 것이다.

다시 말해, 모든 협상을 상대의 신념과 동기, 태도, 가치관에 대한 정보를 얻을 수 있는 좋은 기회로 보는 것이 중요하다. 결국 우리는 스스로 "세상 사람들"이 되어볼 필요가 있다.

나는 대학을 졸업하기 전에 정규직으로 일을 한 적이 몇 번 있다. 한국전쟁 때였고 미국은 불경기였다. 당시에는 아무도 불경기라고 말하지 않았기 때문에 일자리를 구하지 못한 이들은

'대체 내게 무슨 문제가 있는 거지?'라고 생각할 정도였다. 마침내 생명보험회사 영업을 하게 되었을 때, 나 역시 이런 생각이 절실히 들었다.

교육기간은 사흘이었고, 우리가 들었던 말은 "말쑥하게 차려입어라", "거래에 열의를 보여라", 그리고 "말솜씨로 고객을 압도해라"였다. 강사에 따르면, 세일즈는 강력한 "구애의 춤"이고, 적극적이고도 분명한 "유혹"이었다. 고객의 말에 귀 기울여야 하지 않느냐는 질문에, 그는 영업사원이 입을 닫고 있는 것은 바보짓이라는 식으로 대답했다.

"인생에서 적은 돈보다 중요한 단 하나는 바로 많은 돈"이라는 표어에 둘러싸여, 우리는 "할 수 있다. 돈을 벌 거야"라는 구호를 따라 외쳤다. 회사의 상품과 서비스에 대해서 전혀 알지 못하는 상태임에도, 우리는 무조건 과대 포장해서 선전하고 질문에 답할 때는 "진실이 알려지지 않는 한 거짓은 거짓이 아니다"라는 말을 명심하도록 교육받았다. (몇 년 뒤, 워싱턴 시장 매리언 배리가 "세상에는 두 가지 종류의 진실이 있다. 진정한 진실과 꾸며진 진실이 그것이다"라고 말했을 때, 나는 강사의 그 말이 떠올랐는데, 참으로 기발한 윤리적 발상이 아닐 수 없다.)

회사의 기본 원칙은 구매 권유를 통해 고객을 압도하는 것이었고, 거절에 대응하는 22가지 확실한 방법과 거래를 성사시키는 18가지 비법까지 있었다. 어리고 경험이 없었지만, 나는 그곳이 빛 좋은 개살구라는 사실은 충분히 알 수 있었다.

내가 이 회사에서 얼마나 버텼을까? 5일쯤 지나자 생선 썩는 악취를 견딜 수 없었다. 그 후 40년이 더 지났지만, 아직도 설득과 세일즈에는 해박함과 뻔뻔함, 외모, 그리고 주도권 장악이 필수적이라고 생각하는 사람이 더러 있다.

말하기보다 들어라

상대의 의사결정에 영향을 주어 좋은 결과를 얻으려면, 우리는 타인의 시각에서 그들의 가치, 신념, 경험, 마음가짐을 이해해야 한다. 비즈니스에서는 이를 "고객 중심"의 자세라고 말하는데, 이것은 아서 밀러의 연극 〈가격The Price〉에서 팔순의 감정사인 그레고리 솔로몬이 "관점을 이해하지 못하면 가격도 납득하지 못한다"라고 말하는 것과 같은 뜻이다.

모든 인간은 분명히 머릿속의 지도나 패러다임에 따라 현실을 인식하고, 발견하고, 창조한다. 그러므로 우리는 협상 상대 역시 우리의 신념과 가치, 관심, 열망을 갖고 있으리라 여긴다. 그러나 이런 생각은 위험하다. 이런 "미러 이미징mirror-imaging" (상대가 거울 속에 비친 내 모습이라는 생각)은 불쾌감과 다툼만 일으킬 뿐이다.

이 점을 명심하고, 타인의 행동에 영향을 주려고 할 때는 언제나 답을 제시하기보다는 질문을 많이 하고, 말하기보다는 듣기를 많이 해야 한다. 하지만 너무나 많은 사람들이 자신의 상품, 서비스, 아이디어, 제안의 장점을 늘어놓는 뻔한 선전을 하고 싶어 안달한다. 그러나 우리는 자신을 문제 해결사로 생각하고 상대의 근본적인 걱정, 관심, 기호, 필요 등을 알아내기 위해 노력해야 한다.

이런 접근방식에 따른 기본 공식은 다음과 같다.

첫째, 답을 알고 있다는 생각이 들더라도 질문으로 시작한다.

그러나 그냥 듣고 있는 것이 아니라 집중해서 듣고 있음을 상대가 알게 해야 한다. 그러면 어떻게 해야 할까? 사람들이 말할 때는 그들을 보고 미소를 지으며 적절한 때에 고개를 끄덕여야 한다. 이미 들었던 이야기라도 무표정으로 반응해서는 안 된다. 공감과 이해를 표현하려고 노력해라. 사람들은 상대가 내가 처한 상황에 정말 관심을 기울이는지 알고 싶어 한다.

둘째, 상대가 말하는 것을 받아 적는다.

종종 사람들은 "하지만 상대가 횡설수설 말도 안 되는 소리를 늘어놓으면 어떻게 하나요?"라고 묻는다. 이에 대한 내 대답은 이렇다. "그럴 때일수록 상대의 허튼소리를 기록하는 것이 중요합니다. 그들의 말에 진지하게 귀 기울여준 사람이 당신이 유일할지 모르니까요." 사람은 자신의 견해를 존중해주는 이들과 관계를 맺고 싶어 한다는 것을 기억해라.

셋째, 메모를 하는 동안 잠깐씩 멈추고 적은 것을 상대에게 읽어준다.

그동안 이런 일을 해오면서 상대가 "와, 정말 제 말을 정확하게 적었네요"라고 말한 적은 단 한 번도 없었다. 대체로 사람들은 "뭔가 빠졌어요"라거나 "잘못 이해하셨네요"라고 말한다. 그러면 나는 기꺼이 적은 것을 고치며 상대의 바람대로 따르면서, 상대의 관심사에 대한 공감대를 형성해나갈 수 있다.

넷째, **상대가 자기 방식대로 말하도록 내버려 둔다. 논점을 벗어나거나 두서없이 말하더라도 말이다.**

나는 상대가 말하는 도중에 끼어들지 않는다. 궁극적으로 '예'라고 대답하려는 그들의 의지가 명확한 사실이나 증거, 이성적인 사고만을 근거로 하는 것이 아님을 알기 때문이다. 확실히 의사결정은 본능, 안락함, 감정, 기분, 기호, 학습능력, 위험 감수 정도, 자존심, 경험 등에도 영향을 받을 것이다. 명심하자, 설득은 생각보다 복잡한 과정이다.

다섯째, **생각이 다르더라도 말을 조심하고 차분히 대응한다.**

상대의 말에 전혀 동의할 수 없더라도 "귀하의 입장은 이해합니다만, 제 좁은 소견으로 이렇습니다"라고 자제하며 말한다.

마지막으로, **상대와 논쟁으로 시간을 낭비하지 않는다.**

나는 상대의 잘못이나 무지, 어리석음을 지적하지 않는다. 설령 말싸움에 이기더라도, 상대는 '앞으로도 이렇게 모욕을 당할 텐데, 이 사람과 계속 만나야 하나?'라고 생각할 것이다. 아무도 이런 관계는 원하지 않으니 결국 스스로 무덤을 파는 일이다.

요약해서 말하면, 우리는 언제나 자신을 예민한 감각으로 정보를 얻어낼 수 있는 문제 해결사로 여길 필요가 있다.

이런 태도는 합의나 거래를 가로막는 잠재적인 장벽을 극복하는 데 도움이 된다. 경험에 비추어볼 때, 모든 협상은 상대가 자녀든 사업 파트너든, 서로 다른 시각에 신경을 곤두세우는 문화 교류로 보는 것이 중요하다. 따라서 "아는 건 모른다는 사실뿐이다"라는 자세로 정보를 모아야 한다. 사람들은 정보를 주기도 감추기도 하니까 말이다.

의식적으로 무관심해져라

이번에는 내가 협상력을 이용해 관여했던 세계적으로 유명한 2가지 사건을 살펴보자. 돌아보면 이 일로 내가 찬사를 받았거나 평판이 좋아진 것은 아니었다. 판단은 당신 몫이다.

1996년 12월, 페루 리마의 일본대사관 점거 사건

크리스마스를 일주일 앞두고 500명이 넘는 페루의 유명인사들이 아키히토 일왕의 생일을 축하하기 위해 일본대사관에 모였다. 하객으로는 대법원장, 장관, 경찰청장, 외교관, 기업인 등이 참석했다. 그들이 칵테일을 마시며 초밥을 먹고 있을 때, 폭발로 주변 벽이 산산조각 났고 복면을 한 남녀 괴한 14명(10대도 몇 명 끼어 있었다)이 총을 쏘며 난입했다.

그들은 "우리는 투팍 아마루Tupac Amaru다. 너희는 우리 인질이다"라고 외쳤다. 투팍 아마루 혁명운동The Tupac Amaru

Revolutionary Movement은 마르크스주의 정권을 수립하려는 무장 단체였다. 투팍 아마루는 1572년 스페인 정복자들에게 처형당한 잉카 제국의 마지막 황제의 이름을 딴 것이었다.

사건이 일어나고 며칠 뒤에 백악관으로 오라는 전화를 받기 전까지 내가 아는 상황은 이랬다. 나는 버지니아주 퀀티코에서 FBI의 인질 협상 프로그램에 참여했었고, 정부에 국제 테러리즘의 위험성을 꾸준히 경고해왔기 때문에, 대통령을 만나 오랜 시간 대화를 나누고 내 생각과 의견을 전달하고 싶었던 터였다.

백악관에 도착하자마자, 국가안보 전문가 한 사람이 내게 상황을 간략히 설명하고 내가 페루로 날아가 알베르토 후지모리 대통령에게 조언을 해줄 수 있는지를 물었다. 내가 수락하고 노트를 치우고 있을 때, 브리핑 룸의 문이 살짝 열렸다.

고개를 든 순간 윌리엄 제퍼슨 클린턴 대통령의 머리가 얼핏 보였다. 그냥 머리뿐이었고 대통령의 몸은 보지 못했다. 지금까지 나는 그의 몸을 직접 본 적도 없고 아는 바도 없으니 내게 클린턴의 몸에 대해 묻지 않기를 바란다. 난 그저 그의 머리가 내게 이렇게 말한 것만 기억한다.

"행운을 빕니다, 코헨 씨. 하지만 이번 일은 부인권否認權/plausible deniability(미국 고위 관리가 어떤 불법 행위와 관련한 사실에 대해 함구하는 권리)이 수반되는 문제라는 점을 명심해주세요."

이 말은 곧 "일을 망치면 우리는 당신을 모릅니다"라는 뜻이었다. 나는 이런 식의 대통령의 신임 아래 페루 리마행 비행기에 올랐다.

비행기가 착륙하고, 나는 통관 수속도 없이 곧장 대형 리무진을 탔다. 대통령 궁에서 후지모리 대통령은 나와 악수를 하고 나서 미지근한 차 한 잔과 크래커 하나가 놓인 접시를 내왔다. 당시 나는 크래커를 손에 들고 내려놓을 곳을 찾아 두리번거렸다. 그 순간 내게는 크래커를 놓을 자리를 찾는 일이 가장 중요했다.

내가 두리번거리는 동안, 대통령은 이렇게 말하고는 자리를 떴다. "나는 이 사건의 세부 내용을 잘 모르지만, 군에서는 잘 알고 있습니다."

그러자 마치 기다렸다는 듯이 문이 열리고 육군 장성 3명이 발을 맞춰 들어왔다. 그들은 모두 군복을 입고 있었고 모자챙과 가슴에는 약장이 가득했고 목에는 훈장이 걸려 있었다.

그 모습을 보자 내가 모르는 무슨 큰 전쟁이라도 벌어졌나 하는 생각이 들었다. 세계에서 가장 용감한 사람들과 함께 있으니 그런 생각이 드는 것도 무리는 아니었다.

처음에 나는 백악관의 지시에 따라 장성들에게 내 경력에 대해 자세히 늘어놓기 시작했다. 지금 생각해보면 꽤 말이 길었던 것 같다. 그들이 모두 천장만 바라보고 있다는 걸 이내 알아챘으니까. 그러다 군복 장식이 가장 요란한 장성이 손을 들어 내 말을 막더니 이렇게 말했다.

"인질 협상이 어떤 것인지 알고 싶지 않나요? 내 경험을 한 가지 말씀드리지요. 나는 알카라는 조그만 마을 출신입니다. 한 번은 아홉 살 먹은 사내아이 하나가 남의 집 개를 훔쳐 판잣집에 숨은 적이 있어요. 우리가 어떻게 했을까요? 판잣집을 포위하고 녀석에게 열을 셀 때까지 나오라고 했습니다."

나는 속으로 미국에서는 '하나, 둘, 셋'까지만 세는데, 이곳 사람들은 여유가 있다고 생각하면서 "그래, 어떻게 됐나요?"라고 물었다. 그는 어깨를 으쓱하더니 "열을 센 뒤 그 집을 불태웠지요"라고 대답했다.

나는 놀라서 "아이는 어떻게 됐나요?"라고 물었다. 그는 아무렇지 않은 듯 이렇게 답했다. "그 녀석은 뛰쳐나와 도망을 가버렸지요."

나를 놀리려고 한 말일까? 아니면 인질범들을 어떻게 다루는지 알려주려고 돌려 말한 것일까? 어쨌든 당시에 나는 이런 사람들과 이야기해봐야 머리만 아프고 지능까지 급격히 떨어지겠다 싶었다.

하지만 돌아보면, 그때 나는 내 이야기를 늘어놓기보다는 상대에게 질문을 해야 옳았다. 그것이 내 실수였다. 나는 상대를 깔보는 "양놈 전문가" 역할을 자처했고, 겸손한 태도나 인간미를 찾아볼 수 없었던 것이다.

그들에게 신뢰를 잃고 있음을 깨달은 나는 작전을 바꿔 그들의 가족, 여행, 취향, 생활 등을 화제로 삼기 시작했다. 요컨대, 그들 위에 서려는 생각을 접은 것이었다.

놀랍게도 시간이 좀 지나자 우리 관계는 바뀌었고, 그들은 조금씩 상황이 어떻게 되어가는지 알려주었다. 그 덕분에 나는 후지모리 대통령이 몹시 격노한 상태임을 알 수 있었다. 대사관 점거 사건은 후지모리 대통령과 정부에 대한 모욕이었고, 게다가 그의 어머니와 여동생, 남동생까지도 인질로 잡혀 있었기 때문이다.

그들은 이미 인질구출용 터널을 파기 시작했고, 일촉즉발의 진압 작전을 위해 150명의 특공대를 대기시킨 상황이었다. 게다가 테러 근절에 온 힘을 쏟아온 후지모리 대통령은 무슨 일이 있어도 "이 폭도 무리"와 협상하지 않을 작정이었기 때문에 크리스마스까지는 사태를 끝내기를 원했다.

마침내 나는 인질의 생명을 지키려면 시간을 끄는 게 우리에게 유리하다는 사실을 장성 3명에게 납득시킬 수 있었다. 그리고 공식적인 협상은 없다는 후지모리의 단호한 태도를 존중해서, 페루 적십자 총재, 주페루 캐나다 대사, 페루 대주교로 구성된 보장 위원회Commission of Guarantors가 구성되어 인질범들과 "사전 대화"를 시작했다.

인질범들과 인질들 사이에 접촉이 잦아지고 관계가 개선된 덕분에 인질의 상당수가 풀려났다. 결국 크리스마스 직전에 인질 225명이 "선의의 조치"로서 자유를 찾았다.

내가 리마를 떠날 때까지도 100명 가까운 인질이 억류되어 있었지만, 사태는 상당히 진정되어 있었다. 양측은 모두 요구 수준을 낮췄고 사건은 국내외의 이목을 끌면서 "신념의 싸움contest of will"으로 자리를 잡았다.

중요한 것은 페루 정부가 인질을 구출하기 위해 팠던 터널을 정보 수집용으로 전환했고, "석 달이 걸리더라도" 기다릴 용의가 있었다는 사실이다. 아마도 더욱 주목을 끈 것은, 작전 지휘관인 네스토르 세르파 카롤리니가 자신의 이미지를 걱정하기 시작했고, 악명 높은 테러 집단인 "빛나는 길Shining Path"과 비교되길 원치 않았다는 점이다.

사태는 126일간의 대치 후에 막을 내렸는데, 아직도 논란의 여지가 있는 결말이었다. 인질범들은 실내에서 셔츠를 벗고 무기도 없이 축구를 하다가 특공대의 전격적인 기습을 당했다. 보안부대는 그동안 수집한 정보를 활용해 남아 있는 인질을 대부분 구출할 수 있었다. 단 한 명의 예외는 기습작전 중에 심장발작을 일으켜 병원 후송 중에 사망한 사업가였다.

결국 정보를 수집하고 남아 있는 인질을 구할 수 있었던 것은 시간 덕분이었다.

이 사건을 직접 겪은 인질들에게는 악몽으로 남아 있겠지만,

가끔 페루 대통령 궁을 방문했던 때를 회상하면 나는 에드워드 R. 머로의 말이 떠오른다. "모호한 것도 시간이 지나면 알게 되지만, 아주 뻔한 것이 오히려 아는 데 시간이 더 걸린다."

하지만 그보다는 영화 〈대부〉에서 마이클 코를레오네가 읊은 대사가 더 맞는 말일지도 모르겠다. "내가 아버지께 배운 한 가지는 주변 사람이 생각하는 대로 생각하려고 노력하라는 것이다."

1979년 11월, 이란의 미국 대사관 인질 사건

오늘날 서방 세계가 이슬람 세계와 겪는 대다수 어려움은 미국에 대한 증오의 대부인 아야톨라 호메이니에 의해 시작되었거나 적어도 악화되었다. 2001년 9월 11일 자살 비행으로 전 세계를 충격에 빠뜨린 테러리스트 19명의 지도자 모하메드 아타가 육필로 남긴 글은, 호메이니가 이란-이라크 전쟁 당시 수천 명의 어린이에게 "천국의 열쇠"를 나눠 주며 몸을 던져 지뢰밭을 제거하라고 내린 지시와 거의 일치한다.

기억할지 모르지만, 서방과 이슬람의 이런 문제가 처음으로 세상의 이목을 끌게 된 계기는 1979년 11월 다수의 이란 학생들이 테헤란 주재 미국 대사관을 점거하고 외교관 52명을 인질로 잡았을 때다. 영화 〈뜨거운 오후-Dog Day Afternoon〉의 페르시아판이라고 할 만한 이번 도발에도, 지미 카터 대통령은 초기

대응에서 놀랄 만한 자제력과 인내심을 보여주었다.

하지만 내 판단으로는 당시 미국은 이란에서 벌어지는 혼란과 폭압 정치에 미국의 기준과 가치를 적용하려는 미러 이미징에 빠진 것처럼 보였다.

미국은 미국 시민을 억류하는 행위가 국제법과 외교 관례에 위배된다고 공개적으로 비난하고 나섰다. 카터 대통령도 인질들을 위해 밤낮으로 기도하고 있다고 발표했다. 게다가 카터 대통령은 "장미정원 전략Rose Garden Strategy"(미국 대통령이 현직의 유리한 점을 이용해 재선을 노리는 전략)을 시작하면서, 민주당 대통령 경선에서 테드 케네디 상원의원을 상대로 적극적인 선거전을 벌이지 않겠다고 공언했다.

하지만 언론의 대대적인 공세와 대중의 분노에도 인질은 늘 그렇듯이 석방되지 않았다.

결국 1979년 12월 중순, 나는 카터 대통령과 사이러스 밴스 국무장관을 만나 이란인들의 마음을 돌릴 방법을 논의하게 되었다.

아마도 특히 이런 위기에는 내 경험이 도움이 되리라 생각한 모양이었다. 앞에서 나는 FBI와 함께 일했고 인질 협상에 정통하다고 말했지만, 그들이 나를 찾은 데는 또 다른 이유가 있었다.

첫째, 나는 이란에 꽤 오랫동안 머물면서 그들과 비즈니스를 한 경험이 있었다. 둘째, 나는 이슬람과 시아파에 대해 공부한 적이 있었다. 셋째, 나는 페르시아 역사와 문화에 대해 많이 알고 있었다. 마지막으로, 내가 서독에서 미군과 함께 있을 때, 당시 이란 학생들의 고문이었던 아야톨라 베헤스티Ayatollah Behesti를 만난 적이 있다. 현재 그는 이란 이슬람 공화당의 당수다.

나는 이런 배경을 바탕으로 카터 정부에 이란인들이 상황을 어떻게 보고 있는지를 설명해주는 것이 내 임무라고 생각했다. 미국 정부가 인질을 구하기 위해서는 그들의 세계에 들어가 긍정적이건 부정적이건 어떤 자극을 주어야 했다.

미팅이 시작되고 나는 이슬람 세계의 협상 문화가 우리와 얼마나 다른지 설명하기 시작했다. 처음에, 대략 이런 내용이었다.

미국인들은 협상에 대해 어떻게 생각하나요? 우리는 협상이라는 말조차 좋아하지 않습니다. 흥정이나 거짓말처럼 여기니까요. 제 아내도 '난 돈 때문에 거짓말하지는 않아요'라고 자주 말합니다. 물론 제가 거짓말을 한다는 말입니다. 하지만 이란에서는 모든 일이 흥정을 통해 진행됩니다.

여러분의 경험을 떠올려보세요. 페르시아 상인에게 융단을 사본적이 있나요? 사려고 해도 쉽게 살 수가 없습니다. 흥정 없는 거래를 문화적 죄로 여기니까요. 그러므로 이란인들은 이번 사태도 물건을 사고파는 식의 거래로 인식할 겁니다. 그들에게는 인

기 있는 융단 53장이 있고(인질 1명은 나중에 풀려났다), 이 불법으로
얻은 상품을 최대한 비싼 값에 팔려고 할 겁니다. 그러므로 카터
대통령이 융단 상인을 찾아가 값을 물어보면, 값은 내려가지 않
습니다. 오히려 올라가겠죠.

현재 우리 정부의 조치와 대대적인 언론 보도는 양탄자 가격의
수요를 증가시키는 일입니다. 공급이 제한되어 있으니 가격은
당연히 올라가겠죠. 결국 우리는 의도와는 전혀 다르게 인질 문
제를 장기화하고 있는 셈입니다.

듣고 있던 카터 대통령이 끼어들었다.

"코헨 씨, 잘못 알고 있는 것 같아요. 당신이나 나, 그리고 이
란인들 모두가 아브라함의 전통을 갖고 있어요."

처음에 나는 대통령이 무슨 말을 하는지 알아듣지 못했다. 하
지만 곧 말뜻을 이해하고 그와 나는 그런 종교적 전통을 이어받
았을 수 있지만 이란인들은 아니라는 생각이 떠올랐다.

이야기가 곁길로 새지 않도록 내가 말을 이었다.

"좋습니다. 그러면 미국인들을 살펴보겠습니다. 우리가 살면
서 가장 큰 금액으로 구입하는 게 뭘까요? 대답도 기다리지 않
고 내가 말했다. "그렇죠. 우리가 사는 집입니다. 예를 들어, 집
모양이 모두 같은 어느 재개발 단지에서 집을 구입하는 경우,
우리는 집값이 얼마인지 어떻게 알 수 있을까요?"

나는 이번에도 기다리지 않고 계속 말했다.

"말할 것도 없이 하늘을 쳐다보고 커다란 표지판을 찾습니다. 알다시피 46미터 높이쯤에 큼지막한 숫자로, 예를 들어 17만 9천 달러라고 가격이 적힌 표지판이 걸려 있습니다.

맞습니다. 그게 지불해야 할 가격이고, 다른 사람들 역시 마찬가지입니다. 그렇게 적혀 있으니까요. 그러면 그 가격에 사서 바가지를 쓰는 것이라면 어떻게 될까요? 우리는 신경을 쓰지 않습니다. 모두 다 그 가격에 속게 되는 거니까요. 이게 바로 미국식입니다. 모두가 공평하게 바가지를 쓰는 겁니다."

내 말에 호응이 없었지만, 나는 계속했다.

"그리고 구입하려면 빨리 구입해야 합니다. 서둘러서 말이죠. 우리 문화에서 시간은 돈입니다. 바로바로 거래가 체결됩니다. 하지만 이란인은 어떨까요? 무엇보다도 그들은 **모든 것**을 흥정하는 사람들입니다. 그들의 기준에서는 모든 것이 협상 **가능합니다**. 게다가 이란의 율법학자는 따로 직업을 갖지 않습니다. 하루에 5번씩 의무적으로 기도하는 것 외에는 그냥 시간을 죽이는 게 일입니다. 우리와는 전혀 다른 세상에서 사는 사람들입니다."

그러자 카터 대통령이 다시 끼어들었다. "호메이니에 대해 잘 모르는 것 같군요, 코헨 씨. 내가 보고받은 바에 따르면 그는 당신이나 나와는 다릅니다. 그는 순교자예요. 죽기를 원합니다.

허브 코헨의 협상의 기술 2

'크ㅎ호메이니'는 자기 목숨 따위는 전혀 안중에 없어요." 카터 대통령은 호메이니Khomeini의 이름을 말할 때는 항상 "Kh" 발음을 길게 끌어서 발음했다. 마치 자신은 페르시아어를 알고 나는 모르는 듯 말이다.

나는 고개를 저으며 "순교자요? 아닙니다. 지금 호메이니가 몇 살입니까?"라고 물었다. 뜻밖에도 대통령은 "86세 8개월입니다"라고 정확하게 답했다.

"맞습니다. 바로 그겁니다. 86세에 순교자라니 말이 됩니까? 순교자의 기대 수명은 19.2세 정도일 겁니다. 분명 20대나 30대가 되면 다른 일이 필요해집니다."

당연하겠지만, 워싱턴에서 이런 회의를 마치고 집으로 돌아올 때면 나는 보통 비관적으로 되고 어떤 때는 우울해지기까지 한다. 내가 집에 들어서면 낙천적인 아내 엘렌은 늘 반갑게 맞아주고 웃음 가득한 얼굴로 "그래, 어떻게 됐어요?"라고 묻는다. 그날 나는 "우리 미국 국채 사둔 거 있지? 당장 **팔아!**"라고 소리쳤다.

당신도 결과를 알고 있을 것이다. 다행히 지미 카터 대통령은 인질 52명을 구해냈다. 그러나 안타깝게도 444일이나 걸렸다.

백악관에서 카터 대통령과의 만남 이후에도 나는 정부와 함께 우리 외교관들의 석방을 위해 노력했다. 이후 몇 달 동안 나는 보고서를 여러 차례 올리고 국무부와 국가안전보장회의 주요 인사들과 수시로 만났지만 모두 헛수고였다.

이런 만남에서 나는 우리가 깜깜한 밤을 항해하는 배라는 사실을 말할 수조차 없었고, 우리가 같은 배를 타고 있는지도 사실 의심스러웠다. 무슨 이유에서인지, 나는 의사결정자들에게 이란 율법학자들의 심리나 사고방식을 이해시키지 못했다.

물론 이 범죄자들의 행위는 명백히 국제법 위반이었지만, 그들의 목적과 기준틀, 사고방식 등을 고려하면 그들로서는 합당한 일이었고, 우리 쪽에서는 예측할 수 있어야 했다. 화려한 말솜씨로는 결코 타인의 행동을 바꾸지 못한다. 그들의 사고방식자체를 바꾸어야만 가능한 일이다.

조속한 인질 석방을 원한다면, 호메이니가 사태를 질질 끌 경우 이로울 것이 없음을 깨닫게 하는 알기 쉬운 전략을 썼어야 했다. 다시 말해, 비용 대비 이익을 계산해볼 때 인질을 붙들고 있어 봐야 훨씬 손해라는 사실을 알려야 했다.

그러나 미국은 이슬람 지도자들의 머릿속으로 들어가 그들 입장에 서보기보다는 임시 해결책만 찾았다. 이번 사태의 현장이 중동이란 점에서 묘책을 생각한다는 게 주로 아는 사람의 아는 사람을 통해 연줄을 찾는 것뿐이었다. 그래서 람지 클라크, 야세르 아라파트, 쿠르트 발트하임, 심지어 성직자인 발레리안 카푸치까지 줄줄이 테헤란을 방문했지만, 결과는 알다시피 모두 실패로 끝났다.

워싱턴을 오가던 답답한 석 달이 지난 뒤, 나는 생업으로 돌아왔다. 그런데 정말 뜻밖에도 공화당 측에서 연락이 왔다. 그들은 지미 카터의 "옥토버 서프라이즈October Surprise"(미국 대선 직전에 선거 결과에 영향을 미치는 대형사건)가 대통령 선거의 판세를 바꿀까 봐 우려하고 있었다. 결국 나는 레이건 주지사의 선거운동 책임자인 윌리엄 케이시를 만났고, 또 최종적으로 버지니아주에서 레이건 후보를 만났다.

그들을 만나기 전부터 나는 이번 인질 사태가 선거운동에 이용되어서는 안 된다는 전제를 달았었다. 내 생각이 받아들여지자 나는 레이건 주지사에게 인질 사태에 대한 내 견해를 밝혔는데, 그중 상당 부분은 기밀 보고서에 기록되어 1980년 10월 25일 레이건에게 전달됐다. (이 책의 부록에는 1981년 2월 12일 자 잭 앤더슨 사설과 함께 이 문서의 내용이 실려 있다. 아마도 1981년 1월 대통령 취임식 이후에 언론에 전달되었을 것이다. 문서에는 내가 말한 접근법을 바탕으로 실제로 인질 52명이 풀려날 날짜를 예측한 내용이 담겨 있으므로 한번 읽어보길 권한다.)

그동안 "어떻게 이 사건을 분석해서 확실한 결과를 예측할 수 있었나?"라는 질문을 많이 받았다.

지능과 정보 수집 능력 면에서 월등한 사람들과 달리 나는 이 사태로 말미암아 손해를 볼 만한 경력이나 평판이 없었다는 것이 내가 답할 수 있는 최선이었다. 게다가 나는 성공의 열망이나 실패의 두려움에서 좀 더 자유로운 편이었다. 그리고 인질로 잡힌 사람들과 친분이 없었기에 감정에 흔들리지도 않았다. 결국 가장 중요한 것은 내가 제3자였기 때문에 타성에 젖은 사람들이 간과했던 부분을 볼 수 있었다는 점일 것이다.

이것은 우리가 협상을 할 때에도 마찬가지다. 열띤 토론과 감정적인 사람들 틈에서도 반드시 소동에 휘말리지 않고 떨어져 있도록 노력해야 한다. 그래야 다음에 펼쳐질 일을 예상할 수 있다. 마치 유체이탈처럼 몸과 분리된 영혼이 공중에 떠서, 제3의 귀로 듣고 제3의 눈으로 내려다본다고 상상해보자.

우리가 얻으려 노력해야 할 것은 제3자의 시각이다. 그러면 신경을 쓰되, 도가 지나치지 않을 수 있다. 나는 만족스러운 삶이 노력과 휴식 사이에서 적절한 균형을 찾는 데 달려 있다고 확신한다. 결국 중요한 것은 어떤 일이 발생했느냐가 아니라 그 일을 바라보는 우리의 시각이다. 우리가 보는 것은 흔히 우리가 이미 믿고 있거나 알고 있다고 생각하는 것에 의해 결정되기 때문이다.

확실히 우리는 눈이 아니라 머리로 본다. 게다가 이른바 "객관적 사실"이라는 것도 시간과 공간에 따른 상대적 입장일지도 모른다. 생각해보면, 그 때문에 남극에서는 물이 어는 온도를 "녹는점"이라고 하는 게 아닌가 싶다.

결론적으로 효과적인 협상에는 균형이 필요하다. 절제와 더 붙어 모든 것은 적절한 조절이 필요하다. 신경을 쓰되, 지나치지 않아야 한다.

신뢰가 필요하지만 지나치지 말아야 하는 것과 같은 이치로, 선지자 마호메트의 가르침인 이슬람의 하디스에도 이런 말이 나온다. "알라를 믿되, 낙타는 항상 묶어두어라."

- 목적이 있는 교류나 협상에서는 언제나 감정을 배제하고 객관적인 시각을 갖춘다. 그래야 일의 유형과 관계, 상호 연관성을 파악할 수 있다.
- 타인의 행동에 효과적으로 영향을 주려면, 우선 상대의 신념, 동기, 가치, 필요에 관한 정보를 수집한다.
- 항상 자신을 문제 해결사로 생각하고 양측의 진정한 관심사와 이익을 충족할 수 있는 창의적인 대안을 모색한다.
- 모든 행위에는 주체자의 관점에서 보면 일리가 있기 때문에, 문제를 **그들의** 눈으로 바라보도록 노력한다.
- 결의가 굳은 적은 변화시키려 하면 할수록, 인내 한계점이 늘어난다는 사실을 명심한다. 그들은 입장을 바꾸는 것이 고수하는 것보다 비용이 적다고 판단할 경우에만 행동을 바꾼다.
- 지나치게 신경을 쓰면, 아드레날린이 분비되어 흥분하거나 판단력이 흐려져 잘못된 결정을 내리게 된다.
- 불합리한 말 혹은 감정 섞인 비판을 듣거나, 지독한 협박을 받는 경우라도, 신경을 쓰되 도를 지나치지 않는 균형 잡힌 태도를 갖도록 노력한다.

제 2 장

당신의 운명은 당신에게 달렸다 :
성경 속 협상

당신의 운명은 신의 손에 달린 것이 아니라
당신의 머릿속에 있는지도 모른다.

NEGOTIATE THIS!

협상은 언제나 존재한다

한 인간이 타인의 행동에 영향을 주려고 시도한다는 의미에서 보면, 협상의 역사는 역사시대보다 오래되었다. 협상은 유대감을 쌓아 공동체를 하나로 결속하기 위한 의례적인 상호작용으로, 초기 원시문화에서 흔히 볼 수 있었다. 태곳적부터 사람들은 협상이라는 게임을 해온 것이다. 고대의 문학이나 귀중한 경전을 보라. 협상과 관련된 일화와 삽화로 가득 차 있음을 알 수 있다.

구약성경 창세기 앞쪽에 기억할 만한 이야기가 나온다. 하느님이 아브라함에게 죄 많은 쌍둥이 도시를 멸망시킬 뜻을 밝히는 대목이다. 즉, 소돔과 고모라를 역사 속에 묻어버리겠다는 뜻이었다. 그 뒤에 일어난 일로 우리는 아브라함이 하느님의 뜻에 순종하지 않는다는 사실을 알고 있다.

동등하거나 또는 대칭적인 관계는 아니었지만, 아브라함은 하느님의 뜻에 의문을 품었고, 그래서 아주 난처하고 위태로운 처지에 몰린다. 왜일까? 그는 결국 전지전능한 분과 협상을 벌이려는 것이었다. 이것은 지렛대의 짧은 쪽을 잡고 힘겨루기를 하는 것과 같다. 누군가 당신에게 "좋아, 그럼 전지전능한 분이랑 협상이라도 해보시지"라고 말한다면, 바보가 아닌 이상 상대가 안 된다는 사실을 알 것이다.

아브라함이 이 문제를 놓고 대처해나가는 방법은 적어도 내게는 배울 점이 많다. 아브라함이 하느님에게 "하느님, 과거에 당신의 결정은 더할 나위 없이 완벽했습니다. 그래서 저는 항상 따랐습니다. 하지만 이번에는 실수를 하신 것 같습니다"라고 말했을까?

아니, 절대 아니다. 성경을 보면 아브라함이 자신을 낮추어 겸손하고 공손한 자세로 하느님을 설득하는 것을 알 수 있다.

"아, 저도 하느님께서 말씀하신 것을 생각하고 있었습니다. 이번에도 정말 현명하고 공정한 결정을 내려주셨고, 저는 당연히 그러리라 알고 있었습니다."

아브라함은 잠시 멈췄다가 다시 공손하게 말한다. "하지만 한 가지 궁금한 것이 있습니다. 만일 저희가 그 모든 사악한 무리 가운데 의인 50명을 찾는다면 어찌하시렵니까?"

그는 다시 이렇게도 물었다. "사악한 무리와 함께 의인 50명도 죽이시렵니까? 단지 여쭙는 것뿐입니다."

틀림없이 하느님은 아브라함의 질문에 응답할 것이다.

왜일까? 모든 협상에는 작용과 반작용이 있기 때문이다. 자신의 경험을 떠올려보자. 사람들에게 제안을 하면 그들은 어떻게 반응하는가? 대개 그들은 역제안을 해왔을 것이다. 수요가 있으면 제안이 따르고, 가격을 묻는 이들이 생기면 입찰이 진행된다. 그러나 때로는 어떤 제안에 상대가 반응조차 안 하는 경우도 있다. 그러나 무반응 역시 일종의 반응이라는 사실을 알아야 한다.

왜 그럴까? 우리가 말하는 협상은 역설적인 게임이기 때문이다. 수수께끼나 퍼즐과도 같아서 표면적으로는 전혀 말이 되지 않지만, 숨은 뜻을 잘 살피면 말이 된다. 마치 이륙하는 비행기보다 착륙하는 비행기가 많은 시카고의 오헤어 공항과도 같다 (사람들은 대게 그 이유를 알지 못한다). 말하자면 일종의 역설이다.

이제 하느님과 아브라함의 협상 장면으로 다시 돌아가자. "그 사악한 무리 중에 50명의 의인이 있다면 어찌하시렵니까?"

하느님은 "좋다, 아브라함. 네가 의인 50명을 찾아내면 소돔과 고모라의 모든 이들을 살려주겠다"라고 답한다.

아브라함은 주저하면서 말한다. "세어보질 않았습니다만, 5명이 모자라 45명이면 어찌하시렵니까?"

"좋다. 아브라함. 그 45명을 찾아내면 소돔과 고모라는 살아남을 것이다."

그러자 아브라함이 간청한다. "하지만 하느님, 저는 비유로 말씀드리는 것입니다. 25명 정도밖에 안 될 수도 있습니다."

"그래 좋다, 아브라함. 25명만이라도 찾아보아라. 그곳 사람들 모두를 살려주겠다."

성경을 보면 아브라함은 최종적으로 10명까지 줄이는 데 성공한다. 정말 훌륭한 협상이 아닐 수 없다. 다만 문제는 이 10명을 찾아내지 못했다는 사실이다(전혀 다른 주제이지만 아이러니한 결말이다).

경험이 재산이다

2가지 목적에서 다음의 예를 들고자 한다.

먼저, 당신은 스스로 생각하는 것보다 협상에 대해 더 많이 알고 있다는 점을 강조하고 싶다. 당신은 자녀나 조카가 원하는 것을 가지려고 협상하는 장면을 본 적이 있을 것이다. 우리는 누구나 한때 어른의 세상에서 살아가는 작은 아이였다. 이 어린 친구들에게는 어떤 힘이나 권한이 없지만, 원하는 것을 꽤나 잘 얻어내는 재주가 있다. 어떤 아이는 비싼 걸 사달라고 뻔한 수법으로 떼를 쓰고, 또 어떤 아이는 좀 더 교묘한 설득 수단을 쓴다.

이 작은 아이들이 어떻게 하는 걸까?

첫째, 요구 수준이 높다. 아이들은 가질 수 있다고 생각하는 것은 결국은 갖게 된다는 사실을 알기 때문에 목표를 높게 잡는다. 아이들의 좌우명은 "많이 바랄수록 많이 얻는다"다. 이런 생각은 사실 경험에서 나온 것이다.

이 대목에서 V-2 미사일을 개발하고 제2차 세계대전이 끝난 뒤 미국으로 건너가 미군과 나사에서 로켓을 개발한 독일의 과학자 베르너 폰 브라운을 떠올리는 사람도 있을지 모른다. 그의 생애를 그린 영화 〈나는 별을 겨냥한다I Aim at the Stars〉는, 그의 삶과 잘 어울리는 제목이었다. 비록 별을 맞추지는 못했지만, 그는 큰 꿈을 갖고 있던 덕분에 큰 업적을 이루었다(비록 런던에 엄청난 폭격을 가하기는 했지만). 마찬가지로, 무리한 요구를 하는 아이들이 놀라운 업적을 이루어낸다.

둘째, 아이들은 가족 내에서 의사결정 과정을 알고 있다. 아이들은 처음에 엄마에게 부탁하고, 엄마가 거절하면 다시 아빠에게 달려가지만 소용이 없다. 엄마와 아빠의 공동전선에 막힌 아이는 포기하고 말까? 그렇지 않다. 이번에는 할머니와 할아버지가 있다. 아이들은 공동의 적, 엄마와 아빠에 대항해서 엄청난 세대 차이에도 쉽게 할머니 할아버지와 연합전선을 구축한다.

셋째, 아이들은 "안 돼"라는 말이 협상의 시작임을 감각적으로 안다. 새로운 아이디어에 익숙해지는 데는 시간이 걸린다는 사실을 본능적으로 알아차린다. 그래서 아이들은 부모가 지칠 때까지 끈질기게 기다린다.

마지막으로, 아이들은 이미 수년간 부모와 상호작용을 하면서 부모의 행동방식을 만들어놓았다. "불상을 만든 사람은 결코 부처를 숭배하지 않는다"라는 말처럼 아이들은 두려울 게 없다.

아내와 나 사이에는 아이가 3명이다. 우리 부부는 첫째 딸을 키우며 몇 가지 원칙을 정했고, 딸에게 지키도록 했다. 그리고 아들 녀석이 태어났다. 마찬가지로 우리는 같은 원칙을 고수했지만 예외를 더 많이 뒀다. 우리도 모르는 사이에 많이 물러진 셈이었다. 마지막으로 막내가 태어났을 쯤에는, 이 모든 걸 겪은 우리는 지쳐 있었다. 나는 결국 막내에게 "누나나 형에게 물어보면, 어떻게 해야 하는지 가르쳐줄 거야"라고 말하기에 이르렀다.

이런 경험 덕분에 당신도 생각보다 협상에 대해 잘 알고 있을 수 있다. 가정이나 직장에서 자칫 갈등을 빚을 수 있는 상황이 생기면, 예전에도 같은 경험이 있었으리란 사실을 기억하자. 물론 상대, 상황, 쟁점 등은 다르겠지만, 과거 경험을 바탕으로 생각을 정리해보라. 그렇게 할 수 있다면 여유와 자신감이 생길 것이다.

틀을 깨뜨려라

내가 말하고자 하는 두 번째 요점은 우리가 협상 결과에 실망하는 이유 중 하나는 상대가 정해놓은 대로 문제를 받아들이는 데 있다는 점이다. 상대는 "최종담판"에서 "확실한 답변"을 요구한다. "이제 당신이 결정하세요! '네'인가요, '아니요'인가요? 합의할까요, 말까요? 거래를 할 건가요, 말 건가요? 자, A입니까, B입니까?"

그쯤 되면 우리는 협상 내용을 검토하고 이렇게 생각한다. '이런, A는 최악이야, 하지만 B도 별로야.' 만일 이 중에서 선택해야 한다면, 나는 별로인 쪽을 택할 것이라고 생각한다. 분명히 최악보다는 나을 테니까.

그러나 조금만 더 생각해보면, 이런 식으로 제한받을 필요가 없다는 사실을 깨달을 수 있다. 양자택일의 문제로 보이는 최후통첩도 알고 보면 그렇지 않다.

명심하자. 최후통첩은 겉으로 보이는 것과 다른 "환영의 세계"다. 세상일은 보이는 것과 달라서 심지어 탈지분유가 크림인 것처럼 행세하기도 한다. 물론 싫으면 그만두면 된다. 하지만 다른 대안이 있다는 사실을 기억하자. 모든 최후통첩에서는, 언급되지는 않았더라도 대안을 가지고 다시 협상할 수 있음이 인정된다. 따라서 A나 B, 하나만 선택할 필요는 없다. 어딘가에 결정적인 C가 기다릴 수 있고, M이나 P, 또는 오메가도 숨어 있을 수 있다. 요컨대 더 적절한 대안이나 아직 제시되지 않은 더욱 창의적인 방법도 있을 수 있다.

정치 분야에서는 여론조사원, 전문가, 선전원 들이 이미지 관리 기법을 사용한다. 이들은 사실 자체보다 그 사실을 그럴듯하게 보이도록 꾸미는 게 더 중요하다는 점을 안다.

그런데 우리는 왜 이런 틀에서 헤어나지 못할까?

이 문제는 부분적으로 초등학교에서의 교육 탓이 아닐까 생각한다. 초등학교에서 교사는 영리한 학생을 알아보는 방법을 공공연히 드러낸다. 지적을 하면 정답을 맞히는 아이, 그리고 학급 전체에 질문을 했을 때 제일 먼저 손을 드는 아이가 영리한 아이다.

감수성이 예민한 어린 학생들은 당연히 답변 속도가 성공의 지름길이라고 믿게 된다.

내 아들 스티브가 열한 살 때쯤, 녀석은 내게 이런 식으로 선택을 강요해 함정을 판 적이 있다. 형편없는 성적 때문에 혼날까 봐 걱정한 스티브는 성적표를 보여주면서 물었다. "아빠, 저는 뭐가 문제일까요? 머리가 나쁜 걸까요? 교육이 문제인가요?"

속도가 문제다

변화와 속도가 발전의 상징으로 통하는 문화권에서는 이런 신속하고 조급한 행동이 더욱 심한 편이다. 그래서 조용하고 신중한 사람들이 오히려 "무지하다"고 여겨지기도 한다.

흥미롭게도, 이 현상을 부추기는 것 중 하나는 ABC 방송국을 살렸다고 인정받는 인기 퀴즈 프로그램인 〈밀리어네어who Wants To Be A Millionaire〉이다. 출제되는 문제들은 별로 어렵지 않지만(대중문화는 제외하고), 개인적으로 나는 결코 진행자인 리지스 필빈 건너편의 출연자석에 앉지는 못할 것이다. 물론 예비 심사 정도는 통과해 방송이 녹화되는 뉴욕에 갈 수 있을지 모르지만 거기까지가 내 한계다. 돈이 걸린 문제에 지목되어 답하기 위해서는 2.6초 안에 4가지 선택 사항을 연대순 혹은 지리적 순서로 나열해야 하는데, 이게 장난이 아니다. 나로서는 도저히 따라갈 수 없는 속도다.

"뭐라고 말씀하셨죠?"

기계적인 암기와 빠른 속도는 〈제퍼디!Jeopardy!〉나 〈밀리어네어〉와 같은 퀴즈 프로그램에서는 통할지 모르지만, 현실에서는 좋은 방법이 아닐 수 있다. 사실은 협상에서는 정반대가 더 바람직하다. 확실히 아둔한 것이 똑똑한 것보다 낫고, 어눌한 것이 또박또박 말하는 것보다 낫다. 이렇게 말하는 연습이 필요할 것이다. "잘 모르겠습니다", "무슨 말씀이신지요?", "이런, 죄송합니다. 이해가 안 갑니다", "한 번 더 말씀해주시겠어요?", "어디까지 이야기했었죠?"

무지에 대한 소크라테스의 가르침이나 "네 혀가 모르겠다고 말하도록 연습시켜라"라고 명령하는 성경의 말씀을 이어받아 선입관이나 편견을 벗어나도록 노력하라. 가장된 것이라도 잘 모른다는 자세는 호기심과 겸손함, 그리고 궁극적으로 전혀 새로운 아이디어를 이끌어내고 사람들 사이를 결속한다.

5년 전쯤, 나는 파업 직전의 노사분규를 해결해달라는 요청을 받고 위스콘신주의 밀워키로 간 적이 있다. 급박한 호출이어서, 쟁점이나 그동안의 노사관계에 대해 파악할 시간이 없었다. 그래서 나는 노사 양측의 말에 귀를 기울이며 그들이 원하는 바를 파악하려고 애를 썼다.

한번은 어떤 사람의 감정 섞인 불만을 듣고 나는 "아, 왜 화가 나셨는지, 기분이 어떠신지 이해합니다"라고 말했다. 내 생각을 묻는 질문에 나는 양손을 들어 올려 "잘 모르겠습니다"라고 답했다. 그런데 나는 연극을 한 게 아니라 정말 몰랐다. 그 후 하루가 조금 더 지나 최종기한 막판에 문제가 해결되었다.

우리가 물건을 챙기고 사람들과 악수를 나눌 때, 노동조합의 사무장이 나를 따로 불러 "코헨 씨, 아시는지 모르겠지만 하루 만에 당신을 좋아하고 신뢰하게 되었습니다. 왜 그런지 아시나요?"라고 묻더니 내가 대답도 하기 전에 "정말 겸손한 사람이기 때문이에요"라고 말했다. 이어서 덧붙인 그의 한마디에 내 얼굴은 벌겋게 달아오르기 시작했다. "근데, 겸손한 부분이 상당히 많더군요."

내가 말하려는 요점은 "모르는 게 약"인데, 굳이 똑똑한 척 굴 필요가 없다는 말이다. 여유를 갖고 침착하고 신중하게 대응하라. 주의해서 말해라. 질문을 받으면 즉시 대답할 필요는 없다.

여유를 가져라. 침묵과 모호함 속에 기다릴 줄도 알아야 한다. 상황을 설명하려 서둘러서는 안 된다. 협상은 방송 시간에 따라 돈을 지불하는 TV 광고가 아니란 점을 기억해라.

상대의 질문에는 질문으로 대응하는 버릇을 들여라. 말이 막혀 난감할 때에는 "당신이 나라면 어떻게 하겠습니까?"라고 질문해라. 상대가 어떻게 반응하든 곤란할 게 없다. 그저 "이런, 당신이 나였으면 좋았을 텐데"라고 말하면 된다. 그러면 대화는 원점으로 돌아온다.

"도와주세요"의 마법

사람들 사이의 관계에서 분명한 진실이 하나 있는데, 사람들은 "도와주세요"라는 말을 환영한다는 것이다. 어떤 주제를 이야 기하든 상대는 당신이 모르는 정보, 전문기술, 지식이나 경험을 갖고 있는 법이다. 따라서 그들이 가진 것을 기꺼이 나누도록 만들 필요가 있다. 이것은 서로 합의점에 도달하는 데도 도움이 된다.

일단 합의를 하게 되면 약속을 지키고 실행하는 문제가 언제 나 뒤따른다. 이 부분에서 당신은 상대의 마지못해 하는 시늉이 아니라 적극적인 협조와 지원이 필요하다. 성 바울이 글자 그 대로 지켜야 하는가에 대한 문제를 논의하면서 "글자는 사람을 죽이지만, 정신(영)은 사람을 살린다"라고 말했을 때, 그는 분명 이 딜레마를 알고 있었을 것이다.

이 글을 읽고 있는 독자 중에는 강한 상대를 만나 주눅이 드는 협상 또는 판매 상황을 앞두고 있는 이도 있을 것이다. 무슨 이유 때문인가?

당신은 여자인데, 상대는 모두 남자라서? 당신은 갓 졸업한 사회 초년생인데, 상대는 경험 많은 노련한 선수라서? 당신 사업체는 작지만, 상대 회사는 〈포춘〉 선정 500대 기업에 들어가는 큰 회사라서? 당신은 대머리지만, 상대는 멋진 헤어스타일을 하고 있어서? 당신은 기가 죽어 확신이 없는데, 상대는 자신감 있고 침착해서? 당신은 개방적이고 솔직한 성격이지만, 상대는 능청스럽고 고압적인 성격이라서? 당신은 키가 작지만, 상대는 훤칠한 키에 당당해서? 당신은 주먹코인데, 상대는 코가 완벽하게 잘생겨서?

이유가 무엇이든, 이렇게 처음부터 불리하다고 생각하며 기가 꺾여 시작하는 경우가 있다.

여기서 잠깐 개인의 특권에 대해 생각해보자. 우리의 외모나 성격의 일정 부분은 유전자의 임의적인 선택으로 결정된다. 따라서 우리의 의지와는 상관없이 받아든 카드 패를 놓고 인정이나 비난을 받아서는 안 된다. 그 대신에 우리 각자는 상당한 자유의지를 갖고 있으므로, 받아든 패에서 최선을 다하면 된다.

마지막으로 한 가지 예를 더 살펴보겠다. 코 크기와 모양에 대한 문화적 집착에 대한 바보 같은 이야기다. 사람들의 이야기를 들어보면 좋은 코와 나쁜 코가 있는 모양이다.

이해가 되지 않는다. 코의 목적이 냄새를 맡는 거라면, 클수록 좋다는 말인가? 그렇다면 가장 좋은 코는 가지만 한 코가 될 것이다. 그러나 아니다. 팁 오닐(미국 하원의장을 지낸 정치인)의 커다란 주먹코를 완벽하다고 말하는 사람은 없다. 오히려 감수성이 예민한 청소년들이 보는 잡지에는 마이클 잭슨처럼 코가 점점 작아지는 모델과 유명인이 많이 나온다. 이런 식이라면 나중엔 콧대가 없어지고 구멍 2개만 뚫린 코가 완벽한 코가 되는지도 모른다.

만일 자신의 신체적 요인이나 경험 부족, 혹은 부족한 협상력 때문에 주눅이 든다면, 처음부터 솔직하게 털어놓는다. 상대에게 "저기, 제가 경험이 없어서 죄송합니다", "시간을 내주신 점, MS를 대표해서 감사드립니다", "드릴 말씀은 아니지만, 사실 지금 난처합니다. 왜냐하면"이라고 말한다.

이렇게 말한 뒤에는 마법의 말 "도와주세요"를 덧붙이는 것이다. 진심으로 선의에서 말하면 상대는 놀라운 반응을 보일 것이다. 대개는 적을 동지로 만들거나, 때로는 스승으로 삼는 성과를 얻을 수 있다.

약한 것이 이긴다

내 말뜻을 오해하지 않기 바란다. 나는 평화주의자도 아니고, 수지맞는 거래라면 혹해서 윤리 원칙이나 가치를 저버리는 사람도 아니다. 내가 말하려는 것은 불편하거나 신뢰가 쌓이지 않은 상황이라면, 부드러운 태도가 협상 분위기에 유리한 영향을 줄 수 있다는 사실이다. 상대의 전략이나 계획에 일일이 대응할 필요가 없음을 명심하자.

역사상 인류에게 가장 큰 영향을 미친 인물은 단연코 나사렛 출신의 목수인 예수 그리스도다. 그가 남긴 유산은 수많은 사람에게 영향을 주었다. 3년이라는 짧은 기간에 그가 끼친 영향이 너무나 대단해서, 우리는 그가 태어난 해를 기준으로 기원전과 기원후를 나눈다.

예수 그리스도는 심판하기 위해서가 아니라 돕기 위해서 왔다. 그는 세상을 바꾸려고 새로운 사고방식을 가르쳤는데, 그것이 바로 신약성경이다.

내가 아는 바로, 그는 행동에 영향을 주는 정보와 힘을 이용하는 데 탁월한 협상가였다. 예수는 사도와 추종자들의 지지를 얻기 위해서도 협상했지만, 가난하고 힘없는 자들을 위해 전능하신 분과도 협상했다.

예수가 홀로, 그리고 이름 없이 공공장소에 발을 들여놓았을 때, 그는 로마 제국의 군사들과 맞닥뜨렸다. 하지만 예수는 힘에는 힘으로 대응하기보다는 이른바 "온유 작전meekness maneuver"이라는 순응의 접근법을 택했다. 누가복음에 나오는 것처럼 "네 뺨을 치거든 다른 쪽 뺨도 내밀라"는 방법이었다.

생각해보자. 저항할 힘이 없는 적을 물리친들 무슨 만족이 있겠는가? 반격도 못 하는 힘없는 상대를 때리면, 어떤 일이 생길까? 대부분의 경우 결과는 때린 쪽의 자책과 후회로 이어진다. 알겠지만, 이 온유 작전은 훗날 간디의 "비폭력 저항"의 모태가 되었고, 마틴 루서 킹 목사의 민권운동에도 영향을 미쳤다. 수동적으로 저항했던 예수, 간디, 킹 목사 등 3명의 위인은 목표는 달성했지만, 희생도 따랐다. 만일 적이 히틀러, 스탈린, 폴 포트, 사담 후세인과 같은 도덕관념이 없는 "광신자"라면 엄청난 희생이 따랐을 것이다.

협상에 유용한 주문

협상에서 효력을 내는 주문을 말해보겠다. 이 주문을 외워서 삶에 필요한 협상에서 유용하게 사용하기 바란다. 이 주문은 협상 초기에 당신이 보여주는 겸손한 자세에 신뢰를 더해주는 비법이므로 입에 붙도록 만들어야 한다.

주문은 각각 짧다. 첫 번째는 H-U-H이고 "허"로 발음한다. 두 번째는 W-H-A다. T가 없음에 주의하고, 발음은 "와"로 한다. 이제 두 주문을 합쳐 "허…와" 혹은 "어…허…와"로 발음하면 된다. 이제 모든 사회 교류가 더욱 재밌고 만족스러울 것이다.

이쯤이면 당연히 "이게 뭐야?" 하는 사람이 있을 것이다. '이 책을 구하기 전에도 삶과 일에서 별 문제가 없었고, 그저 몇 가지 협상 기술이나 배워볼까 하고 읽기 시작했는데, 이 사람 말대로 주문을 외우다가는 내 인생이 망가지는 거 아닌가?'라고 생각할지도 모른다.

그런 생각은 충분히 이해가 간다. 그러므로 "허, 와"보다 좀 더 세련된 다른 방법을 알려주겠다. 다시 말하지만, 내 목적은 당신이 서두르지 않도록 하려는 데 있다. 성급한 협상은 위험이 따른다. 준비가 덜된 사람이나 상황의 형평성을 판단하지 못하는 사람에게는 특히 위험하다.

가령 당신보다 훨씬 세부 사항을 잘 아는 사람들과 거래를 앞두고 있다고 생각해보자. 갑자기 그들이 거래 조건이나 제품 스펙을 바꾸고, 또는 예상치 못한 제안을 해온다. 그들은 당신이 즉각 대응하기를 기대한다. 어떻게 해야 할까? 당연히 시간을 끌면서 그들의 제안을 충분히 검토해야 한다.

만일 팀 동료인 누군가와 동행했다면, 상대에게 이렇게 말해도 좋다. "잠시 실례하겠습니다. 함께 화장실에 다녀오겠습니다. 우리 팀 전통입니다." 당연히 협상 장소를 벗어나 어떻게 대응할지 의논하려는 것이다.

하지만 혼자 협상에 나와 있고 자리를 뜨고 싶지 않지만 생각할 시간이 필요하다면 어떨까?

나는 이렇게 한다. 뜻밖이겠지만, 나는 재킷 주머니 속의 펜과 친분을 쌓는다. 아침에 옷을 입을 때부터 몇 시간 동안이나 홀로 있었던 이 필기도구에 대해 생각한다. 나는 펜이 되어 생각한다. 주머니 속은 어둡고 외롭고, 또 습하다. 머리를 숙여 펜이 괜찮은지 살펴보고 주머니 속 냄새는 어떨까 상상도 해본다.

그리고 어떻게 할까? 펜의 처지를 딱하게 여긴 나는 갇혀 있던 펜을 꺼내 자유를 맛보게 한다. 펜을 쥐고 공중에서 빙빙 돌린다. 그런 다음 뚜껑을 열어 펜촉이 나오게 하고, 입술을 오므려 바람을 불어준다. 그러면 펜은 더욱더 자유를 만끽한다. 그리고 마침내 이런 해방 의식을 치른 펜은 다시 주머니로 들어간다.

상대는 보통 의아해하며 말없이 지켜본다. 그러면 나는 그들을 보고 "어디까지 말했었죠?"라고 말한다. 적어도 나는 잠시 생각할 여유를 가진 것이다. 이런 행동은 사람들에게 신선한 재미를 주어 분위기를 밝게 하는 경우가 많다.

영화 〈십계〉에 나타난 협상

앞서 언급한 대로, 협상은 언제나 인간관계의 중요한 특징이었다. 인류학자들에 따르면, 이미 기원전 5000년부터 인류는 개별 가족, 친족, 그리고 후에 부족 전체가 서로 돕고 적을 막아내기 위해 함께 이동했다. 이들 집단에는 공동의 이해를 조정하는 규범과 규칙, 행동강령이 있었지만, 여러 관계와 분업을 둘러싼 다툼은 피할 수 없었다. 이런 일이 생기면 부족장이 개입하거나 당사자들이 결투나 협상 등의 해결방법을 썼다. 하지만 이에 대한 자세한 기록은 거의 없다.

목적이 있는 거래, 즉 협상을 기록한 가장 오래된 문서는 성경이다. 앞서 창세기에서 아브라함이 정의를 위해 하느님을 설득하며 선례를 남기는 장면을 살펴보았다.

하지만 내가 보기에는 오늘날에도 효과가 있는 협상 기술을 사용한 가장 생생한 예는 〈출애굽기〉에서 찾아볼 수 있을 것 같다. 정확히 언제 일어난 일인지는 모르지만, 학자들은 대부분 3천 년 전쯤으로 추정한다.

이야기의 주인공은 모세로, 그는 하느님을 대신해 수천 명의 핍박받던 히브리 노예들을 '약속의 땅'으로 인도한다. 그 여정에서 모세는 파라오와 흥정하고, 이스라엘 사람들을 상대하고, 또 가장 중요한 하느님과 협상해야 한다. 분명 그들이 탈출하고 구원을 받는 데는 협상이 중요한 역할을 했다.

이제 본론으로 들어가 주인공의 이야기를 살펴보자. 모세는 피에 굶주린 파라오가 다스리는 이집트에서 태어났다. 모세의 어머니 요게벳과 아버지 아므람은 노예였고, 누나 미리암은 8세의 나이로 파라오 막내딸의 시녀로 일했다. 그리고 모세에게는 형 아론도 있었다.

이쯤에서 나는 성경학자가 아니고, 내가 말하는 이야기는 공인된 것이 아님을 말해두겠다. 나는 세실 데밀 감독의 영화 〈십계〉를 적어도 20회는 봤고, 이를 바탕으로 이야기하는 것이다. 솔직히 나는 모세라고 하면 찰턴 헤스턴이, 파라오는 율 브리너가 떠오른다. 그리고 파라오의 딸은 니나 포크, 아론은 존 캐러딘이 생각난다. 알다시피 존 캐러딘은 키이스와 데이비드 캐러딘의 아버지다. 다시 이야기로 돌아가자.

모세가 태어나기 불과 몇 달 전. 파라오는 이스라엘인들 사이에 떠도는 소문을 듣는다. "곧 히브리 사내아이 하나가 태어나 사람들을 해방하고, 파라오에게 커다란 문제를 안길 현명한 지도자가 될 것이다"라는 예언이었다.

파라오는 즉시 "앞으로 태어나는 모든 히브리 사내아이는 나일강에 던져 죽여라"라는 칙령을 내렸다. 모세의 어머니는 당연히 이를 따를 뜻이 없었다. 요게벳은 석 달 동안 남몰래 모세를 키우다, 너무 자라 숨기기가 어려워지자 모세를 담요에 감싸 바구니에 넣어 강물에 띄워 보냈다. 파라오의 딸인 니나 포크가 풀숲에서 그 바구니를 발견하고 모세를 키우기로 마음먹는다.

그날 밤 궁전에 돌아온 파라오는 아이 울음소리를 들었다. 그는 곧바로 아이가 히브리 혈통임을 알았다. 아마도 독특한 담요 모양 때문이었을 것이다.

파라오는 아이를 죽이라고 명령했지만, 파라오의 딸인 공주는 울먹이며 "제발 키우게 해주세요. 인형 같아서 같이 놀고 싶어요"라고 졸랐다. 처음에 파라오는 꿈쩍도 안 했지만, 공주도 포기하지 않았다. "궁전은 너무 따분해요. 놀 만한 것도 없고요. 노예들이 채찍을 맞는 모습도 이젠 구경하기 지겨워요. 제발요."

딸이 끈질기게 조르자 파라오는 마음이 흔들렸고 "알았으니 이제 그만해라"라고 수락한다. 하지만 예언이 마음에 걸린 파라오는 "저 아이가 간단한 지능 시험을 통과하지 못한다면 아이를 키워도 좋다"라고 조건을 건다.

파라오는 아기 모세 앞에 접시 두 개를 두도록 명령한다. 하나는 번쩍이는 금을 다른 하나는 시뻘겋게 단 불씨를 담고 있었다. 파라오는 "아이가 시뻘겋게 단 불씨가 놓인 접시로 다가가면 살려주겠다. 하지만 영리해서 금을 선택한다면('go for the gold'라는 표현이 여기서 유래되었을 것이다) 아이를 데려다 죽일 것이다"라고 말한다.

결국 아이의 생명이 걸린 선택이었다. 모세는 반짝반짝 빛나는 금을 잡으려고 했지만, 신이 개입해 모세의 손이 빨갛게 타는 불씨를 향하게 했다. 모세는 무엇이든 빨려는 또래의 아이들처럼 불씨를 입술과 혀에 갖다 대고 만다. 그날부터 위대한 해방자, 율법자, 지도자는 말을 더듬고 혀 짧은 소리를 냈다.

이후 모세는 파라오의 손자가 되어 호화로운 환경에서 자랐고 이집트 왕자로 교육받았다. 그러나 이 모든 행복한 생활은 어떤 이집트 감독관이 노예를 때리는 것을 본 모세가 끼어들면서 끝났다. 실수로 감독관을 죽인 모세는 시나이를 지나 미디안으로 도망칠 수밖에 없었다. 그곳에서 모세는 이드로 덕분에 안식처를 얻었고, 이드로의 딸과 결혼해 두 아들을 낳고 양치기가 되었다. 세월이 흘렀고 어느덧 모세는 완전히 미디안 사람이 되어 옛 왕자 시절은 마치 꿈같이 느껴졌다.

협상의 동료

어느 날 양들을 풀어놓고 있던 모세는 덤불에서 불꽃이 일어나는 것을 보았다. 가까이 다가간 그는 불길이 타오르는 것을 보고 열기도 느꼈지만, 나뭇가지나 잎사귀는 불에 타지 않는 것을 알았다. 좀 더 다가서려던 모세는 하늘에서 크게 울리는 목소리에 깜짝 놀랐다.

"모세야, 더 이상 가지 마라! 여기는 성스러운 곳이다. 신발을 벗어라."

"다, 당신은 누, 누구신가요?" 모세가 더듬거리며 물었다.

"나는 너의 조상의 하느님, 즉 아브라함과 이삭과 야곱의 하느님이다. 내 백성의 울부짖음을 듣고 고통을 보았으므로, 내가 그들을 노예에서 구해주겠다. 너는 그들을 이집트에서 약속의 땅으로 인도해라. 당장 파라오에게 가서 내 백성을 보내라고 일러라."

모세는 너무 놀라 아무 말도 하지 못하고 서 있었다. 그러나 하느님은 모세가 알아듣고 시킨 대로 잘하리라 생각하지 않았다.

사실 하느님은 전지전능할 뿐 아니라 "귀인이론attribution theory"(어떤 행동이 발생한 원인을 추론하는 이론)의 전문가다. 그래서 하느님은 모세에게 "방금 내가 너에게 무엇을 하라고 하였느냐?"라고 알아듣기 쉬운 말로 물었다.

모세는 "제, 제가 파, 파라…오, 파라오에게 가, 가야 하…합니다"라고 겨우 답한다. 모세는 언어장애가 있었음을 기억하자. 어릴 때 파라오에게 지능을 시험당한 탓이었다.

이때 하느님은 "말솜씨가 네 장기는 아니구나. 가기 전에 웅변술을 익혀야겠다"라거나 "아니다. 차라리 내가 파피루스에 친히 쓴 편지를 파라오에게 보내겠다"라고 말하지 않는다. 하느님은 모세에게 강인한 성격을 바라지도 않는다. 그 대신에 하느님은 모세가 자기의 어눌한 말투에 민감한 것을 알고 그의 체면을 살려주는 대안을 제시한다.

"그런데 모세야, 고된 여행에 함께 갈 사람이 있느냐?"

"네, 제 혀, 형인 아, 아론이 있습니다"라고 모세가 답한다.

"좋다, 아론과 함께 가거라. 아론이 너를 대신해서 말하게 해라. 그러면 너희들은 한 짝을 이룰 것이다."

그래서 모세는 이집트로 떠나 형 아론과 합류하고, 역사상 최초로 인질 협상을 벌인다.

이야기에 숨은 이야기

아직 이 이야기의 핵심에 이르지는 않았지만, 전능하신 분은 이미 협상의 이치를 우리에게 알려준 것인지도 모른다.

첫째, 하느님은 파라오와 직접 협상할 인물로 아론을 선택한다. 모세도 협상 자리에 참석하겠지만, 아론이 말을 할 것이다. 이 점은 최종 의사결정권자는 거래의 핵심에서 벗어나 있어야 한다는 원칙과 일치한다.

우리가 종종 협상가로서의 진면목을 보여주지 못하는 이유는 기본적으로 2가지다.

무엇보다, 이미 살펴본 대로 우리가 너무 감정에 휩쓸려 지나치게 신경을 쓰기 때문이다.

그다음으로는 우리가 너무 많은 권한을 가지고 있기 때문이다. 내가 하려는 말은 국가나 기업, 사업체에서 협상할 때에는 절대 의사결정권자가 나서지 말아야 한다는 것이다. 또 그런 점에서 본다면, 내가 협상할 때는 가장 주의해야 할 인물이 바로 나 자신이다. 분명 내게 권한이 없을 경우 해결될 문제가 수반되기 때문이다.

항상 "저는 좋습니다만, 우리 임원들과 확인해 봐야겠습니다"라고 말하는 여유를 가져야 한다. 만일 임원이 없다면, 은행, 변호사, 고문, 상사, 또는 배우자를 내세워도 좋다.

10년 전 나는 어떤 여성과 여러 차례 협상한 적이 있는데, 그녀의 동업자였던 남편은 한 번도 모습을 드러내지 않았다. 그 바람에 어떤 합의가 이루어져도 늘 잠정적일 뿐 남편의 최종 승인을 기다려야 했다. 몇 년 뒤, 나는 그 여성이 결혼한 적이 없고 동업자도 없음을 알게 되었다.

분명히 말하지만 절대로 시간에 쫓겨 얼렁뚱땅 성급하게 결정해서는 안 된다. "예"라고 말할 수 있는 권한을 자제하고 차분히 생각할 시간을 가져라.

둘째, 현대의 기준과 기호로 볼 때 모세는 협상 대표로는 적당하지 않다는 생각이 든다. 사실 그는 찰턴 헤스턴이나 조지 클루니 같은 용모가 아니었다. 아마도 영화 〈레인맨〉의 더스틴 호프만에 가까웠는지도 모른다. 더구나 오늘날의 차별을 피하는 용어로 말하자면 모세는 "언어장애가 있는 사람"이었다.

하느님은 파라오의 마음과 생각을 돌리기 위해서는 단순히 말솜씨만으로는 부족하다는 것을 분명히 알고 있었다. 뛰어난 협상가에게는 독창성, 인내, 끈기, 자신감, 침착함. 유연한 사고와 행동이 필요하다는 것을 이해하고 있었다. 하느님은 이런 자질을 기준으로 모세와 아론을 선택한 것이다.

무엇보다도 모든 것을 아는 하느님은 이집트에서 노예들을 구출하는 것이 모세에게 매우 쉬운 일임을 알았을 것이다. 모세에게 훨씬 더 어려운 일은 절망에 빠진 수천 명의 옛 노예들을 자유를 위해 싸우는 진정한 신자로 바꾸는 일이었다. 오히려 모세는 나중에, 해방된 노예들이 필요한 일들을 자발적으로 하게끔 하는 능력으로 평가받게 된다. 그것이 바로 협상을 통한 리더십이다.

셋째는 동료나 친구가 함께하면 유리하다는 것은 모두가 인정하는 이치다. 동료가 있으면 스트레스가 덜하고, 든든한 느낌을 받을 수 있으며, 조언을 들을 수도 있고, 또 전략에서 융통성을 발휘하기 쉬운 장점이 있다. 그러므로 아론을 끼워 넣어 평생 모세 곁을 지키도록 한 것은 치밀한 포석인 셈이다. 〈론 레인저Lone Ranger〉(TV 시리즈로 주인공 론 레인저가 미국 원주민 친구 톤토와 함께 정의를 지킨다는 내용)의 주인공도 톤토라는 동료가 있었음을 기억하라.

악당과의 협상

협상이나 드라마 모두, 갈등은 행동의 전개에 필수 요소다. 갈등은 등장인물의 성격을 보여주고, 사람들 사이의 차이를 조명하며, 일을 전개하고, 위태로운 문제를 부각하고, 또 모순을 드러낸다. 하느님과 잔인한 파라오 사이에서 일어나는 힘의 대결은 우리의 지성과 감성을 자극한다.

나는 이 스펙터클한 영화 〈십계〉를 청소년 시절에 봤는데, 특히 잔학한 이집트 파라오가 높은 곳에서 화려한 왕좌에 앉아 있고, 그 아래에 모세와 아론이 서 있는 장면을 기억한다. 그때 나는 하느님이 만만찮은 상대에게 본때를 보여주는 장면이 나오기를 기대했다.

그런데 뜻밖에도 모세와 아론은 전지전능한 하느님을 등에 업고도 부드러운 태도로 협상을 시작한다. 두 사람은 파라오를 위협하는 대신에 예의 바른 자세로 그를 만나러 온 이유를 먼저 설명한다. 그런 뒤에야 아론은 파라오(율 브리너)에게 이스라엘 사람들을 풀어주라는 하느님의 뜻을 알린다.

그러나 파라오는 "이 신은 누구냐? 내가 바로 신인데, 그가 신이라면 어찌 내가 모르겠느냐"라고 화를 낸다. 그는 계속해서 호통을 치며 한때 왕자로서 자신과 형제로 살았던 모세에게 설교를 늘어놓는다.

이윽고 모세가 대답한다. "이것은 제가 말하는 것이 아닙니다. 하느님이 내 백성을 보내라고 말씀하십니다."

파라오가 그들을 쫓으려고 하자 아론은 모세(찰턴 헤스턴)와 의논할 수 있도록 잠시 시간을 달라고 한다. 이 짧은 시간에 둘은 진정한 하느님의 권능을 보여줌으로써 파라오의 질문에 답하기로 결정한다.

파라오에게 돌아온 아론이 지팡이를 땅에 던지자 지팡이가 쉭쉭 소리를 내는 뱀으로 변한다. 파라오는 속임수라고 여기고 마법사들을 불러 똑같이 하도록 한다. 아론의 뱀이 마법사들이 만들어낸 뱀들을 모두 잡아먹는 것을 보고도 파라오는 마음을 바꾸지 않는다.

이번에는 모세가 지팡이를 들어 뒤에 흐르는 나일강을 가리킨다. 아론이 "파라오여. 당신이 마시고 씻는 저 강이 보이십니까?"라고 묻자 파라오가 고개를 끄덕인다. "전지전능한 하느님께서 첫 번째 재앙으로 저 강물을 피로 바꿀 겁니다."

그러자 정말 푸른 강물이 붉게 변한다. 이번에도 파라오는 꿈쩍하지 않는다. 아마도 그는 '이봐, 지금은 기원전 1200년이야. 위생에 그다지 관심이 없어. 게다가 페리에Perrier(발포 광천수의 상표명) 50상자를 매일 궁전에 배달시키면 되잖아'라고 생각했을지도 모른다.

그러나 강물을 핏빛으로 물들인 첫 번째 재앙은 조금 성가신 것에 지나지 않았다. "이게 첫 제안입니다"라는 말을 들으면 이어서 나올 제안이 있음을 알기에 수락하지 않는 것처럼, 파라오와 그의 백성에게 닥친 재앙도 그랬다.

하느님은 두 번째 재앙(개구리 떼 출현)부터 아홉 번째 재앙(계속되는 어둠)까지 내리면서 점점 파라오를 죄어가며 히브리 백성을 종살이에서 풀어주라고 압박한다.

모세와 아론이 부드럽게 시작한 협상은 이제 적대적인 대립 관계로 변했다. 곰곰이 생각해보면, 이 이야기는 고집스러운 사람들을 다루는 전형적인 예로 보인다. 지금까지도 나는 냉정하고 거칠기로 유명한 사람을 대할 때면, 항상 협조적인 태도를 보이며 그들도 그러길 바란다. 처음부터 적으로 대한 상대를 동지로 만들기는 사실상 불가능하기 때문이다.

한편 파라오는 아직도 하느님의 명령을 따르지 않는다. 재앙이 있을 때마다 노예들을 놓아주겠다고 약속하고서도, 재앙이 끝나면 다시 말을 바꾼다. 마침내 모세와 파라오는 감정 폭발

직전에 최종 협상을 벌인다. 모세가 "마지막입니다. 내 백성을 놓아주십시오"라고 말하자, 파라오는 "마지막으로 경고하건대, 내 눈에 다시 띄면, 넌 죽은 목숨이다"라며 비웃는다.

"그럴 일은 없습니다. 오늘 밤 자정에 열 번째 재앙이 찾아와 이집트의 모든 장자가 죽게 될 것입니다. 파라오께서 하느님의 백성을 놓아주는 데는 이 비극이 필요하겠군요." 모세가 대답한다.

그다음 일은 당신도 잘 알 것이다. 파라오는 끝내 뜻을 굽히지 않다가 장자의 죽음을 맞이한다. 그제야 파라오는 히브리 노예들을 보내주지만, 다시 그들을 잡으려 뒤쫓다가 하느님이 홍해를 갈라놓는 바람에 실패한다. 이야기가 여기서 끝났다면 할리우드식 해피 엔딩을 보았겠지만, 현실은 그렇지 않았다.

협상 다음의 협상

히브리 백성은 기적처럼 탈출에 성공하지만, 단지 긴 여정의 시작일 뿐이었다. 처음에 그들은 풀려난 기쁨과 이집트인들의 불행에 신이 났지만, 뜨거운 태양 아래서 몇 달 동안이나 힘들게 걷다 보니 불만이 쌓인다. 하느님이 그들에게 천상의 음식인 만나를 내리고 모세가 물이 있는 곳으로 안내하지만, 그들은 거기에 만족하지 못한다.

결국 모세는 구름이 소용돌이치고 번개가 번쩍이는 산기슭으로 그들을 데려간다. 그는 "여기에 하느님이 계신다. 제단을 쌓으면 하느님이 내려오실지 모른다"라고 말했다.

사람들은 이 말을 듣고 두려움에 떨었다. "안 됩니다. 하느님의 얼굴을 보면 우리는 죽을지도 모릅니다. 제발 산으로 올라가 하느님께 말씀 좀 잘해주세요"라고 간청했다.

다음 날 아침, 모세는 여호수아를 데리고 산으로 향한다. 그는 산 중턱에서 여호수아를 기다리게 한다. 모세와 여호수아에게는 시간이 빨리 흘렀지만, 아래 있는 히브리 백성에게는 몇 주가 지났다. 모세는 사람들 모르게 산 위에 올라 하느님의 말씀을 듣고 돌 2개를 받는데, 거기에는 십계명이 적혀 있었다.

날마다 비를 맞으며 모세와 여호수아를 기다리던 사람들은 더욱 조급해졌다. 당시 모든 할리우드 영화들이 그렇듯, 원주민들은 너무 오래 내버려 두면 동요하고 술렁이게 된다. 이때 말썽꾼 하나가 나타나 사람들을 선동한다.

"대체 어떻게 돌아가는 거야? 모세는 우리를 버렸어. 여기까지 우릴 데려다 놓고 돌아오지도 않잖아." 그는 아론에게 다가가 말한다. "이건 다 거짓말이야. 우린 여기가 어딘지도 모르잖아. 지도도 없고 아무런 이정표도 없어."

그러더니 아우성을 치는 군중을 향해 외친다. "제길, 이집트 생활은 힘들었지만 적어도 밤에는 놀 수 있었는데, 여긴 아무 것도 없어. 그래, 우리에겐 선택이 필요해. 다른 신 말이야. 일이 어떻게 될지 모르니까."

군중은 폭도로 변했고, 상황은 걷잡을 수 없게 되었다. 그들은 아론에게 직접 보고 만질 수 있는 신을 만들어달라고 요구한다.

아론은 군중의 압력에 못 이겼는지 혹은 시간을 벌기 위해서였는지(나는 그의 직계 후손이라 그를 좋게 평하는 면도 있다), 사람들에게서 팔찌, 귀걸이, 금 등을 모아 황금 송아지를 만들고 신으로

섬긴다.

그러나 이때 모세는 시나이산 꼭대기에서 하느님의 율법을 막 받은 터라 다른 생각을 할 겨를이 없다. 정말 아이러니하게도, 원래 쓰인 첫 번째 계명이 "나는 너희를 노예에서 구해준 주, 너희의 하느님이다. 너희는 내 앞에 다른 신을 두어서는 안 된다. 너희는 동물이나 사람, 또는 다른 살아 있는 것의 상을 만들어 숭배해서는 안 된다"라는 것이었다. 그러니 이스라엘인들은 하느님의 첫 번째 율법을 보란 듯이 어긴 셈이다.

하느님과의 협상

모세는 사람들이 우상을 숭배하는 것을 전혀 알지 못했다. 물론 하느님은 알고 있었다. 갑자기 하느님은 모세 앞에 나타난다. 성경의 내용은 다음과 같다.

> 모세야, 가라. 너는 내려가라. 이는 네가 이집트 땅에서 데리고 나온 네 백성이 타락하였음이라. 그들은 내가 그들에게 명령한 길을 벗어나서 송아지를 부어 만들고 그것에 제물을 바치며 말하기를 "오, 이스라엘아, 이것들이 이집트 땅에서 너희를 데리고 나온 너희의 신들이라 하였도다. 또 여호와께서 모세에게 이르시되, 내가 이 백성들을 보았더니, 보라, 목이 뻣뻣한 백성이로다. 그러므로 이제 내가 하는 대로 두라. 내가 그들에게 진노하여 그들을 진멸하고, 너희를 큰 민족이 되게 하리라."
>
> _〈출애굽기〉 32:7-10

이 말을 들은 모세의 기분이 어땠는지 상상해보자. 우선 자신을 따르던 사람들이 무슨 짓을 했는지를 알고 청천벽력 같은 느낌을 받았을 것이다. 게다가 하느님의 징벌 계획은 그에게 엄청난 충격을 주었을 것이다.

이때 모세 나이가 80세였음을 감안해야 한다. 그는 관절염, 좌골신경통, 치은염 등을 앓고 있었다. 불과 1년 만에, 양을 치던 평온한 삶이 파라오를 상대해야 하는 고단한 삶으로 바뀌었다. 몇 달째 모세는 불평불만이 가득한 사람들과 씨름하며 뜨거운 태양 아래 몸을 끌고 다녔다. 사실 그는 '이 나이에 지금 내가 뭐하고 있는 거야? 피곤해. 마이애미 해변 콘도에서 **내가** 선택한 사람들과 함께 있어야 할 판에…'라고 생각했을 수도 있다.

아니면 그의 머릿속에는 이런 생각이 떠올랐을지도 모른다.

이건 내가 하겠다고 나선 일이 아니라고. 난 그저 양을 치고 있었는데 불타는 덤불이 말을 걸어왔기 때문이야. 그런데 이제 하느님이 '네가 데려온 너의 사람들'이라고 말씀하시는군. 난 이 사람들을 선택한 적도 없고 그들을 자유롭게 하는 건 내 생각도 아니었어. 게다가 이제 또 하시려는 일은 뭐지? 물론 고집 센 이스라엘 사람들을 좋아하진 않으시겠지.

그렇다고 그들을 없앤다고? 그러고 나면 다시 내가 '선택된 사람들'을 찾아내야 한다고? 이런, 이거 정말 골치 아픈 일이야. 아말렉 사람, 미디안 사람, 가나안 사람들을 찾아다니며 스카우트라도 해야 한단 말인가? 그들에게 뭐라고 말하지?

"저기요, 새로운 '선민'이 되고 싶지 않아요? 여섯 달 동안 사막을 행군하고 죽게 되는 거예요. 같이 갈 사람 없나요?" 이렇게 물어봐야 하나?

아니, 말이 안 되잖아. 이 이스라엘 사람들이 아무리 나쁘더라도 적어도 우린 그들의 결점을 잘 알잖아. 아는 사람들을 놔두고 군이 모르는 사람들을 찾아 나설 이유가 있나?

이 모든 것을 추리해보면, 하느님의 계획이 모세의 필요를 충족해주지 않음을 알 수 있다. 현재 우리가 아는 바로는 모세는 반사적으로 무조건 하느님을 따르지는 않았다. 이제, 무엇이든 협상해볼 수 있다는 사실을 믿고, 소돔과 고모라를 멸망시키는 일에 대해 하느님이 아브라함과 나눈 대화를 바탕으로 모세의 전략을 추측해보자. 모세는 하느님의 근본적인 관심사를 반드시 충족해주어야 한다.

다음은 자신보다 훨씬 강력한 상대와 협상할 때 모세처럼 대응하는 요령이다.

1. 문제가 여러 동기가 섞인 상황임을 상대가 인식하도록 해라. 그 해법에

대해서 처음에는 이견이 있겠지만, 양쪽의 최종 목표에는 공통점이 많다. 문제를 모세와 하느님 사이의 대립으로 보지 말고, 협상 당사자들과 풀어야 할 문제 사이의 대립으로 보아야 한다.

2. 상호 만족스러운 해결책을 찾을 수 있도록 문제를 다른 시각에서 재구성할 필요가 있다.

3. 협상을 시작할 때는 반드시 겸손한 자세로 상대를 존중해야 한다. 하느님이 자기 힘과 능력으로 성취해놓은 일에 대해서는 합당한 경의를 표하고 인정을 해야 한다.

4. 하느님에게 스스로 선택한 사람들에게 이미 많은 것을 투자했다는 사실, 즉 지금까지 함께 했던 일을 은근히 상기시켜라.

5. 하느님에게 이스라엘 사람들이 자기 백성이라는 사실을 깨닫도록 노력해라. 하느님에게 자신이 이스라엘 사람들을 선택했고 자유를 주었음을 상기시켜라.

6. 하느님에게 만일 그의 처음 결정대로 이스라엘 사람들을 멸했다면 어떤 결과를 초래했을지를 생각하도록 해라. 하느님의 적들은 어떻게 생각할 것인가? 이곳이 "내 적의 적은 친구"가 되는 중동임을 기억해라.

7. 하느님과 함께 그가 좋아했고 약속을 해주었던 이스라엘 사람들의 훌륭한 조상들에 대해 이야기를 나누어보아라. 물론 이 말은 하느님이 결코 약속을 어기지 않으리라는 의미다.

이 같은 전략적인 사고 과정을 염두에 두고 성경에서 나머지 이야기를 살펴보자.

그러나 모세가 그의 하느님께 애원하여 말씀드리기를 "주여, 어찌하여 **주께서** 큰 권능과 강한 손으로 이집트 땅에서 이끌어내주신 **주의** 백성에게 진노하십니까? 어찌하여 이집트 사람들이 '주가 자기 백성에게 재앙을 내리려고, 그들을 이끌어내어, 산에서 죽게 하고, 땅 위에서 완전히 없앴구나'라고 말하게 하려 하십니까? 주의 진노를 거두고, 뜻을 돌이키시어, **주의** 백성에게서 이 재앙을 거두어주십시오. 주의 종 아브라함과 이삭과 이스라엘을 기억해주십시오. 주께서 그들에게 맹세하여 이르시기를 '내가 너희의 자손을 하늘의 별처럼 많게 하고 내가 허락한 이 모든 땅을 너희의 자손에게 주어 영원한 유산이 되게 하리라' 하셨습니다." 그러자 주께서 **주의** 백성에게 내리려던 재앙을 거두셨다.

-〈출애굽기〉 32:11~14

우리 대부분은 이 이야기의 결말을 안다. 이스라엘 사람들은 하느님의 율법을 어긴 죄로 광야에서 40년을 지내야 했다. 그러나 그때 하느님께서 내린 율법은 유대교, 기독교, 이슬람교 등 3대 일신교의 윤리적 토대가 되었다.

- 열망과 결과는 밀접한 관계가 있으므로 목표를 높게 잡는다.
- 협상에서 "아니요"라는 말은 절대 그럴 일이 없다는 뜻이 아니다. 그것은 협상을 시작할 때나 예상치 못한 상황에서 나오는 반사적인 반응일 뿐이다.
- 문제를 바라보는 상대의 시각이나 정의를 따를 필요는 없다.
- 성급한 답변은 해로운 결과를 낳을 수 있으므로, 속도를 늦추고, 질문을 하고, 상황을 파악한다.
- 상대의 기습적인 제안을 받아 타당성을 판단하기 어려운 경우에는 시간을 끄는 방법을 찾는다. 잠시 쉬어 가자고 하거나 펜이나 손목시계로 주의를 끌어 시간을 벌어라.
- 연륜이 깊고 해박한 사람에게는 "잘 모르겠습니다", "무슨 말씀인지요?", "도와주시면 감사하겠습니다"와 같은 말이 최선의 대답이다.
- 대개의 경우, 잘 모른다는 소크라테스의 자세로 호의적인 분위기에서 협상을 시작한다.
- 최종 의사결정권자는 협상의 핵심에서 벗어나 있도록 하라. 만일 그럴 수 없다면, "예"라고 말할 수 있는 권한을 자제하도록 주지시킨다.
- 필요하다면, 협상에 들어갈 때 동료와 동석한다.

- 모든 전략적 교류는 상대도 같은 반응을 보이리라 기대하며 언제나 호의적이고 공손한 자세로 시작한다. 상대가 호응하지 않더라도, 협력관계에서 경쟁관계로 변하는 것이 반대의 경우보다 더 쉽기 때문이다.

모세의 협상 방식 활용하기

- 상대가 이루어놓은 일을 칭찬하며 자세를 낮추고 존중과 경의를 표한다.
- 협상 상대에게 그동안에 함께 한 일들이 보존할 가치가 있음을 상기시킨다.
- 협상은 여러 동기가 상충하는 게임이므로 처음부터 이견에 초점을 맞추지 말고 무엇이 서로에게 이익이 되는지부터 이야기한다. 이견이 있더라도 최종적으로 양쪽의 목표를 이룰 수 있는 방법을 지적한다.
- 갈등이 생기면, 서로의 필요가 충족될 수 있도록 문제를 해결하는 기회로 생각한다.
- 상대가 그동안 공을 들여왔던 노력을 상기시킨다.
- 상대의 제안에서 그들이 미처 고려해보지 못했을 최악의 결과에 주의를 환기한다.
- 상대가 이전에 한 약속과 그들이 절대 약속을 어기지 않을 거라는 당신의 믿음을 은근히 언급한다.

제3장

말이 아니라 태도다:
레이건의 협상

경기보다 선수가 중요하듯이,
노래보다는 가수가 중요하다.

NEGOTIATE THIS!

우리는 앞에서 한 인간이 자기보다 훨씬 더 강력한 존재의 행동에 어떻게 영향을 주는지 살펴보았다. 이 이야기에는 모세가 하느님과의 협상에서 사용한 스타일이 담겨 있다.

여기서 스타일이란 모세의 태도 또는 의사소통 방식을 의미한다. 모세는 부드러운 목소리와 공손하고 겸손한 태도를 보였다. 결론적으로 모세가 뜻을 이룬 비결은 그가 요구했던 내용보다는 그의 이런 태도였는지 모른다.

내용보다 스타일

오늘날과 같은 협상의 시대에 우리의 접근방식 또한 마찬가지다. 생각을 말로 옮기는 방식과 행동에서 드러나는 언어가 합쳐져 사람의 됨됨이를 비추는 거울이 되기 때문이다. 사람들은 처음에 이것을 보고 성실성과 신뢰도를 판단한다. 이 과정에서 그들은 "우리가 거래할 사람이 이런 타입인가?" 하고 자문한다는 사실을 명심하자.

스타일이란 협상하는 **방식**, 곧 접근방식과 태도다. 말하는 **내용**보다 스타일이 더 중요하다는 점을 명심해라. 바람직한 스타일로는 적극적인 경청 자세, 따듯함과 세심함, 인내심, 공감, 타인의 가치와 자존감에 대한 배려 등을 꼽을 수 있다. 그러므로 이런 과정에서 우리가 **어떤** 태도를 보이는가에 따라 상대의 감정, 기분, 인식, 친밀감, 신뢰, 기대에 영향을 주게 된다.

반면에 **내용**은 품질이나 배달일자, 수량, 가격, 기술이전, 계약문구 등 공개적으로 논의할 수 있는 것 또는 수치로 정할 수 있는 것을 다룬다. 협상 테이블에서는 쉽게 말로 표현할 수 있는 이런 항목을 협의하지만, 실제로 협상을 결정짓는 것은 이런 내용이 아니라 스타일이다.

나는 당신이 자신과 전혀 다른 사람으로 변해야 한다고 말하는 것이 아니다. 유명인이 득세하는 이 시대에는 너무나 많은 사람이 다른 누군가가 되려고 노력한다. 그런 삶은 희극이나 비극으로 끝나는 흉내일 뿐이다. 좀 더 정확히 말하면, 의식적으로 자기 자신이 되어야 한다는 것이다. 우리가 여유를 갖고 자유롭게 게임을 즐길 수 있는 것은 자신만의 독특한 개성 덕분이다.

이 글을 읽는 많은 독자는 내가 말하는 방식이나 태도를 독특하게 여길 것이다. 벨라 앱저그, 멜 브룩스, 세자르 차베스, 페리 코모, 캐서린 그레이엄, 캐서린 헵번, 바버라 조던, 데이비드 마멧, 서굿 마셜, 골다 메이어, 해리 트루먼, 존 웨인, 폴 웰스톤, 고든 리디와 같은 사람들을 생각해보자. 그들은 하나같이 모두 성공한 사람들이다. 그들이 성공한 비결은 바로 자신의 진정한 모습에 충실했기 때문이다.

이 사실은 매우 중요하다. 나와 내 스타일이 큰 변화를 가져올 수 있기 때문이다. 단연코 가수는 노래보다 중요하다. 스포츠도 마찬가지다. 최종 결과에 영향을 주는 것은 경기 자체라기보다는 선수들이다.

그렇다면 왜 시대를 초월한 이 진리가 널리 인정받지 못할까? 이 질문에 대한 답으로 내 경험담을 하나 소개하겠다.

오래전 내가 한 기업에서 일할 때, 우리 지사에 본사의 회계 감사원이 방문한 적이 있다. 감사를 하는지 뭘 하는지, 그는 며칠 동안 녹색 보안용 챙이 달린 모자를 쓴 채 앉아 있다가, 어느 날 오후 2시부터 4시까지 최종회의를 하겠다고 통보했다. 하지만 그날은 내가 우리 아이를 학교에서 태워 오후 3시 30분까지 병원에 데려다주기로 아침부터 약속을 해둔 날이었다. 회의 시작 전에 나는 그에게 일정이 겹쳤음을 알리고 양해를 구했다. 사정 이야기를 들은 그는 인상을 쓰며 눈알을 굴렸다.

그런데 더 황당한 일은 회의 중에 일어났다. 어떤 일을 설명해달라는 누군가의 요청에, 그는 "글쎄요, 그러고는 싶지만 코헨 씨 덕분에 시간이 없군요"라고 말했다. 그러면서도 훈계할 시간은 있었는지, 어느 순간 "여러분이 열심히 일했다면 이렇게 계산이 틀리지 않을 겁니다"라는 말까지 덧붙였다. 나는 그 신랄한 한마디가 나를 겨냥한 것임을 분명히 느꼈다.

분명히 말하는데, 그건 말도 안 되는 헛소리였다. 그러나 사실 여부보다는 그가 비열하고 역겨운 못난이라는 생각이 들었다. 잘못은 내가 아니라 그에게 있다는 사실을 머리로는 알고 있었지만, 나는 속만 부글부글 끓이고 있었다. 정말 마음 같아서는 당장 받아쳐서 말로라도 한 방 먹이고 싶었다.

하지만 당시에도 나는 생계를 위해서는 이런 원초적인 충동을 감추고 회사 임원답게 행동해야 한다는 것을 알고 있었고, 실제로 그렇게 했다. 그리고 3시 20분쯤, 나는 양해를 구하고 약속을 지키기 위해 자리를 나왔다.

그날 저녁 아내가 집으로 돌아오자마자 나는 회사에서 있었던 일을 말했다. 그때까지도 분이 풀리지 않았던 나는 속마음을 털어놓고 싶었고 아내가 잘 참았다고 칭찬해주기를 바랐다.

아내가 현관에 들어서기 무섭게 나는 그날 일을 털어놓기 시작했다. 아내는 내가 이야기하는 동안에도 코트를 걸고 부엌으로 가서 차를 준비했다. 내 이야기를 잘 들어주었지만, 신경을 쓰는 것 같지는 않았다. 내 열띤 설명이 끝난 뒤, 아내의 첫 마디는 이랬다. "사는 게 다 그래요. 세상이 만만하지 않잖아요." 그때 나는 속으로 '공감할 줄 알았는데, 자기 할 일만 하는군'이라고 투덜댔다.

아내의 냉담함에 약이 오른 나는 내 말 좀 들어주라고 기어코 이야기를 다시 꺼냈다. 다만 이번에는 내가 하는 말을 나도 잘 들어보았다. 그러자 놀랍게도 내 귀에도 그렇게 화를 낼 일처럼 들리지 않는 것이었다.

짜증이 난 나는 결국 "여보, 그 사람이 **무슨** 말을 했는지가 중요한 게 아니에요, 말하는 **방식**이나 **태도**를 말하는 거라고. 당신도 그 자리에 있었다면 똑같이 생각했을 거예요"라고 내뱉었다.

문제는, 내가 왜 그렇게 감정을 이겨내기가 어려웠는가 하는 데 있다. 물론 답은, 우리가 수치로 규정하지 못하는 것은 존재하지도 않는다고 여기는 현실적인 문화 속에 살기 때문이다. 다시 말해, **태도**라는 것을 규정하기가 정말 어렵기 때문에 별로 중요하지 않다고 생각하게 되는 것이다.

그러나 아니다. 사람들이 칭송하는 영향력이 있는 사람은 대부분 그들의 스타일로 존경받는 사람이다. 바로 이런 사람들이 변화를 만들고 세상에 족적을 남긴다.

대표적인 예로 교황 요한 바오로 2세가 있다. 그는 평화, 자유, 믿음의 가치를 세상에 전해왔다. 나는 그가 소련의 평화적 해체에 도움을 준, 몇 안 되는 핵심 인물이라고 생각한다. 모두가 알고 있듯이 요한 바오로 2세의 핵심 교리는 생명에 대한 경외심이다. 그 때문에 그의 재임 시절, 로마 가톨릭 교회는 사형, 낙태, 피임기구 사용을 강력하게 반대해왔다.

그런데 이런 금지에도 미국의 로마 가톨릭을 따르는 사람들을 대상으로 한 조사에서는 상당수가 사형제도에 찬성하고 피임기구를 사용한다. 그러나 이런 사람들은 카롤 보이티야Karol Wojtyla[요한 바오로 2세의 본명]와 그의 가르침을 최고로 평가한다. 모순된 태도인가?

전혀 그렇지 않다. 그들은 단지 교황의 희생, 고귀한 사상, 그리고 그의 스타일을 높게 평가하는 것이다.

레이건 스타일

어쩌면 요한 바오로 2세보다 더욱 생생한 예는 우리 생애의 가장 유명한 대통령, 로널드 레이건일 것이다. 일부 정치 비평가는 레이건의 인기 비결이 그의 정책과 프로그램이라고 말한다. 그러나 내가 레이건 대통령과 일했을 때, 나는 그의 정책이 무엇인지 알지도 못했다. 게다가 다른 사람들 역시 다르지 않았다!

그러나 레이건 대통령은 확고한 신념과 정확한 정치 감각을 지닌 거물이었다. 그는 미국인을 향한 한없는 낙관주의와 믿음을 지닌 사람이었다. 재임한 8년 동안 그는 "악의 제국" 소련을 제압하고 정부의 정책 방향을 바꿨으며, 애국심을 끌어올리고 국가경제를 재건했다. 대단한 업적이었다.

아이러니하게도, 레이건이 정계에 입문할 당시 그에게 기대를 건 사람은 아무도 없었다. 실제로 할리우드의 잭 워너는 공화당에서 레이건을 주지사로 출마시키려고 한다는 소식을 들고 "말도 안 돼. 주지사는 지미 스튜어트지, 레이건은 좋은 친구일 뿐이야"라고 말했다고 한다.

레이건이 미국의 40대 대통령으로 당선되자, 그의 지적 수준과 고령을 문제 삼아 계속해서 불만이 터져 나왔다. 심지어 레이건이 최초의 여성 대법관으로 샌드라 데이 오코너를 지명했을 때도 좋은 평가를 받지 못했다. 오히려 사람들은 "아마 귀가 먹어 샌드라 디Sandra Dee와 착각했을 거야"라고 농담을 했다.

확실히 언론에 비친 레이건의 이미지는 알맹이 없는 빈 껍데기였다. 에드문드 모리스도 《더치Dutch》라는 전기에서 레이건을 목성에 비유하며 이렇게 말했다. "엄청난 중력을 지닌 알맹이 없는 무정형의 물체."

사실 레이건 대통령이 자신의 목표를 달성할 수 있었던 것은 그의 스타일 덕분이었다. 그의 스타일은 TV를 통해 유권자에게 전달되었다. 사람들이 레이건에게서 본 것은 이상주의와 낙관주의, 친화성과 자기 확신, 그리고 무엇보다도 자신을 낮추는 유머였다. 그는 그저 미국인들이 이해하고 존중하는 방식으로 보고 행동했을 뿐이다.

가장 미국적인 이런 스타일을 보여줌으로써 레이건 대통령은 국민과 비교적 쉽게 친해질 수 있었다. 그런 면에서 그의 스타일은 완벽했다.

제3자의 시각

1831년 알렉시스 드 토크빌이라는 귀족 출신의 프랑스 사회학자가 미국의 여러 지역을 여행하며 사람들과 만나 인터뷰를 했다. 그는 미국에 대해 광범위한 내용을 기록했고, 프랑스에 돌아가 《미국의 민주주의Democracy in America》라는 2권짜리 책을 냈다.

이 책에는 미국인에 대한 이야기가 담겨 있는데, 왜 외국인이 우리에 대한 글을 써서 우리에게 설명한단 말인가? 왜 나는 내 모습을 알지 못했을까? 사실, 내가 나를 제대로 알기란 쉽지 않다. 나 자신을 스스로 알려면 내 눈으로 나를 바라봐야 하는데, 그러면 왜곡이 일어나기 때문이다. 그래서 사람들은 종종 "한 사람을 보려면 두 사람이 필요하다"라고 말하는데, 나라면 "물고기는 자기가 물속에 있다고 알까"라고 말하고 싶다. 그런 생각을 해본 적이 있는가? 아마 그렇지 않을 것이다.

솔직히 말해, 나는 아직도 이게 궁금하다. 지금까지 나는 언제나 물속을 헤엄치는 물고기를 관찰해왔다. 물고기는 아주 우아하다. 하지만 그러다가 돌이킬 수 없는 선택을 한다. 생애 마지막 실수다. 그렇다, 우리가 미끼라고 부르는 먹이에 달려드는 것이다. 먹이는 항상 낚싯바늘이 꿰어져 있다. 따라서 먹이를 무는 것과 동시에 바늘에 걸려든다.

이런 일은 보통 꼬마 하나가 낚싯대로 물고기를 사정없이 낚아 올릴 때 보는 장면인데, 지금까지 내가 본, 물 밖으로 끌려나온 물고기가 허둥대는 반응은 언제나 똑같다. 몸을 이리저리 뒤틀고 눈알은 툭 불거져 나온다. 그리고 입을 뻐끔뻐끔하는 것이, 꼭 이렇게 말하는 것 같다. "아니, 어떻게 된 거야, 내가 물속에 있었나 보네!"

도대체 물고기들은 어떻게 생각을 한 걸까? 시야가 뿌연 것이 정상이라고 생각했던 걸까? 이처럼 우리가 우리 자신을 알기란 쉽지 않다. 그렇기 때문에 우리는 자신을 깨우쳐 줄 제3자가 필요하다.

그렇다면 제3자인 토크빌은 미국인을 어떻게 평가했을까?

그의 말에 따르면, 미국인은 다른 나라 사람에게서는 좀처럼 볼 수 없는 특징이 3가지 있었다.

첫째, 미국인은 흑백을 쉽게 가릴 수 있는 간단명료한 쟁점을 좋아한다.

둘째, 미국인은 맹목적일 정도로 낙천적인 사람들로, 언제나 쾌활하고 희망에 차 있다.

셋째, 미국인은 평범하고 진실한 사람, 실수도 하는 인간미 넘치는 사람을 좋아하고 존경한다.

단순함의 미덕

무엇보다도, 미국인은 간단명료한 것, 이를테면 선과 악, 옳고 그름, 내 편 아니면 네 편, 친구 아니면 적으로 구분하는 것을 좋아한다. 그리고 종종 뉘앙스나 단계적 변화, 또는 미묘함을 받아들이기 싫어한다.

1993년쯤 나는 어느 전국 TV 방송에 출연해 미국이 보스니아-헤르체고비나에 지상군을 파견할 것으로 생각하느냐는 질문을 받은 적이 있다. 나는 즉시 "절대 아니죠"라고 대답했다.

당황한 사회자는 "어떻게 그렇게 확신할 수 있습니까?"라고 물었다.

"이유는 2가지입니다. 첫째, 미국인은 지리에 약합니다. 유고슬라비아를 지도에서 찾지도 못하는데, 보스니아-헤르체고비나가 어디 있는지를 어떻게 알겠습니까? 둘째, 이것이 가장 큰 이유인데 문제가 미국과 관련이 없다는 것입니다."

사회자가 여전히 이해하지 못하는 듯해서 내가 이어서 말했다. "미국인은 제3자의 싸움에는 끼어들지 않습니다. 미국이 이번 사태에 개입하려면, 우선 선이 악에 뚜렷이 대립한 전쟁이어야 합니다."

미국인의 이런 성향은 무엇 때문일까? 아마도 역사와 지리적 위치, 사회 및 정치체제 때문일 것이다. 혹은 사회 통념이 한몫했는지도 모른다.

그렇기는 하지만 이 모든 것은 수 세대에 걸쳐 그들에게 미국적 가치를 심어준 할리우드 영화 탓이 컸다. 그러나 요즘 젊은 세대가 보는 영화는, 로널드 레이건이나 내가 인격 형성기에 보았던 영화가 아니라는 점을 상기하기 바란다.

옛날에 우리는 영화를 보러 가기 전에 이미 줄거리를 짐작했다. 상영 시간을 알아보려고 신문을 뒤적이거나 영화관에 전화를 해볼 필요도 없었다. 상영 중간에 들어가도 이야기가 어떻게 돌아가는지 알 수 있었다. 예를 들어, 술집 밖에 말 두 마리가 있으면 하나는 주인공의 말이고 다른 하나는 악당의 말이었다. 다음 장면은 뻔했다.

존 웨인은 옷을 바꿔 입고 여러 역할로 출연했지만, 언제나 "듀크Duke"(공작을 뜻하는 존 웨인의 별명)였다. 그는 사람들을 결코 실망시키지 않았다. 내가 정말 명배우로 생각하는 게리 쿠퍼도 마찬가지다. 어느 해인가 게리 쿠퍼가 1년에 영화를 8편이나 찍은 적이 있다. 사람들은 "세상에, 그 많은 대사를 어떻게 다 외우지"라고 하며 놀라워했다. 그러나 사실 그리 어려운 일이 아니었다. 게리 쿠퍼의 대사는 "그래, 아니, 음, 아니야, 아하, 이랏, 그렇지" 정도로 매번 같았기 때문이다.

그런데 요즘 멀티플렉스 영화관에 가거나 비디오를 빌려 보면 옛날과는 영 딴판이다. 나는 서로 다른 역할로 나오는 메릴 스트립을 구분하지 못한다. 내게 그녀는 인간 카멜레온이다. 로버트 드니로와 톰 행크스는 내 눈앞에서 줄었다 커졌다 한다. 더스틴 호프만이나 로빈 윌리엄스는 언제나 남자인지 여자인지도 구별이 안 간다.

로널드 레이건은 지금보다 덜 복잡한 옛 시절이 낳은 인물이다. 당시 할리우드의 영웅들을 닮은 그는 자연스럽고 겸손하며, 가식이 없는 사람이라는 이미지를 풍겼다. 그래서 그는 꾸밈없는 쉬운 말로 사람들에게 자신의 주장을 펼치며 감동을 주었다.

"복잡한 사안을 별생각 없이 아무렇게나 치부해버린다"라고 종종 비난받던 로널드 레이건 대통령이 TV 대선 토론에서 "4년 전보다 지금 형편이 나아졌습니까?"라고 유권자들을 향해 질문을 던짐으로써 대세를 역전시킨 일은 누구나 잘 아는 사실이다.

또 한 번은 미국항공관제사협회PATCO의 파업 때인데, 레이건은 사태를 단순해 보이지만 현명한 시각으로 정리함으로써 해결했다. 그때 나는 PATCO 최고책임자의 전화를 받았다. 그는 "파업이 얼마나 오래갈 것 같습니까?"라고 물었다. 나는 "음… 끝날 것 같지 않습니다"라고 답했다.

그러자 그는 "아니, 뭔가 잘못 아신 모양인데, 우리는 아직 나서지도 않았습니다"라고 말했다.

"내 말이 그 말입니다. 나서지 마세요"라고 내가 말했다.

이번 일을 조사하면서 나는 관제사들이 저지른 실수가 꽤 심각하다는 사실을 알았다. 그들은 잘못이란 잘못은 모두 저질렀다. 아마도 이번 사태를 해결하는 유일한 방법은 후퇴뿐인 것으로 보였다.

하지만 그들이 저지른 최대 실수는 바로 로널드 레이건이 나서도록 했다는 것이었다. 레이건은 자신만의 간단명료한 방법으로 사태를 정리했다. 그는 국민에게 "정부 공무원이 신성한 의무를 저버리고 법을 어기면서 국민의 이해에 반하는 파업을 벌이는 게 과연 옳습니까?"라고 물었다.

설마 누가 반박할 수 있을까? 레이건은 성조기나 애플파이가 의미하는 애국심과, 고아를 위한 따뜻한 점심 등의 좋은 이미지로 자신을 포장했으니 말이다. 바로 그 순간부터 PATCO는 대중에게 탐욕스럽고 이기적인 조합으로 낙인찍혔다. 비행기 충돌을 방지하는 전문가들이 그들의 전문지식을 단체교섭 과정에서 활용하는 법을 이해하지 못했다니 아이러니하다.

로널드 레이건은, 사람들이 긍정적인 이상을 위해서 반드시 희생하는 것은 아니란 사실을 본능적으로 알고 있었다. 만일 내가 누군가에게 "자유를 위해 나와 함께 목숨을 바치겠습니까?"라고 묻는다면 "여보세요, 댁이 먼저 죽어보고 어땠는지 말해줘요. 그럼 그때 가서 생각해보지요"라고 응수할 것이다.

그러나 사람들은 명백한 불의에 맞서는 경우라면 참고 고통을 견뎌낼 것이다. 따라서, 레이건은 소련을 악의 제국으로 규정하고 그들이 미국인의 삶에 주는 위협을 부각함으로써 미국 국민과 의회를 사회복지 프로그램을 포기하면서까지 군비 증강에 동참시킬 수 있었다.

9.11 테러 참사의 여파로 조지 부시도 비슷한 딜레마에 빠졌었다. 분명히 알카에다의 전략은 미국을 즉시 무차별적인 대규모 보복공격에 나서도록 유도해 전 세계 이슬람교도들을 끌어들여 성전을 치르려는 것이었다.

그러나 부시 대통령은 서두르지 않았다. 그는 시간을 들여 이슬람 세계와 교섭함으로써 광범위한 반테러 연합을 구축했다. 게다가 그는 "악한", "우리 편이 아니면 적이다"와 같은 자극적인 표현을 사용함으로써 앞으로의 싸움에 대비해 미국 국민과 서방 동맹국들의 지지를 끌어낼 수 있었다.

낙관주의의 힘

알렉시스 드 토크빌이 찾아낸 미국인의 두 번째 특징은, 그가 만난 사람들 중에서 가장 낙관적이라는 것이다.

사실 오늘날까지도 미국인은 모든 문제가 그들이 살아생전에 해결되고 모든 장애가 극복될 것으로 믿는다. 미국은 세계 역사상 가난과의 전쟁을 선포한 유일한 나라다. 가난은 태초부터 존재해왔다. 미국은 가난과의 전쟁을 선포했을 뿐만 아니라, 종식까지 3년이라는 시한도 정해두었다. 이 문제가 해결되면 다른 문제에 착수할 것이다.

1928년 민주당 대통령 후보 앨 스미스는 "미국인은 우산이 필요없다. 영원한 햇빛 속을 걸을 테니"라고 말했다.

수십 년 전 브로드웨이에서 〈애니Annie〉라는 뮤지컬이 무대에 올랐는데 훗날 영화화되기도 했다. 이 뮤지컬에 나오는 히트곡을 담은 음반은 북미에서 수백만 장이 팔렸다. 당신도 분명 기억할 것이다. 물론 잊고 싶은 사람도 있을 것이다.

노래 제목은 〈내일Tomorrow〉이었는데, "내일은 태양이 뜰 거야. 내일은 태양이 뜬다는 데 가진 돈을 모두 걸어도 좋아"라는 낙천적인 가사를 담고 있었다. 노래에 비트가 없었음에도 미국과 캐나다에서는 수백만 장이 팔렸지만, 그 밖의 나라에서는 고작 19장이 팔렸다. 그들은 노래가 대체 어떤 내용인지 알지 못했다.

〈내일〉은 과거의 유산이 아니라 가까운 미래에 대한 내용으로 언제나 현재보다는 미래를 추구하는 나라에 딱 어울리는 노래였다. 사실 미국은 내일이나 다음 주, 혹은 내년을 희망적으로 바라보는 극단적으로 낙천적인 나라다.

그런데 지미 카터는 정말 뜻밖으로 대통령에 취임한 후 이런 미국인의 특성을 간과했다. 그의 재임기간에는 한동안 "불안감의 시기malaise period"가 있었다. 마침내 "산"에서 내려왔을 때, 그는 마치 하워드 코셀에게 정치적 조언을 받아 "있는 그대로" 말하기로 작정한 듯 보였다.

그리고 카터는 실제로 그렇게 했다. 그는 국민에게 사실상 이렇게 말한 것이나 다름없었다.

솔직히 말씀드리겠습니다. 우리 미래는 밝지 않습니다. 사실 현세대는 그들 부모의 세대보다 생활수준이 낮은 첫 세대가 될 것입니다. 금리가 걷잡을 수 없이 뛰고 있으니 내 집 마련의 전망은 어둡습니다. 현재 상황을 파악하기 위해 최선을 다하고 있습니다. 고등학교 이후의 자녀교육은 기대하지 마십시오. 아마 대학에 못 가게 될 겁니다. 그때쯤이면 학비가 치솟을 테니까요. 그러니 저를 뽑아주십시오!

그의 발언은 분명 유권자들의 표심을 잡을 만한 내용이 아니었다.

반면, 로널드 레이건은 달랐다. 정치에 몸담은 내내 그는 희망과 친근감, 자신감과 확신에 찬 모습을 보여주었다. 그의 TV 선거 광고 "미국의 아침Morning in America"은 단순한 정치적 슬로건이 아니라 종교적 열정과 같은 낙관주의의 개인적 표현이기도 했다.

그렇게 그는 즐겁고 근심과 걱정이 없으며, 열정적이고 활기찬 모습을 보여주었다. 그러나 실제로 레이건은 전혀 행복한 상황에 있지 않았는데, 거기에는 이유가 있었다.

대통령 취임 두 달 반 만에 레이건은 저격을 받고 죽을 고비를 넘겼다. 사랑했던 영부인 낸시는 유방절제술을 받았다. 낸시의 가족 중에 레이건과 친분을 나누었던 몇 사람이 재임기간에 세상을 떠났다. 레이건 역시 피부암에 걸려 매달 병원에 가서 코 부위의 암세포를 조금씩 제거해야 했다. 그러나 최악은 실망스러운 자녀 문제였다.

그렇지만 이 모든 역경에도, 로널드 레이건은 열정과 친근함, 낙천적인 태도를 잃지 않았다. 이 시기에 나는 서유럽에서 여러 가지 일로 바빴다. 그때는 CNN이 아직 규모가 커지기 전이어서 나는 미국 뉴스나 스포츠 방송을 매일 접할 수 없었다. 그래서 나는 금요일이면 정오 비행기를 타고 집으로 달려가 CBS, NBC, ABC 방송의 뉴스를 보곤 했다. 매주 TV를 켜면 미국에서 무슨 일이 일어나더라도, 뉴스는 항상 로널드 레이건이 헬리콥터로 걸어가는 장면으로 시작했다. 그가 어디로 가는지 알 수 없었지만 그는 언제나 웃고 손을 흔들며 행복해 보였다. 그의 모습은 나를 포함해 미국과 모든 '자유진영'이 편안한 한 주를 보냈다고 말하는 듯했다. 얼굴은 꽤 늙었지만 머리카락은 젊은이 못지않게 풍성하고 윤기 있는, 상냥한 남자였다. 바로 뒤에는 낸시 여사가 개 한 마리를 앞세우고 따라 나왔다.

헬리콥터 바로 앞에서 대통령은 걸음을 멈추고 백악관 출입 기자단을 쳐다보고 언제나 따라다니는 샘 도널드슨의 질문을 받았다. 시청자들은 질문자가 ABC 기자인 샘 도널드슨이라는 걸 어떻게 알았을까?

레이건이 번번이 "샘, 질문이 뭔가요"라고 알려주었기 때문이었다. 그러나 이때 대통령 말고는 아무도 샘을 보지 못했고 그의 질문을 들은 것 같지도 않았다. 이 부분은 특히 주목할 만한 일인 것이, 당시 레이건은 양쪽 귀에 보청기를 끼고 있었기 때문이다.

레이건은 들을 수가 없었는데, 어쩌면 그것이 그가 보여준 친근함의 비결이었는지도 모른다. 레이건은 손을 귀에 갖다 대고 "예, 아, 음…" 하고 듣는 시늉을 한 것이었다. 그러고는 기자들이 샘을 찾으려 둘러볼 때 말을 시작한다.

그러나 그의 답변 중에 헬리콥터 날개가 돌기 시작하고 그의 목소리는 묻혀버린다. 답변을 끝내면 레이건은 주말을 보내러 떠나기 전에 미소를 지으며 손을 흔들고 나서 멋지게 거수경례를 한다. 그가 보여주는 이런 이미지는 문제를 투명하게 처리하고 언론과 소통하며 리더십을 발휘하는 최고사령관의 모습이었다.

보통 사람의 가치

토크빌이 미국인에게서 찾아낸 세 번째 특징은, 보통 사람들의 미덕과 지혜를 소중히 여긴다는 점이다. 미국은 건국 초기부터 오늘날까지 평등을 끊임없이 강조해왔다. 이런 평등에 대한 신념은 "모두가 홈런을 칠 수는 없겠지만, 누구나 타석에 설 기회는 주어져야 한다"라는 말에도 나타나 있다.

미국의 이런 문화에서 포퓰리즘의 매력을 잘 아는 정치지망생들은 자신도 보통 사람이라는 것을 보여주기 위해 애쓴다. 로버트 펜 워렌의 고전 소설《왕의 모든 사람들All The King's Men》에는 휴이 롱을 얄팍하게 흉내 낸 윌리 스타크 후보가 유권자들에게 "어리버리 시골뜨기 친구 여러분"이라고 인사하는 장면이 나온다. 이 야심 찬 후보는 우리에게 중요한 사실을 보여준다. 즉, 자신이 보통 사람보다 우월하다고 느끼지 않는다는 것이다.

고위 공직에 오른 정치인 가운데 워싱턴 D.C. 출신은 소수에 불과하지만, 사람들은 수도에서 지내면 뭔가 나쁜 일이 일어난다고 생각한다. 선출되었든 임명되었든, 사람들은 그 정치인을 지켜보며 액튼 경의 "권력은 부패하기 마련이다"라는 말이 옳다고 여긴다. 이것은 마치 존경스럽고 믿음직하며 겸손한 사람들이 그런 자질을 잃어버리거나, 오만하고 냉담한 태도를 보이며 갑자기 전문가로 변신하는 "포토맥 열병Potomac fever"(워싱턴에서 지위와 권력을 얻으려고 하는 열망)에 걸리는 것과 같다.

문제는, 미국인이 전문가들을 좋아하지 않는다는 사실이다. 그들은 쓸모없는 것들을 파헤치다가 결국 아무것도 아닌 것만 찾아내는 사람들로 치부된다. 대체로 사람들이 가장 경멸하는 정치인의 전형은 모든 것을 안다는 듯이 자꾸만 가르치려고 드는 사람들이다.

그러므로 정치계에서 출세하는 방법은 스스로 제3자의 위치에 서서 중앙정부를 비판하는 것이다. 레이건 후보가 바로 이 방법을 이용해서 "수도 워싱턴보다 기도를 더 많이 드려야 할 곳은 없다"라고 언급했다. 같은 맥락에서 그는 며칠 뒤 "일하는 방법에는 2가지가 있다. 하나는 올바른 방법이고, 또 하나는 수도 워싱턴에서 쓰는 방법이다"라고 말했다. 게다가 레이건은 당선된 후에도 "누군가 워싱턴에서 상식적인 발언을 하면 사람들이 충격에 빠질 것이다"라고 지적했다.

1987년 아이오와 공화당의 대통령 후보 경선에서 수십 년 동안 워싱턴에서 고위 공직자를 지낸 밥 돌은 부시 부통령과 지명 경쟁을 벌였다. 그는 눈 내리는 옥수수 농장에서 군중에게 연설할 때마다 "저는 여러분과 같은 사람입니다"라고 말하며 부시의 상류층 배경을 집중 공격했다.

미국인은 대체로 겸손하고 친절하며 기꺼이 자신을 낮추는 농담을 할 줄도 아는 보통 사람들에게 친밀감을 느낀다. 사람들이 레이건을 9시에서 5시까지 근무시간을 지키는 직장인 같다고 비꼬자, 그는 "맞습니다. 열심히 일해서 죽은 사람은 없지요. 하지만 굳이 왜 그런 모험을 할까요?"라고 대꾸했다.

레이건은 나이가 많다는 놀림에도 연설 중간에 벳시 로스와 토머스 제퍼슨과 친하다고 농담하면서 간단히 넘겼다. 그리고 의료학회의 연설에서, "만일 내게 이식 수술이 필요하더라도, 이제는 대체 장기가 단종되었다는 게 문젭니다"라고 농담하기도 했다.

로널드 레이건에게 우리가 배워야 할 덕목은 자신을 낮추는 유머감각의 가치다. 이런 유머는 말하는 사람의 인간적인 면을 드러냄으로써 듣는 사람에게 동질감을 느끼게 한다. 또 하나,

듣는 사람의 자존감을 높여준다. 그리고 마지막으로 사람들에게 사물을 다른 시각에서 볼 기회를 주어 새로운 의미를 알게 한다.

그러나 레이건 대통령도 큰 위기를 맞은 적이 있었다. 이란-콘트라 스캔들〔미국이 테러국가 이란에 비밀리에 무기를 판매한 대금을 니카라과 반정부군에 지원한 사건〕을 기억하는가? 당시 사건 내막이 공개되자 인쇄 매체가 들끓었다.

특히 한 신문은 고소하다는 듯이 레이건을 맹렬히 공격했다. 이들은 사설에서 "마침내 레이건을 잡았다. 미꾸라지처럼 잘도 빠져나가던 대통령도 이제 끝이다. 실행 가능한 시나리오가 오직 2가지뿐이기 때문이다. 첫째는 대통령이 범죄에 적극적으로 가담했기에 사기꾼이라는 것이고, 둘째는 그가 너무 아둔하고 멍청해서 무슨 일이 벌어지고 있는지조차 몰랐다는 것이다"라고 비난했다.

이들은 아마도 대통령이 둘 중 하나를 사실이라고 인정할 것으로 기대했을 것이다. 그러나 레이건은 그렇지 않았다. 그는 그냥 미소를 머금고 손을 흔들면서 지나갈 뿐이었다. 이번 역시 그의 선거 광고 "미국의 아침"에서와 같이 태평스러운 모습이었다. 언론이 집요하게 그를 몰아세우자, 그는 타워위원회The Tower Commission를 구성해 이 문제를 공정하게 조사하도록 지시했다. 그러고는 조사에 영향을 줄 수 있다는 이유로 자신은 사건에 대해 일체 함구했다.

한편 의회를 장악한 민주당원들은 정치적으로 큰 실수를 저질렀다. 이번 사건을 기회로 삼은 그들은 의회에 하와이주의 대니얼 이노우에 상원의원을 위원장으로 하는 공동위원회를 구성함으로써 주도권을 장악했다. 위원회는 관련 문서와 증인을 철저히 조사하고 TV 청문회를 여는 등 모든 수단을 동원했다. 그리고 사건에 연루된 레이건 대통령의 역할을 신랄하게 비난하는 치밀한 보고서를 내놓았다.

경멸에 가까운 보고서가 공개되자, 대통령은 TV에 나와 사건의 전말을 밝히라는 엄청난 압력을 받았다. 당시는 내가 워싱턴에 있을 때로, 대통령은 밤에 TV에 출연해 이 문제를 해명할 예정이었다.

나는 레이건이 이 난국을 어떻게 헤쳐나갈지 상상하는 것만으로도 흥미를 느꼈다. 기억에 남을 역사적인 순간이 될지도 모르는 연설을 기대하면서 나는 재빨리 나가 노트 10권과 HB 연필 50자루를 사 와서 기대에 부풀어 TV 앞에 앉았다.

약속된 시간이 되자 대통령이 등장했다. 그가 연단을 향해 긴 복도를 걸어올 때는 긴장감마저 돌았다. 전 세계 언론인들로 가득했지만, 레이건은 그들 너머에 있는 전국의 유권자를 바라보는 것 같았다.

그는 "모르겠습니다. 알지 못했습니다. 알고 있었는데 잊어버렸는지도 모릅니다…. 아니 어쩌면 전혀 아는 바가 없었는지도 모릅니다"라고 말했다.

사람들의 반응은 어땠을까?

놀랍게도 사람들은 대통령을 비난하지 않았다. 그리고 변함없이 이렇게 말했다. "모든 걸 알 수야 없겠지. 이 사람도 늙어가네. 좀 봐주지."

레이건은 미국인이 오랫동안 품고 있던 미국적 가치를 떠올리게 했다. 그래서 TV를 지켜보던 사람들은 '맞아, 여기는 기회의 땅이야. 누구나 여기선 대통령이 될 수 있어'라고 생각하게 했다.

이 순간에 10대 아이와 문제를 겪고 있는 시청자더라도, 어쩌면 자식 세대에 대해 이런 희망을 가졌을지도 모른다. 그렇다. 로널드 레이건은 자신의 인간적인 모습을 보여주며 그가 영향을 주려고 하는 사람들의 가치관에 호소한 것이다.

인간 로널드 레이건은 병마로 빛을 잃었지만 그의 별은 어느 때보다 빛을 낸다. 그의 정책을 반대했던 사람들조차 그가 자신의 병을 알린 **방식**을 통해 보여준 품위와 정신을 높이 평가한다.

이제 레이건 대통령을 돌아보면, 정책을 떠나 그는 겸손하고 따뜻한, 독특한 사람이었다. 그가 말하는 것을 들으면 가끔 영화 〈워터프론트〉에서 말런 브랜도가 말한 대사처럼 가슴이 뛴다. "나도 도전자가 될 수 있었어."

이 이야기에서 보여주는 가장 분명한 사실은 미국인은 대체로 허세를 부리거나 건방지고 권위를 앞세우는 사람들을 좋아하지 않는다는 것이다. 그들 대부분은 순수하고 겸손한 사람들을 좋아한다. 사실 미국인은 누가 크게 실수한다고 해도 솔직히 고백하기만 한다면, 그리 신경 쓰지 않는다.

전설적인 뉴올리언스 시장인 문 랜드리외가 한번은 내게 이런 말을 했다. "정치인은 당선되려면 50퍼센트에서 1퍼센트만 더 표를 얻으면 된다. 그런데 옳은 일을 희생하고 그보다 많은 표를 얻는다면, 진실성을 헛되이 희생시킨 것이다."

사실 우리는 신념이나 핵심 가치를 갖고 있어서 예측이 가능한 사람들을 좋아한다. 때로는 그들이 틀렸다고 생각하기도 하지만, 우리는 그런 사람들에 대해 내키지 않더라도 어떤 존경심을 갖고 있다. 결국 양심의 문제인 것이다. 누가 여기에 반박할까?

그 후 몇 년이 지나, 여론보다는 신념을 소중히 여기는 뉴욕 주지사 마리오 쿠오모가 사형제도 부활 법안에 반대했을 때, 나는 문 랜드리외 시장의 말이 생각났다. 내 생각에 그의 행동은 "진정한 용기"를 보여준 것이었다. 그는 정치인은 여론을 존중하고 법을 따라야 하지만, 그것 외에는 모두 야망이라는 횡포에 무릎 꿇는 것이나 다름없음을 행동으로 보여주었다.

로널드 레이건보다 이런 사실을 잘 이해하는 사람은 없었다. 잠깐 생각해보자. 그가 특별히 잘 알고 있다고 내세운 분야가 과연 있었을까? 그동안 그를 지켜본 바로는 그가 무엇에 대해 잘 안다고 주장한 적이 없었다. 반면에 그는 몇 가지 단순한 진실에 대한 믿음이 흔들리지 않는 소신 있는 사람이었다.

바람직한 스타일

앞서 언급한 여러 사례에서 협상을 시작할 때는 협조적인 자세로 시작해야 한다고 말했다. 좀 더 구체적으로 설명하자면, 의도적으로 부족함을 보이며 친근하고 겸손한 자세를 취해야 한다.

이 책에서 내가 말하는 주장을 반드시 따라야 하는 것은 아니지만, 내 경험으로는 이런 태도로 시작하는 것이 최선의 방법이다. 이유는 다음과 같다.

첫째, 협조적인 자세로 시작하면 상대도 같은 반응을 보일 가능성이 높다.

대부분의 문화권에서는 "가는 말이 고와야 오는 말도 곱다"라는 상식이 통하기 때문이다. 어렸을 때 어머니가 "남에게 잘하면 남도 네게 잘한다"라고 한 말씀을 따른다고 생각해보자. 상투적으로 들릴지는 모르지만, 이 말은 85퍼센트에 가까운 성공률을 보인다.

그러면 나머지 15퍼센트는 어떤 사람일까? 여기에 속하는 사람들은 소련 스타일의 '이기지 못하면 진다'는 생각을 갖고 있는 부류로, 상대의 예의를 약점으로 알고 입맛을 다시는 자들이다.

그들은 상대의 부드러운 스타일과 느긋한 태도를 마치 황소가 붉은 망토를 노리듯 바라본다. 이렇게 탐욕에 눈먼 자들은 일단 달려들어 일을 빨리 처리하려고 든다. 그들은 적대적으로 나올 경우가 많으며, 온갖 계략을 일삼는다.

하지만 알다시피, 상대의 적대적인 초반 수법에는 속도를 늦추고 그들이 기대하는 방식으로 대응하지 않는 것이 상책이다. 설령 상대가 어떤 위협을 보이더라도, 칭찬이라도 들은 듯 미소 지으며 고개를 끄덕이면 된다.

여담이지만, 협상하기 가장 어려운 상대는 미친 사람이다. 그리고 두 번째로 어려운 상대는, 비이성적인 사람이다. 세 번째는, 자신이 위협받고 있는데도 알지 못하는 "답이 없는 바보"다. 그러므로 상대가 적대적이거나 고압적으로 나온다면 미친 척하거나, 비이성적으로 몰아붙이거나, 바보짓을 하면 제법 효과를 기대할 수 있다.

여기서 말하고자 하는 것은, 건방진 상대가 당신을 궁지로 몰아넣을 경우 처음 두 가지 선택, 즉 **싸우거나 움츠릴** 필요가 없다는 것이다. 당신에게는 내가 추천하는 세 번째 선택, **내버려**

두는 방법이 있다.

긴장을 풀고 가벼운 마음으로 이렇게 말해보라. "이건 게임일 뿐이다. 그냥 즐기는 거지. 난 지금 환상의 세계에 있어." 내 경우, 상대가 "좋은 사람-나쁜 사람" 수법으로 나를 위협하거나 조종하려고 들면 "와, 방금 한 거 정말 재밌네요. 한 번 더 해보시겠어요? 이번엔 조금 천천히요"라고 말한다. 명심하자, 협상도 쇼 비즈니스다!

이렇게 게임이 진행되는 동안 시간은 흐르고 상대는 협상에 계속 투자하게 된다. 그리고 일단 투자하게 되면 중도에 포기하기란 쉽지 않다. 사실 쥐와 인간에게는 공통점이 있다. 목표를 얻기 위해 힘을 쓰면 쓸수록 그 목표에 대한 열망이 더욱 커진다는 것이다.

일단 경쟁하는 방법이 소용없을 것 같거나, 또는 목표를 바꾸어 처음부터 다시 시작해야 하는 상황에 놓이면 상대는 자신의 행동을 수정하기 마련이다. 놀랍지만, 이런 경우 상대는 이렇게 이야기한다. "저기, 그냥 한번 해본 건데 뭐가 잘못되었나요?"

협조적인 태도로 나서야 할 두 번째 이유는, 이미 말했지만 협조적인 태도에서 경쟁적인 태도로 바꾸는 것은 사실상 큰 어려움이 없는 반면, 반대의 경우는 정말 힘이 들기 때문이다.

하느님이 아론과 모세를 보내 파라오와 협상했을 때를 생각해보자. 그들은 처음부터 열 번째 재앙이나 여덟 번째 재앙을 언급하지 않고 파라오에게 하느님을 대신해 호의를 베풀 것을 요청하는 것으로 시작했다. 그리고 그 요청이 거절되고 나서야 협상이 협조적 태도에서 경쟁적 태도로 바뀌었고, 거절할 때마다 부정적 대가의 수위가 점차 높아졌다.

이 개념과 관련한 예를 들자면, 협상을 시작하면서 "자, 단도 직입적으로 말하죠. 지금 당장 A나 B, 또는 C를 수락하지 않는다면, 당신 일이고 인생이고 뭐든 끝장입니다"라고 말한다고 가정해보자. 이렇게 말해놓고 나중에 "제가 좀 과했죠? 죄송하지만 시간이 나실 때 저의 제안을 고려해주시겠습니까?"라고 태도를 바꿀 수 있을까? 이런 식으로 상대에게 신뢰를 얻을 방법은 없다.

또 하나 예를 들어보자. 예전에 내가 시카고의 노스쇼어에 살던 때인데, 어느 일요일 오후에 한 이웃이 찾아왔다. 그녀는 의사였고 건축가인 남편과 아이가 둘 있었다. 그녀는 주간에 노스웨스턴 병원에서 근무했고 집에는 6년 동안을 함께한 유모가 있었다.

그런데 문제는 이틀 전 금요일 저녁에 다이아몬드 귀걸이 한 쌍이 없어졌다는 것이었다. 그녀의 말에 따르면, 의심스러운 사람은 유모밖에 없었다. 남편은 당장 경찰에 신고하고 유모를 해고하려고 했다. 하지만 그녀는 그렇게 하는 게 마음에 걸려, 남편과 타협점을 찾았다. 유모를 해고한 뒤, 변호사를 통해 유모를 고소해 귀걸이를 돌려달라고 요구하기로 결정한 것이다.

"당신이 바라는 최선의 결과는 뭔가요?"라고 내가 묻자, 그녀는 아이의 행복과 유모에 대한 감정을 비롯해 정의 실현에서 개인적인 신념에 이르기까지 이것저것 늘어놓았다.

대화 중에 남편이 도착했다. 나는 직접적인 언급을 피하며 두 사람이 원하는 바를 충족해줄 대안을 찾도록 유도했다.

내 기억으로는, 유일하게 내가 직접적으로 끼어들어 어떤 주장을 한 경우는 하느님이 파라오와의 협상을 이끌어간 방법을 설명했을 때뿐이었다.

그녀는 내 뜻을 알아차리고, 유모와 함께 앉아서 대화하는 방법이 최선의 해결책이라는 생각을 굳혔다. 만일 그래도 소용이 없다면 부부는 언제든지 해고하겠다거나 추천서를 써주지 않겠다고 경고할 수 있고, 또 실제로 해고한 후 최종적으로 소송을 벌여 죗값을 물을 수도 있었다.

다음 날 나는 두 사람이 아무런 조치도 취할 필요가 없었음을 알았다. 문제 해결을 도와달라는 이야기를 유모가 들은 후로, 없어진 귀걸이가 화장대 뒤에서 발견되었다.

그 소식을 들은 나는 에이브러햄 매슬로가 예전에 치열한 경쟁사회를 염두에 두고 한 말이 생각났다. "모든 문제를 못으로 보면, 유일한 해결책은 망치뿐이다."

요컨대, 모든 협상은 양쪽의 문제를 해결하는 좋은 기회로 여겨야 한다. 협상 시작 때부터 양쪽이 협상 테이블에 나와야 했던 공통된 이해관계를 강조해라. 협상 자리에서 나는 상대에게 "어떻게 하면 우리 모두의 필요를 충족할 해결책을 찾을 수 있을까요?"라고 묻곤 한다. 어쨌든 협상이 함께 문제를 풀어가는 즐거운 과정이라는 점을 상대에게 이해시킬 필요가 있다.

이 장에서 나는 스타일, 즉 우리 행동에 일관성과 특수성을 부여하는 독특한 방식에 초점을 맞췄다.

우리 문화는 구체적이고 측정 가능하며 합리적인 설명을 선호하지만, 그 **어떤 것보다 큰 목소리를 내는 것은 우리의 태도**다. 스스로 긍정적이고 친근하고 협조적인 분위기로 시작한다면 상대도 같은 반응을 보일 것이다. 동시에 아무리 중요한 사안이라도 신경을 쓰되 지나치지 않는, 한 걸음 물러서서 바라보는 태도를 길러야 한다.

생사의 갈림길에 선 자살하려는 사람과 협상을 하는 상황을 살펴보자. 문제를 이렇게 극단적인 방법으로 해결하려는 사람이라면 분명 실의에 빠져 절망감에 사로잡혀 있을 것이다. 그들에게 자살이라는 선택은 가장 진지한 형태의 자기비판이다.

상황은 이렇다. 자살하려는 사람이 대도시의 빌딩 6층 난간에 서 있다. 아래에 사람들이 몰려들고, 그는 뛰어내리겠다고 위협한다.

이런 상황은 밥 뉴하트가 수십 년 전 〈에드 설리번 쇼The Ed

Sullivan Show〉에서의 코믹한 모놀로그에서 다루었다. 내가 이 모놀로그를 아직도 기억하는 이유는 그의 순발력 있는 연기와 인간 본성에 대한 현명한 통찰력 때문이다.

한 남자가 창문을 통해 건물에 오르고 목숨을 끊겠다고 위협하는 남자를 설득하려고 옆에 선다. 몇 가지 편집한 부분이 있지만 이야기는 대략 다음과 같다.

"안녕. 친구, 성냥 있나?"

"이봐, 이번이 처음이야?"

"설마 엔론(파산한 미국 에너지 회사로 직원 수천 명이 해고되었다) 직원은 아니겠지?"

"최근에 투신 자살하는 사람이 상당히 줄었어."

"듣기론 1929년에는 여기에 사람들로 꽉 차서 설 자리도 없었다는군."

"이봐, 저 밑에 우리를 쳐다보는 노점상 주인 있지."

"핫도그 장수 스탠이야."

"혹시 자네, 배 안 고파? 이런, 난 배고프네."

"뭐 좀 먹는 건 어때?"

"어이, 스탠, 여기야."

"여기 핫도그 2개랑 다이어트 콜라 2병."

"아니야, 싸 갈 거라고. 스탠!"

우습기도 하지만 삶의 진실이 담겨 있기도 하다. 뉴하트의 가볍고 무심해 보이는 스타일은 곤경에 처해 스트레스를 받고 있는 사람의 행동에 영향을 주는 최고의 방법을 보여주기 위한 것이었다.

앞서 나는 협상은 불확실한 조건에서의 의사결정이 수반된다는 점을 말했다. 설령 양측이 합의에 도달한다고 해도 언제나 다른 선택권이 있고, 또 그에 따른 비용은 알 수 없기 때문에 불확실성이 존재한다.

이것은 일상생활에서의 결정뿐만 아니라 중대한 결정에도 적용된다. 우리가 이것 대신 저것을 선택하는 결정에 빈번히 영향을 주는 것은 **과정**, 즉 **방식**이다.

우리 모두가 흔히 겪는 간단한 결정 과정을 살펴보자. 저녁을 어디에서 먹을까? 매년 발간되는 세계적 권위의 레스토랑 가이드북 〈저갯 서베이Zagat Survey〉는 음식, 실내장식, 서비스, 이렇게 3가지 기준으로 레스토랑의 등급을 정한다. 그들에 따르면 고객만족의 3분의 2를 차지하는 것은 음식의 질보다는 식사 과정이다. 그들은 스타일을 내용보다 2배나 중요하게 여기는 것이다.

이 개념을 좀 더 자세히 살펴보기 위해 질문을 하나 하겠다. 세계에서 가장 인기 있는 식당은 어느 나라의 식당일까? 의외일 수도 있겠지만 정답은 중국 식당이다. 중국과 타이완 사람들을 빼더라도 중국 식당을 첫째로 꼽을 수 있다. 그렇다면 중국 식당의 인기 비결은 무엇일까? 무엇 때문에 사람들이 그곳을 찾게 되는 걸까?

이 질문에 대한 답으로 내가 경험한 이야기를 소개하겠다.

작년 가을, 아내 엘렌과 나는 사업차 극동지역을 방문했다. 첫 방문지는 중국이었기 때문에 당연히 우리는 중국 음식을 먹었다. 다음은 홍콩이었고 매일 저녁 중국 요리를 맛봤다. 그다음 싱가포르에서도 마찬가지였다. 마지막 행선지는 호주 시드니였다. 시드니에 도착한 우리는 피곤했지만 대충 옷을 걸치고 간단히 요기를 하러 나갔다. 아내와 마주 앉아 있던 나는 문득 인테리어를 둘러본 뒤 이렇게 물었다. "왜 우리가 중국 식당에 와 있을까요?"

"당신이 중국 음식을 좋아하잖아요." 아내가 대답했다.

아내의 말에 나는 곰곰이 생각하기 시작했다. '내가 정말 중국 음식을 좋아하나? 아니, 그렇지 않아. 중국 음식을 좋아하는 사람은 없어. 중국인도 말이야. 그냥 끼니를 때우려는 거지. 게다가 중국인은 선택의 여지가 없잖아. 그런데 난 왜 여기 와 있는 거지?'

그러나 내 습관적인 행동을 보면, 누구든 내가 중국 음식 중독자라고 할 것이다. 문제는 나를 비롯해 많은 사람이 왜 중국 식당을 찾는가 하는 것이다. 영양가 때문일까? 아니, 전혀 아니다. 중국 음식에 무엇이 들어 있느냐는 내가 중국 식당을 찾는 것과 아무런 관계가 없다.

내가 이렇게 말하는 이유가 뭘까? 첫째, 중국 식당 어디를 가도 자기가 무엇을 먹는지도 모른다. 여러 메뉴를 주문하더라도, 막상 음식이 나오면 모두 그게 그것 같기 때문이다. 둘째, 누가 뭐라 하든, 중국 음식에는 MSG가 들어 있어서 먹고 나면 얼굴이 퉁퉁 부어오른다. 셋째, 흔히 중국 음식을 먹고 두 시간이 지나면 허기가 진다는 말은 틀림없이 사실일 것이다. 이것은 북미에서 피자를 배달시킨 사람의 20퍼센트가 방금 전에 중국 음식을 먹은 사람이라는 사실이 말해준다.

하지만 오해하지 말기 바란다. 중국 식당이나 그곳을 단골로 찾는 사람들을 비난하려는 게 아니다. 이미 말한 대로 나는 중국 음식 마니아다. 하지만 내가 끌리는 것은 음식 자체가 아니라 식당 분위기나 그곳에서 경험하는 느낌이다.

잠깐 생각해보자. 혹시 중국 식당에서 입장을 거절당한 적이 있는가? 중국 식당에 들어가는 데 옷차림은 상관없다. 지난여름, 나는 반바지 차림으로 밴쿠버의 차이나타운을 구경하다가, 딤섬을 먹기로 하고 중국 식당에 들어갔다. 그런데 아내는 고개를 흔들며 "못 들어갈 거예요. 옷차림을 좀 봐요"라고 말했다. 하지만 들어가는 데 아무런 문제도 없었다.

반면 뉴욕의 고급 레스토랑 레스피나스는 어떤가? 그곳 요리를 맛보기 위해 나는 집으로 돌아가 넥타이를 매고 와야 했다. 로스앤젤레스의 마츠히사에서는 내게 정장 상의를 빌려줬다. 시카고의 스피아지아에서는 더욱 까다로웠다. 정장 상의와 드레스셔츠, 넥타이를 갖춰 입었지만, 지배인은 나를 돌려보내려고 했다. 청바지를 입고 있었기 때문이다. 들어가서 돈을 좀 쓰기 위해 협상을 할 수밖에 없다는 게 믿기는가?

몇 년 전 나는 워싱턴의 K스트리트를 걷다가 허기를 느꼈다. 식당을 찾다가 출입구 양쪽에 사자석상이 있는, 미스터 K라는 고급 중국 식당에 들어가기로 결정했다. 그런데 반바지에 티셔츠 차림이라, 그곳의 화려한 고급 인테리어가 부담스러웠다. 그곳은 마치 루이 15세 때의 베르사유 궁전 같았다. 남녀 손님들도 모두 분위기에 맞게 정장 차림이었다.

사실 나는 이런 분위기에 겁이 나기까지 했다. 그래서 나가려고 하자 지배인이 다가왔다. "손님, 무엇을 도와드릴까요?" 나는 잠시 머뭇거리다가 결국 이렇게 말했다. "뭐 좀 먹을까 하는데, 이런 차림도 괜찮을까요?"

"물론이죠. 전혀 문제없습니다. 주방 쪽에 손님이 앉을 만한 식탁이 있습니다. 거기가 더 좋습니다. 음식도 빨리 나오니까요."

중국 식당에 가면 항상 귀한 손님으로 존중과 배려를 받는 기분이 든다. 중국 식당은 스타일이 모두 같다. 손님을 친절하게 대하고 기분 좋게 한다.

오래전 아이들이 어리고 철이 없을 때, 우리 가족은 주말이면 매번 다른 중국 식당을 찾아다니며 점심이나 저녁을 먹곤 했다. 어느 식당이든 서빙 스타일은 비슷했다.

일단 자리에 앉으면, 종업원이 메뉴판과 물컵을 내오는데, 항상 물을 약간 흘린다. 어떤 의식인지도 모르겠다. 그러고 나면 웨이터가 와서 가볍게 고개를 숙여 인사를 한 다음, 다른 곳에서는 보지 못하는 행동을 한다. 웨이터는 소리 내어 일행이 몇인지 소리 내어 센다.

웨이터는 "어서 오세요. 하나, 둘, 셋, 넷, 다섯. 모두 다섯 분이군요. 좋습니다"라고 말한다. 그러면 나는 내가 '5명'이라는 것을 알게 되고, 5가 제일 좋은 숫자라는 느낌을 받는다. 그리고 4명이나 6명이면 어쩔 뻔했나 하는 생각이 들게 한다. 게다가 웨이터는 5명이면 세트 메뉴 선택이 가능하다고 말한다.

아이러니하게도, 나는 중국 식당으로 운전해 가면서 가족에게, "매주 똑같이 실수했지만, 이번엔 과식해서 퉁퉁 붓는 일은 없을 거야. 그냥 차오멘炒麵 조금에, 녹차나 마셔야지"라고 말했다.

하지만 세트 메뉴를 선택할 수 있다는 소리만 들으면, 어느새 차 안에서 했던 말은 까맣게 잊어버린다.

'차오멘은 무슨, 세트 메뉴면 가성비 최곤데 그걸 먹어야지.'

세트 메뉴는 언제나 선택으로 시작한다. 우선 스프링 롤 또는 에그 롤을 고를 수 있다. 솔직히 족히 40년은 넘게 중국 식당을 다녔지만, 나는 아직도 스프링 롤과 에그 롤의 차이를 모른다. 분명 우리 가족도 마찬가지일 것이다. 그래도 우리 가족은 2가지를 두고 의논한다. 하지만 그 덕에 우리는 사회적 교류와 의사결정을 통해 선택과 참여를 경험하고, 내 삶의 주인은 나라는 기분을 느낀다.

웨이터가 돌아와서 다시 숫자를 센다. "하나, 둘, 셋, 넷, 다섯." 여전히 우리가 세트 메뉴의 혜택을 볼 수 있는 숫자인지 확인하기 위해서다. 아니면 우리 일행이 더 늘어났는지 확인하기 위해서인지도 모른다.

"좋습니다. 여전히 다섯 분이시군요, 그러면 A세트에서 둘, B세트에서 둘, 그리고 C세트에서 하나를 고를 수 있습니다." 웨이터는 이렇게 안내를 하고 자리를 피해준다. 그러면 우리 가족은 각자 좋아하는 메뉴를 고르고 마침내 의견일치를 본다.

15~20분 동안이나 각기 메뉴를 고르다 우리는 B와 C세트에서는 합의를 보았지만, A세트에서는 아직 결정을 하지 못했다. A세트에서 두 개를 골라야 하는데 하나밖에 못 고른 것이다. 우리는 조금 걱정을 하며 웨이터를 부른다. 하지만 중국인은 정말 놀라울 정도로 이해심과 인내심이 많다.

내가 "미안합니다. A세트에서 하나밖에 못 골랐습니다"라고 하자 웨이터는 "아, 괜찮습니다"라고 대답한다. 무슨 말을 해도 그는 괜찮다고 한다. "아이들이 음식을 두고 다투는 바람에요"

라고 해도 "아, 괜찮습니다"라고 똑같이 답한다.

웨이터가 "아, A세트에서 하나만 주문하셨군요. 괜찮습니다. 그러면 A세트에서 하나 대신에 B세트에서 둘이나 C세트에서 셋으로 바꿀 수도 있습니다. 그리고 원하시면 A세트에서 하나, B세트에서 둘, 그리고 C세트에서 넷을 고르는 방법도 있습니다"라고 설명한다.

우리는 메뉴 선택이 엇갈려 곤란했지만, 이제는 새로운 선택권이 생겨서 우리 구미에 맞게 어떤 것은 넣고 또 어떤 것은 빼고 해서 식사를 다시 구성할 수 있었다. 그렇게 우리는 새로운 선택을 결정하는 과정에서 즐거움을 맛볼 수 있었다.

그리고 어느 날인가 나는 우리가 살면서 겪게 되는 걱정과 후회를 한 보따리 짊어지고 이 중국 식당에 들어섰다. 누구나 스스로 내린 결정이나, 또는 아무런 결정도 못한 일 같은 과거에 대한 회한을 갖고 있게 마련이다. 반드시 했어야 하는데 그러지 못한 일, 그랬다면 좋았을 일, 그리고 잡을 수 있었는데 놓쳐버린 기회, 흔히 우리가 '했어야, 했다면, 할 수도 있었는데'와 같은 일에 대한 후회 말이다.

기하급수적으로 인구가 늘고 자원은 감소하는 세계에서, 북미 지역의 한 가구당 평균 자녀 수가 1.6명이라는데, 난 아이를 3명이나 두고, 대체 어쩌자는 거지? 내가 이기적이기 때문일까? 하지만 한편 이런 생각도 든다. 아니야, 아이가 3명이어서 중국식당에서 세트 메뉴를 선택할 수도 있는 게 아닌가? 그러니 실제로는 아이가 3명이어서 정말 기쁘지 않은가?

중국 식당이 과거의 시름을 어느 정도 덜어줬다면, 현재에는 어떤 도움을 줄까? 우선 중국 음식은 꽤 먹을 만해서 먹고 나면 포만감을 느낄 수 있다. 나중에는 몸이 부을 수도 있겠지만, 당장은 만족감을 느낄 수 있다.

이제 남는 것은 불확실한 미래지만, 중국 식당에서는 이것마저 도와주려고 한다. 기대한 일은 아니지만, 식사를 마치면 식당은 행운의 과자를 내온다. 손님들은 하나같이 미래가 궁금하다. 점성술이나 초자연적인 힘을 비웃는 사람들이라고 예외는 아니다. 인간은 자신의 운명을 정말 알고 싶어 한다.

행운의 과자 속에 들어 있는 종잇조각을 읽고 낙담한 사람을 본 적이 있는가? 과자 속 점괘에는 항상 희망이 깃들어 있다. 가령 이런 글이다. "양지바른 곳을 찾게 될 것이다. 하지만 눈보라를 견뎌야 한다."

사람들은 스타일이나 인간관계를 통해 자신의 필요를 충족한다. 이 모든 것은 협상 방식이 생각보다 결과에 더 큰 영향을 미친다는 사실을 말해준다. 우리는 상품이나 제안을 파는 게 아니라 나 자신을 팔기 때문이다. 결론은 이렇다. 우리 스타일은 어떤 협상 내용보다 훨씬 더 중요하다.

- **어떻게** 대응하는가(태도 또는 접근방식)가 **무엇**을 논의하는가
  보다 더 효과적이다.
- 사람들은 메시지 자체보다는 메시지를 전달하는 사람의 태
  도에 더 큰 영향을 받는다.
- 훌륭한 협상가는 상대가 좋아하고 존경하는 스타일을 갖고
  있다.
- 미국에서 성공적인 협상가라면 정치인이나 경영자, 영업사
  원 할 것 없이 다음과 같은 스타 일을 갖고 있다.
  - 상대가 선택하기 쉽도록 복잡한 개념을 쉬운 말로 풀어
    설명한다.
  - 미래에 대해 낙관적이고 희망적인 생각을 갖고 있다.
  - 이웃집 사람 같은 평범한 이미지를 풍긴다.
  - 상냥하고 겸손하며 가식이 없다.
  - 자신을 낮추는 유머 감각과 인간미를 보여준다.
- 모든 거래를 협조적인 태도로 시작해서 공감을 표현하고
  내가 부족하다는 낮은 자세를 보인다.
- 협상의 세계는 온갖 소동과 속임수가 난무한다. 가벼운 마
  음으로 게임을 즐기자. 어쩔 수 없는 일이라면 피할 길이
  없으므로 중간중간 즐거움을 누리자.

제4장

우리는 비슷하지만
완전히 다르다:
전략이 필요한 이유

―――

우리 모두는 함께 살지만 때로는 혼자다.

릴리 톰린

보안관 게리 쿠퍼가 무자비한 악당과 영웅처럼 홀로 맞서는 영화 〈하이 눈High Noon〉의 클라이맥스 장면을 기억하는가? 그의 뒤로는 사건에 휘말리지 않으려 떨고 있는 마을 사람들이 있다. 그들은 결투 후에 누가 살아남을지 궁금해하며 빠끔히 열린 덧문을 통해 그 장면을 엿보고 있다.

우리는 영화의 다음 장면을 알고 있다. 주인공이 재빨리 총을 뽑고 한 방에 상대를 쓰러뜨린다. 정의가 악을 물리치고 승리한다. 악당은 응분의 벌을 받고, 주인공은 보안관 배지를 바닥에 팽개친 후 그레이스 켈리를 데려간다.

하지만 더 중요한 사실은, 부끄러운 줄 모르고 방관했던 마을 사람들이 당연한 대가를 치른다는 점이다. "선한 사람이 방관하면 악이 승리한다"라는 버크의 명언을 따르지 않은 마을 사람들은 스스로 무법천지의 혼란한 미래를 선택한 셈이다. 이 영화의 감독인 프레드 진네만은 모든 커다란 나쁜 짓에는 공범이 있으며, 방관에 따른 결과라고 말하는 듯하다.

분별이라는 걸림돌

일상에서 모든 일을 칼처럼 분명하게 정의할 수는 없다. 중간 중간 단계별로 다른 값이 존재하기 때문이다. 하지만 우리는 여전히 세상을 범주별로 분류해 어떤 항목으로 인식하려는 경향이 있다.

예를 들어, 우리는 어떤 여자를 두고 진보 혹은 보수주의자, 낙태 찬성자 또는 반대자, 또 전업주부나 커리어 우먼이라고 구별해 말한다. 요컨대, 물고기이거나 새일 수는 있지만 두 가지 모두가 될 수는 없다.

이런 사고방식은 복잡한 세상에서 시간을 절약하는 지름길 역할도 하지만, 사람을 분류하고 근거 없이 가정을 내리는 일은 언제나 위험하다. 사람은 저마다 미묘하게 다르고 끊임없이 변화하는 복잡한 존재이기 때문이다.

예단은 금물

10여 년 전, 크리스마스를 바로 앞둔 어느 금요일, 저녁 늦게 나는 친구 피트 오하라에게 전화를 받았다. 그는 시카고의 한 민영 TV 방송국에서 오랫동안 임원으로 있었다. 그는 심란해 보였지만, 그날 일어난 일을 내게 털어놓았다.

오후 6시 30분, 사무실에서 일하던 그는 신임 국장 톰 존슨에게 위층으로 올라오라는 전화를 받았다. 국장실에서 오하라는 해고되었으니 바로 책상을 치우라는 통보를 받았다. 오하라의 말에 따르면 해고는 업무 능력 때문이 아니었다. 존슨은 오하라에게 개인적인 감정이 있어서 그러는 게 아니라, 그가 전에 있던 마이애미 팀의 한 직원을 데려오기 위해 그 자리가 필요하다고 말했다.

다음 주, 오하라가 인사부 담당자를 만나러 갈 때 내가 따라 나섰다. 놀랍게도, 그들이 오하라에게 내놓은 퇴직금은 회사 인사 규정보다 적었다. (여담이지만, 내 원칙 중 하나는 상대가 어떤 규칙이나 약속을 정했다면 반드시 지키게 하는 것이다.)

나는 이 일을 구실로 국장인 존슨을 만나려 위층으로 올라갔다. 사무실로 들어서자, 그가 자리에서 일어나 걸어 나왔다. 첫인상은 워낙 덩치가 커서 방송국 대표라기보다는 미식축구의 수비수 같았다. 그런데 나를 내려다보는 그는 의외라는 듯 표정이 밝았다. 아마도 나보다 키가 크고 옷을 잘 차려입은 멋진 사람을 기대한 모양이었다.

"안녕하세요. 허브 코헨입니다. 만나서 반갑습니다."

나는 특유의 뉴욕 억양으로 인사했다. 그는 나를 위아래로 훑어보더니 활짝 웃으면서 손을 내밀었고, 국장이라고 과시하듯 힘을 주어 악수를 했다. 그러고는 저음의 울리는 목소리로 말했다.

"안녕하세요. 새로 온 국장입니다. 아시는지 모르겠지만, 그린베레 출신입니다."

"그린베레였다고요?"

나는 생각했다.

'도대체 왜 이런 말을 하는 거지, 원래 그러는 건가? 그럼, 나도 사람들을 만날 때 "안녕하십니까? 저는 공법 제550조에 의거해 한국전쟁에 참전하여 공산당으로부터 사람들을 구한 참전용사 허브 코헨입니다. 제가 아니었다면 어떡할 뻔했을까요,

공산당이 시카고까지 점령했을 겁니다"라고 말해야 하나?'

이 사람은 왜 이런 말을 하지? 내게 겁을 주고 위협하려는 걸까? 육박전이나 총검전이라도 벌인다면 두려워해야 하겠지만, 우리는 단지 협상을 하려는 게 아닌가? 물론 나는 신경이 쓰이기는 했지만, 그렇게 크게 쓰이지는 않았다.

나는 무능한 척 저자세를 보이며 그가 주로 말을 하도록 하고 메모를 했다. 그는 자신의 경영철학과 가치관까지 설명할 정도로 정말 말하기를 좋아했다.

무슨 이유에서였는지, 그는 나를 방송계 사람들을 대리하는 에이전트로 생각했다. 그 결과 이 점을 이용해 내게 영향력을 행사하려고 들었다. 다시 말해, 내가 이번 일로 깐깐하게 굴면 앞으로 재미없을 거라는 암시를 주고 있었다. 내가 의뢰인을 대리해서 자기를 만나러 왔다고 여기는 것 같았다. 알겠지만, 이런 꼬리표는 옳지 않았고 그는 잘못 알고 있었다.

돌이켜보면, 존슨은 나를 그다지 힘든 상대로 보지 않았다는 생각이 든다. 그러니까 마음대로 요리할 수 있는 약한 상대로 생각한 것이다. 결과적으로 그날은 하루 종일 합의점을 찾으며 흘려보냈다. 그는 깨닫지 못한 사이에 우리 관계에 시간과 에너지를 투자하고 있었다. 만일 존슨이 처음부터 내가 강압 전술에 넘어갈 인물이 아니라는 점을 알았다면, 이 문제를 다른 사람에게 맡기지 않았을까 하는 생각이 든다. 하지만 다행히도 그렇지 않았다.

그 후, 몇 차례의 만남이 이어졌고, 존슨은 오하라의 퇴직금을 요구 금액보다 더 높게 책정해주었다. 덧붙여 1년 동안 입원 보험료를 지급하고, 오하라가 작성한 추천서에 서명해주기로 약속했다. 우리는 이 모든 것 외에도 해고 시기와 방법이 사실 "잔인하고 가혹했다"라고 주장하면서 다른 것을 더 요구했다.

이런 논의가 오가는 동안, 존슨은 오하라가 처한 곤경에는 관심을 보이지 않았다. 그는 모든 대화를 주도하려 들었고, 강압적으로 엄포를 놓았다. 마침내 자기가 쏟은 시간과 그의 말대로라면 내 "태도 문제" 때문에 화가 난 그가 말했다.

"당신이 원하는 대로 들어줄 만한 권한이 내게는 없어요."

결국 뉴욕 본사에서 날아온 회사 인사담당자 2명과 변호사 1명이 배석하는 최종 협상이 열렸다. 오하라와 나는 희망사항이지만 합의서 작성에 필요한, 시카고의 변호사 1명을 대동했다.

회의가 시작되자 국장은 새로운 참석자들을 매우 의식하는 듯 보였다. 그는 본사 사람들 보란 듯이 자기가 원래 내놓았던 제안으로 돌아가 최후통첩이라며 제시했다. 나는 짜증이 나서 참지 못하고 결국 이렇게 말해버렸다. "당신이 이렇게 나온다면 우리는 어떻게 할 것 같습니까?" 순간 정말 뜻밖에도, 존슨은 갑자기 창의적인 인물이 되었다. "분명히 소송을 걸겠지요."

"좋습니다. 그것 말고는요?" 내가 물었다.

잠시 생각하더니 그가 말을 이었다. "아마 전국방송인협회에 가겠죠."

"그다음에는요?" 내가 다시 물었다.

"당신이라면, FCC(연방통신위원회)나 의회까지도 가겠군요."

"그게 다라고 생각하세요?" 내가 물었다.

"아니, 당신이라면 그렇지 않겠군요. 그런 타입을 잘 알거든요. 토크쇼에 나가 떠벌이면서 자기를 홍보하겠죠, 영업에 도움이 될 테니까."

이 순간, 우리 새 멤버인 시카고 출신 변호사가 잠시 쉬자고 제안했다. 밖으로 나오자 변호사는 내게 "도대체 방송국을 협박해서 뭘 어쩌자는 거죠?"라고 물었다. 그러더니 내가 뭐라 할 겨를도 없이 "이건 비윤리적인 행동입니다. 갈취나 다름없어요"라고 덧붙였다.

그때 웃고 있던 오하라가 변호사를 보며 말했다. "무슨 소립니까? 코헨이 어떤 결정을 말한 게 아니잖아요. 그저 존슨에게 생각할 시간을 주는 것뿐이에요."

우리 세 사람의 회의가 끝난 후, 존슨은 더 좋은 조건을 제시했고 결국 우리는 마무리 협상 단계로 접어들었다. 대화가 좀더 오가고 뉴욕 본사 외부인들의 몇 가지 좋은 아이디어가 등장한 끝에 마침내 합의에 이르렀다.

그 결과 오하라는 퇴직금은 2배로 받았고, 존슨이 추천서를 꽤 좋게 써준 덕분에 한 달 만에 동종 업계에서 비슷한 일자리를 얻었다. 존슨 역시 우리 문제를 해결했다고 의기양양했고, 방송국을 활성화하는 데 모든 에너지를 쏟을 수 있었다.

우리가 마지막으로 만났을 때, 그는 헤어지면서 이렇게 말했다. "다음에 이런 일로 다시 만나면, 그땐 사정이 좀 다를 겁니다." 물론 다음이란 결코 없었다.

이 일을 돌이켜보면, 내 마음속에 남는 사실이 2가지 있다.

첫째, 새로 부임한 국장은 3주 동안 나에 대해 전혀 알아낸 게 없었다. 심지어 내 직업조차도 알지 못했기 때문에, 그는 그저 자기의 강압적인 힘이 전혀 먹히지 않는다는 생각에만 빠져 있었다.

둘째, "당신이라면" "그런 유형을 잘 알거든요"와 같은 그의 말은 자신의 시야를 가리는 경솔한 고정관념이라는 사실이다. 누가 감히 나를 안다고 생각할 수 있을까? 사실, 우리는 대체로 진실하지 않다, 심지어 스스로에게도.

고정관념의 오류

2001년 12월, 노트르담 대학교(미식축구로 유명한 가톨릭계 명문 사립대)에서 미식축구 팀의 새로운 코치 조지 오리어리가 팡파르 속에 소개되었다. 하지만 불과 닷새 후, 놀랍게도 오리어리가 이력서를 날조했다는 보도가 나오고, 그는 곧바로 사임했다. 2주가 지나, 운동부 책임자인 케빈 화이트는 다시 기자회견을 열어 스탠퍼드 대학교 출신의 흑인 타이론 윌링햄이 팀의 코치를 맡는다고 발표했다.

왜 처음에 오리어리 대신 윌링햄을 선택하지 않았느냐는 기자들의 질문에 화이트는, 그 이유를 잘 보여주는 흥미로운 답변을 내놓았다.

"오리어리는 우리 학교에 딱 맞는 전형적인 인물이었습니다. 아일랜드 출신의 이민 2세대에 가톨릭이었고, 노트르담에 들어오려는 열망이 아주 강했습니다. 그는 노트르담을 지지하고, 학교에 대단한 애정을 과시했기에 우리는 그가 정말 마음에 들었습니다."

그의 솔직한 발언은 전혀 뜻밖이었지만 적어도 다음과 같은 2가지 이유에서 주목할 만한 교훈을 준다.

첫째, 여기에는 고정관념이 아주 노골적으로 드러나 있다. 가톨릭교도로 아일랜드 출신이라는 프로필은 일부에게는 매우 좋은 조건으로 보일지 모르지만, 이것은 지나치게 단순한 생각이다. 창의적인 협상가가 되려면, 기정사실이나 범주를 뛰어넘어 개별적인 복잡성과, 보통은 말하지 않는 숨은 필요를 알아차릴 수 있어야 한다.

둘째, 운동부 책임자는 자신의 주된 목표가 팀의 명성을 되찾을 수 있는 코치를 영입하는 일이란 사실을 망각한 것으로 보인다. 코치 후보의 신상과 출신에 집중하는 바람에 그는 목표와 수단을 바꾸어놓는 실수를 저질렀다. 노트르담이 과거에도 이런 관례를 따랐다면 전설적인 2명의 코치, 크누트 로크니와 아라 파스기언은 없었을 것이다.

악어와 늪

다음으로 넘어가기 전에 한 가지 말해두고 싶다. 나는 성과(목표)를 희생시키면서까지 행동(수단)에 집중하는 사람들을 보면 정말 답답하다. 나는 외모나 성격, 성별이나 인종, 또는 배경이 아닌 성과를 바탕으로 사람을 고용하고 보상하는 방식을 지지해왔기 때문이다.

이런 생각은 대학 시절에 여름방학 동안 포드 자동차 회사에서 일하면서 더욱 굳어졌다. 회사 출근 첫날, 나는 오리엔테이션을 받고 몇 가지 서류에 서명한 다음 회사 역사를 소개하는 짧은 컬러영화를 보았다. 당시 나는 영화의 훌륭한 화질과 창립자인 헨리 포드의 사업 감각에 감명을 받았다.

다음으로 나는 우리 팀의 반장을 만났는데, 그는 나를 반기고 흰 셔츠를 건네며 말했다. "이걸 입게. 자네는 반장 조수니까. 관리직은 모두 흰 셔츠를 입거든."

내가 옷을 갈아입는 동안 그는 내 허리띠에 만보기를 채워줬다. 주머니시계 정도의 크기로, 몸의 움직임에 반응해 보행거리를 측정하는 기계였다.

반장은 이렇게 말했다.

"자네 일은 직원들 사이를 돌아다니는 거야. 그래서 직원들이 자네를 볼 때마다 회사가 신경 쓰고 있다는 사실을 알게 하는 거지. 교대 시간이 되면 모든 조수의 만보기를 수거해서 그날 업무성적을 평가해. 질문 없나?"

나는 "없습니다"라고 대답했다. 일이 필요했다!

나는 지시대로 직원들이 나를 볼 수 있도록 5시간 동안 돌아다녔다. 오후 3시쯤 되자 나는 궁금해서 만보기를 흘끗 내려다보았는데, 3.1마일이라고 표시되어 있었다. 그러고는 비슷한 일을 하는 다른 사람을 눈여겨보았다. 그도 흰 셔츠에 만보기를 착용하고 있었기 때문에 쉽게 눈에 띄었다. 그가 가까이 왔을 때 내가 물었다. "얼마나 찍혔나요? 몇 마일인가요?"

"와, 4마일이 넘었네요." 그가 활짝 웃으며 대답했다.

나는 생각했다. '이야, 좀 더 부지런히 돌아다녀야 되겠어.'

나는 보폭을 넓히고 더 빨리 움직였다. 그러다 곧 다른 동료를 보았다. 나는 조립 라인 건너편에 있는 그에게 소리쳤다. "만보기 숫자가 얼마예요?"

그는 마치 승리의 V자를 그리듯 손가락 2개를 펼쳐 보였다.

"2마일이란 뜻인가요?" 나는 소음 때문에 크게 소리쳤다. 그가 그렇다고 고개를 끄덕였다. 난 고민스러웠다. 속도를 늦춰야 할지 높여야 할지 알 수 없었다.

나는 이런 상반되는 2가지 선택에, 스트레스를 받을 때처럼 긴장되기 시작했다. 그래서 사람들이 이런 상황에서 주로 찾는 장소로 향했다. 화장실에서 나는 "비공식 조직"과 처음 접하게 되었다. 내 옆에서 소변을 보고 있던 남자는 나이가 나보다 위로, 23세 정도 되어 보였다. 그는 허스키한 목소리로 말했다.

"어이, 새로 왔나?"

"예, 그렇습니다, 선배님."

"그럴 줄 알았지. 자네한테 정보를 좀 주지, 하루에 2마일 이하면 해고야. 2마일에서 4마일이면 여름 동안은 괜찮겠지만, 내년에 다시 올 생각은 접어야 해. 4마일에서 6마일 정도면 매년 여름에 여기서 일할 수 있고, 졸업해서 정식으로 취직할 수도 있을 거야. 그리고 6마일에서 7마일이면 평생직장이 보장되고, 언젠가는 공장장이 될지도 몰라. 하지만 그 이상은 바라지 않는 게 좋아. 다른 사람을 괴롭히게 될 테니까. 알겠어?"

"알겠습니다." 나는 확실히 그의 말뜻을 이해했다. 나는 약간 속도를 높였고, 그날 3.8마일이 찍힌 만보기를 제출했다. 그때 내 행동은 분명 내 사회적 필요와 일자리에 대한 열망의 표현이었다.

2주일은 별 탈 없이 지나갔다. 그러다 문제가 생겼다. 우리 조에는 "열일하는" 반장조수가 있었다. 그는 우리와 같은 "직원들 사이를 돌아다니는 일"뿐만 아니라 오전에는 천공기(철판 따위에 구멍 뚫는 기계)를 돌리는 일도 했다. 그는 시행착오 끝에 분당 120회 회전하는 천공기에 만보기를 올려두면 필요한 보행거리가 금세 찍힌다는 사실을 알아냈다.

그는 사업가 기질을 발휘해서 천공기로 시간을 파는 돈벌이를 했다. 쉽게 말해, 오전 9시에 그에게 만보기를 맡기면 11시쯤이면 원하는 거리가 찍혀 나오는 것이다. 물론 돈이 조금 들기는 했지만, 나머지 시간을 화장실에서 자기계발을 하며 보낼수 있었다.

그렇게 나는 자본주의 체제를 즐기고 있었는데, 어느 날 아침 천공기 담당자가 전화를 받기 위해 자리를 떠야 하는 일이 생겼다. 그는 만보기 하나를 천공기에 올려놓고 나갔다 돌아왔는데, 만보기에는 67마일이 찍혀 있었다. 이 사건으로 나는 위기관리 기술을 처음으로 접하게 되었다.

우리는 모두 기계 주위에 모여 문제를 해결할 방법을 찾았다. 나는 이 만보기를 깡마른 반장조수에게 주고 그가 지나치게 활동적인 사람이라고 말하면 어떠냐고 제안했다. 그러나 우리가 공학도라고 여겼던 한 친구가 권위 있는 태도로 더 좋은 방법을 내놓는 바람에 내 제안은 묻혀버렸다. 그는 이렇게 말했다.

"문제없어요. 여기 숫자의 자릿수를 보세요. 이걸 다시 천공기에 올려놓고 그냥 돌아가게 놔두는 거예요. 그러면 97, 98, 99로 올라가서는 다시 0, 1, 2, 3으로 돌아가겠죠. 그다음엔 원하는 숫자에서 멈추기만 하면 돼요."(나중에 우리는 그가 공학도가 아니라는 사실을 알았다. 자기가 아는 사람이 공학도였다고 한다.)

나는 지금도 그때 사람들이 기계 주위에 모여 숫자가 바뀌는 걸 지켜보던 장면이 생각난다. 만보기는 97, 98, 99, 100을 지나 101, 102로 넘어갔다. 천공기를 멈추자 만보기에는 111마일이 찍혀 있었다.

별수 없이, 우리는 반장이 눈치채지 못하길 빌면서 만보기를 그대로 제출하기로 했다. 하지만 우리 생각은 틀렸다. 오래지 않아 그는 우리 속임수를 알아챘고, 나와 동료들은 그해 여름에 모두 일자리를 잃었다.

당시 이 속임수로 이득을 본 쪽은 어디일까? 당연히 포드는 아니었다. 그들은 사건 후에 즉시 작업 절차를 바꿨다. 나 또한 다른 일자리를 찾느라 고생한 끝에, 결국 리본과 실크, 벨벳을 자르며 저임금 노동을 해야 했다.

그렇다. 사람이나 조직이 명목이나 행위에 초점을 맞추면, 사람들에게 요식 행위만 익히라고 부추기는 것이나 다름없다. 본질과는 무관한 부분에 감정적으로 집착하게 되면, 자기 자신과 자신이 속한 조직, 나아가서 국가의 근간에도 해를 끼치게 된다.

주제에서 벗어난 듯 보이지만 이 이야기의 요점은, 외모나 정시 출근, 사무 공간의 정리 여부 등이 아니라 실제로 성취한 일, 즉 업무성과를 근거로 직원을 평가하는 것이 중요하다는 말이다.

전자의 피상적인 요건들은 조직이 성공했을 때, 즉 이윤을 내고, 스포츠 경기에서 우승하거나 협상 목표를 달성했을 때만 의미가 있다. 물론 우리의 행위나 수단은 항상 적절하고 윤리적이어야 하지만, 단지 원하는 결과를 얻기 위한 방법일 뿐이다.

이야기를 마쳤으니, 이제 노트르담의 운동부 책임자의 흥미로운 발언에 대해 내가 분석하는 세 번째 요점을 살펴보자.

호감의 법칙

지난번에 그가 했던 "학교에 대단한 애정을 과시했기에 우리는 그가 정말 마음에 들었습니다"라는 말로 미루어, 오리어리는 아마도 원하는 것을 얻기 위해 자신도 모르는 사이 **호감의 법칙** Liking Norm을 이용했을 것이다.

20년 전 나는 출판 홍보차 웨스트코스트에 갔다가 집에 돌아와 딸아이 샤론에게 말했다. "나는 TV나 라디오에서 나를 인터뷰했던 사람들을 정말 좋아했어."

그런데 대학에서 심리학을 전공하던 딸의 반응이 나를 놀라게 했다. "당연하죠. 그 사람들이 아빠를 좋아했을 테니까요."

딸이 한 말에 뜨끔했던 나는 처음에는 그 말을 부정했다. "그렇지 않아. 나를 좋아하는 사람 중에도 내가 싫어하는 사람이 꽤 많아."

"좋아요. 한 사람만 대보세요." 딸이 대꾸했다. 그 뒤 1년 동안 나는 그런 사람을 찾으려고 애썼지만 헛수고였다.

우리 딸뿐만 아니라 하비 맥케이Harvey Mackay(《상어와 함께 헤엄치되 산채로 잡아먹히지 않는 법Swim With the Sharks Without Being Eaten Alive》의 저자)에서 조 지라드Joe Girard(자동차 세일즈맨)에 이르기까지, 설득 전문가들은 한 가지 분명한 사실을 알고 있다.

그것은 인간은 자신이 알거나 좋아하는 사람, 또는 동질감을 느끼는 사람에게 더 쉽게 동의한다는 사실이다. 따라서 이런 전문가들은 광범위한 메일링 리스트와 네트워크를 보유하고 있어서 항상 고객과 연락한다.

인간으로서 우리는 칭찬해주는 사람, 배경과 관심사가 비슷한 사람, 그리고 자기를 기꺼이 도우려는 사람을 좋아한다. 자동차 세일즈맨이 새 차 판매를 앞두고 고객의 중고차를 살펴볼 때는, 차의 상태만 보지 않는다. 그는 고객의 취미와 습관, 직업에 대한 정보를 수집한다.

그는 조수석 서랍에 들어 있는 CD를 확인하고, 뒷좌석에 테니스 라켓이나 롤러 블레이드 또는 골프공이 있는지 살핀다. 그리고 나중에 이런 정보를 이용해 "날씨가 얼른 풀려서 필드에 나가면 좋겠네요"라고 슬쩍 말할 것이다. 게다가 고객이 "좋은 조건"을 받을 수 있도록 잘리더라도 매니저에게 강력하게 요구하겠다는 자동차 세일즈맨도 심심치 않게 본다.

호감의 법칙과 동질감의 위력을 보여주는 가장 친숙한 예는 아마도 좋은 사람-나쁜 사람 수법일 것이다. TV 범죄 드라마에 자주 등장하는 이 수법을 실제 협상 테이블에서 경험한 사람도 있을지 모르겠다.

장면은 이렇다. 미국의 대도시에서 18세 소년이 강도 혐의로 체포되어 경찰서로 연행되었다. 소년은 피의자의 권리를 듣고 취조실로 가고, 그곳에서 경관 2명에게 무죄를 주장한다.

갑자기 나쁜 사람 역을 맡은 경관이 발끈한다. 그는 소년의 멱살을 쥐고 욕을 해대며 협박한다. 소년이 대꾸하든 말든, 그는 10년 동안 "콩밥"을 먹이겠다고 협박하며 버럭 화를 낸다.

나쁜 경관이 연기를 하는 동안, 파트너인 좋은 경관은 뒤에 조용히 앉아 있다. 나쁜 경관이 자제력을 잃고 소년을 한 대 치려는 순간, 좋은 경관이 제지한다. 그는 나쁜 경관을 소년에게서 떼어내며 말한다. "닉, 뭐 하는 거야? 진정해, 진정하라고."

하지만 나쁜 경관은 학원에서 연기 지도라도 받은 듯, 고함을 지른다. "지금 진정하게 생겼어? 이 녀석이 거짓말만 하는데, 아주 죽여버리겠어!"

이 대목에서 좋은 경관은 파트너를 억지로 문 밖으로 떠밀며 말한다. "닉, 자네 좀 진정해야겠어. 나가서 바람 좀 쐬고 와."

험악하게 위협하는 파트너를 내보낸 후, 좋은 경관은 의자를 끌어다 앉고 소년의 이름을 부르며 차분하게 이야기한다.

"이런, 빌리, 내가 대신 사과하지. 저 사람 성질이 불같아서 말이야. 지난달에도 바로 이 자리에서 네 또래쯤 되는 범죄자를 불구로 만들어버렸어. 이봐. 우리는 이미 네가 유죄라는 증거를 충분히 확보했어. 닉은 네게 10년쯤 콩밥을 먹이고 싶어 해."

그는 계속해서 부드럽게 말한다.

"하지만 넌 이번이 초범이잖아. 그리고 나한테도 네 또래의 아들이 있어서 남 일 같지가 않아. 그러니까 닉이 돌아오기 전에 지금이라도 자백하면, 이번 건은 내가 맡아서 잘 말해볼게. 우리 둘 모두에게 좋은 일이야, 빌리. 사실을 말해, 그러면 이번 건은 좋게 끝낼 수도 있어."

이렇게 나가면 고집 센 용의자라도 대개는 모두 털어놓기 마련이다.

이런 뻔한 수법이 왜 잘 먹히는 걸까? 여기에 대한 설명으로, 용의자의 의사결정에 영향을 주었던 것으로 추정되는 3가지 요인을 들어보자.

첫째, 너무나 대조적인 선택 사항. 이성적인 좋은 경관이 아니면, 비이성적으로 날뛰는 나쁜 경관을 선택해야 한다.

둘째, 자기에게 동정을 보이는 내부자를 가질 기회.

셋째, 좋은 경관이 동료와 마찰을 빚으면서까지 자기를 폭행으로부터 보호해주었다는 사실. 서로 도움을 주고받는 **호혜의 원칙**이 적용되었다.

생각하는 대로 보인다

지금까지 고정관념을 가지고 사람들을 분류하며 잘못된 가정을 하는 경향 때문에 협상에서 불이익을 당하는 개인들의 예를 살펴보았다. 물론 우리 모두는 선입견과 편견 때문에 사람들의 실제 모습보다는 자기가 원하거나 기대하는 모습을 보려는 경향이 있다.

이러한 경향에서 벗어나려면, 내가 안다고 생각하는 것에 더욱 의심을 품어야 한다. 특히 협상에서 특히 이런 태도가 중요한데, 누구나 상대를 보는 자기 인식을 바탕으로 계획과 전략을 세우기 때문이다.

2가지 욕구

협상이란 공통된 이해관계와 상반된 이해관계를 모두 지닌 당사자들이 자발적으로 만나 그들의 향후 관계를 정리·조정하려는 과정이란 사실을 상기해보자. 협상은 선호하는 것이 서로 다른 둘 이상의 당사자가 공동의 결정을 하는 경우 일어난다.

협상이 성공하면, 양측은 현 상태나 다른 대안보다 합의 결과를 선호한다. 그러나 공통된 이해관계와 상반된 이해관계, 2가지 모두 존재하지 않는다면 이런 사회적 상호작용, 즉 협상은 불필요해진다.

몇 년 전, 멕시코시티에서 강연을 했는데, 강연을 마치자 청중 한 사람이 내게 다가왔다. 질문을 하겠거니 생각하고 있던 나는, 그가 자기 친구 알프레도 산티아고라는 사람을 기억하느냐고 물었을 때 당황스러웠다. 나중에 안 일이지만, 산티아고는 10년 전에 내가 에콰도르의 한 의뢰인을 대리해 일했을 때 내 협상 상대였다.

보아하니, 산티아고는 당시의 내 의뢰인이 합의 사항을 이행하는 방식에 불만이 있는 것 같았다. 산티아고의 친구는 내가 이 문제에 대해 산티아고에게 무료로 상담해줄 수 있는지 문의하러 온 것이었다.

10년 전 일이라 잘 기억이 나지 않았지만, 나는 "좋습니다. 그럼 내일 아침에 함께 식사할까요?"라고 제의했다. 그러자 그가 고개를 저으며 말했다.

"아뇨, 여기서는 불가능합니다. 산티아고는 과야퀼 형무소에 있습니다. 처가 쪽 식구들을 폭행했거든요. 하지만 매주 일요일 한 시간 동안 면회가 허용됩니다."

자, 내가 에콰도르행 다음 비행기를 탔을까? 천만의 말씀. 나는 집으로 돌아갔다. 산티아고의 현재 처지가 안타깝고 어떤 문제가 있으리란 생각이 들었지만, 나는 그들과 공통된 이해관계를 찾질 못했다. 다시 말해서 공통점이 없다면 차이점을 해결하거나 설명해야 할 이유가 없는 것이다.

협상 당사자들에게는 여러 동기와 더불어 2가지 욕구가 있다. 즉, 각자 자기 이득을 극대화하려는 개인의 바람, 그리고 공정한 해결책에 도달하기 위한 공동의 필요를 말한다.

부정적인 사람들은 협상에서 일부 경쟁심이 강한 사람들이 진짜 의도를 숨기려 협조를 가장한다고 주장한다. 상대보다 우위에 서기 위해 협조하는 척한다는 뜻이다. 하지만 어떻게 보든 간에, 협상이 혼자 하는 게임이 아니라는 점에는 모두 동의할 것이다.

당신도 나도 로빈슨 크루소나 영화 〈캐스트 어웨이〉의 톰 행크스처럼 오직 자신이 원하는 것만 존재하는 외딴곳에서 살고 있지 않다. 자신의 만족을 추구하더라도, 우리는 상반되는 선호 사항과 다른 사람의 욕구를 수용할 줄 알아야 한다.

협상에는 적어도 한 사람 이상의 상대가 필요하고, 게임 규칙 또는 에티켓이란 게 있다. 그뿐만 아니라 신호를 보내고 해석하며, 조정과 학습이 진행되는 상호작용 또한 존재한다.

문제 해결 과정

협상이란 양측이 상호작용을 통해 서로의 선호 사항과 필요를 공유함으로써 유익한 교류가 이루어지도록 하고, 또 상호관계에 부가가치를 주는 합의가 이루어질 수 있도록 하는 문제 해결 과정이다. 물론 그 관계가 지속되는 경우라면 이 게임은 목적을 위한 수단에 지나지 않는다.

출발선에 선 협상 당사자들은 서로의 관심사를 완전히 알지 못한다. 따라서 감정과 흥미를 반영하는 문제를 알아가며 협상을 시작해야 한다. 그런 다음 새로운 대안을 모색하거나, 적어도 서로에게 도움이 되는 양보 사항을 찾아내야 한다.

처음에는 서로가 수용할 수 있는 재량이나 최소한도를 알 수 없고, 안다고 해도 불변의 것이 아님을 명심하라. 따라서 정보를 주거나 협상의 어떤 요소를 제거, 결합, 변경할 때에는 상대의 기대에 영향을 줄 수 있음을 염두에 두어야 한다.

이와 관련해 오래전에 내가 겪었던 이야기를 해보겠다. 당시 나는 보스턴에서 책 홍보차 TV 방송에 출연했었다. 그때 담당 연출자인 레슬리 제임스를 만났는데, 그녀는 아주 유능한 전문가였다.

그런데 뜻밖에도 몇 달 후에 그녀가 내게 전화를 걸어 자신의 대리인이 되어줄 수 있는지 물어왔다. 로스앤젤레스의 엠버시 프로덕션에서 기획 중인 새 시트콤의 AD 자리를 제안했다는 것이다. 시트콤 콘셉트를 개발하고 제작 책임을 맡은 사람이 그녀를 원했기 때문에, 모든 면에서 제임스는 후보 일순위였다. 그녀 역시 빨리 새로운 일을 시작하고 싶어 했다.

나는 방송 쪽 일은 꺼리는 편이라, 나는 그녀에게 밥 울프를 대신 추천했다. 울프는 보스턴에 사는 좋은 친구로, 내가 믿고 존경하는 사람이었다. 당시 그의 의뢰인 중에는 농구계의 래리 버드, NBC의 진 샬릿 등도 있었다. 제임스가 불안해하는 것 같아서 나는 통화를 끝낼 쯤에 "그가 못 하겠다고 하면 내가 맡지요"라고 말해주었다.

다음 날 제임스가 다시 전화해서 "그 사람 지금 해외에 있는데, 2주 후면 돌아온다고 해요"라고 했다. 시간이 촉박했기에 나는 그녀의 상황과 바람, 걱정에 대해 이야기를 나눈 후 웨스트코스트로 향했다.

센트리시티의 스타의 거리에 위치한 사옥에 도착한 나는 그

회사의 변호사 사무실로 안내되었다. 아마 지금까지 이 변호사가 상대했던 전형적인 연예계 에이전트라면 이런 말로 대화를 시작할 것이다.

"저기, 제 의뢰인은 이 일에 별로 흥미가 없습니다. 다른 데서 굉장한 제의가 있어서요. 거액을 제시할 의사가 없다면 없던 일로 합시다."

하지만 내 방식은 조금 달랐다.

"제임스는 이 일을 정말 원합니다. 이런 이야기는 하면 안 되는 거겠지만, 이번 쇼에 출연하고 싶은 마음이 굴뚝같습니다."

내 말을 들은 변호사는 책상 앞으로 나와 내 옆에 의자를 바짝 당겨 앉았다.

나는 이렇게 말했다. "혹시 제가 실언한 건 아니겠죠."

그가 대답했다. "아니요, 전혀 그렇지 않습니다."

나는 말했다. "제임스는 이 일을 정말로 원합니다. '코헨, 일을 망치면 안 돼요'라고까지 당부하더군요. 그녀는 여기서 일하고 싶어 합니다. 귀사에서도 그녀가 필요하시죠?"

이 말에 그는 씩 웃으면서 말했다. "그럴 수도 있겠지요."

"그럼, 질문이 있습니다. 저는 이쪽 분야는 잘 모릅니다. 여기서 일하게 되면 차가 필요합니까? 현재 제임스는 차가 없습니다. 보스턴에서는 인근에 대중교통편이 좋아서 출퇴근하는 데 문제가 없죠. 이곳 대중교통은 어떤가요?"

"그리 좋은 편은 못 되죠. 차가 필요할 겁니다."

"그러면 언제부터 그녀가 일하길 원하세요? 집을 구할 때까지 두세 달 정도 여유가 있을까요?"

그는 깜짝 놀라더니 이렇게 말했다. "아뇨, 당장 제임스가 필요합니다. 이미 시험 방송분이 팔렸고, 2주 안으로는 촬영을 시작해야 합니다."

"이런, 그럼 당장 자동차도 구입하고 이사도 와야 한다는 말씀인가요?" 나는 잠시 멈추었다가 이어 말했다.

"아, 잊을 뻔했군요. 제임스는 보스턴에서 임대료가 고정된 아파트에 살고 있습니다. 방 2개와 욕실 2개가 딸린 아파트인데, 세가 한 달에 540달러지요. 이곳에서 이 가격에 비슷한 아파트를 구할 수 있을까요?"

"아뇨, 말도 안 되죠. 여긴 로스앤젤레스예요."

내가 의뢰인의 문제와 관심사를 말하자, 엠버시 측 변호사도 그쪽의 입장을 이야기했다. 그는 엠버시가 많은 프로젝트를 진행하며 AD가 엄청나게 많다고 했다. 그의 말을 빌리면 "캘리포니아 남부에서는 흔해 빠진 게 AD고, 그들은 모두 같은 봉급으로 시작한다"라는 것이었다.

요약하면 이렇다. 그들은 제임스를 원하고, 제임스도 그들을 원한다. 이제는 우리와 그들의 대립이 아니라, 우리 모두와 해결할 문제의 대립이 된 것이다. 간단히 말하면, 다른 AD의 반발을 사지 않는 선에서 회사가 제임스에게 어느 정도로 대우해 줄 수 있는가의 문제였다.

제임스는 타지 사람으로 이 자리에 고용되는 첫 직원이라서, 차량 유지비와 임대료 보조금, 충분한 이사비용과 기타 일회성 특별수당을 제공받았다. 이런 보수 조건이 알려진다고 해도, 이번 건은 특별 사례였기 때문에 동료들의 반발은 없을 것으로 보였다.

결국 제임스는 이전 조건보다 3배나 많은 보수를 받게 되었다. 물론 생활비 역시 꽤 늘었기 때문에 엄청난 행운까지는 아니었다. 그러나 결론적으로, 양측은 모두 원하던 바를 얻었다.

이야기의 요점은, 마치 전쟁을 치르듯 어떤 수단을 써도 상관없다는 자세로 협상을 시작할 필요는 없다는 것이다. 양측은 비슷한 점이 몇 가지 있겠지만, 협상의 궁극적 목표는 무조건적인 양보가 아니라 합의점 도출이라는 사실을 잊지 않아야 한다. 합의란 대개 하나의 관계가 끝나는 것이 아니라 새로운 관계의 시작이기 때문이다.

오늘날, 치열한 비즈니스 세계에서도, 성장가도를 달리는 기업들은 과거의 적들과 파트너가 되어 전략적 제휴를 맺는다. 자신이 성공하려면 반드시 상대의 희생이 따라야 하는 것이 아니라는 인식이 점점 확산되고 있다. 진부한 이야기일지 모르지만, 현명한 경영자는 얼마 안 되는 파이를 놓고 더 많이 먹겠다고 다투는 데 시간을 허비하기보다는 파이를 더 크게 만들 방법을 모색한다.

지난해 유난히 고통스러운 이혼 소송 절차를 밟고 있던 한 여성에게서 연락을 받았다. 12년을 함께한 남편이 36세의 조강지처를 버리고 어린 여자를 얻었다. 남편은 세 아이를 사랑한다고 주장했지만, 그와 그의 변호사는 마치 전쟁을 치르듯 이 문제를 밀어붙이고 있었다. 그들의 극단적인 방식이 아내뿐만 아니라 아이들에게도 돌이킬 수 없는 상처를 주고 있다는 사실을 이해시키는 데 상당한 시간과 노력이 필요했다. 아내가 항복한다고 해도, 남편 역시 많은 대가를 치러야 하는 승리일 뿐이었다.

함께 즐기는 게임

드라큘라와 같이 오랫동안 내려오는 이야기가 있다. 흡혈귀에 대한 최선의 방어는 십자가를 보여주는 것이라는 허구만큼이나 많은 사람이 인생을 제로섬 게임과도 같은 대결로 여긴다. 이 대결에서 검투사는 어떤 희생을 치르더라도 모든 노력을 기울여 때때로 빠른 승리를 거두기도 한다. 하지만 그런 승리에서는 종종 지혜가 없는 물질만을 얻게 되므로 "승자"는 물질 세상의 노예가 되어 무의미한 존재로 전락한다.

사람들은 각자 독특한 존재이며 인간관계는 상호 의존적이란 사실을 우리 모두 적어도 머리로는 잘 안다. 그렇다면 문제는, 어떻게 하면 제로섬(윈루스) 게임에서 둘 다 승리하는 포지티브섬(윈윈) 게임으로 바꿀 수 있는가다.

문제 해결의 열쇠는 태도를 바꾸는 것이다. 즉, 나와 상대 모두 이런 일이 가능하다고 믿어야 한다. 이런 패러다임의 변화는 정보를 공유하며 상호 신뢰를 쌓을 때 가능하다. 그런 다음 서로의 이해관계를 구성하는 요소를 다시 조정하면서 양측에 돌아갈 혜택을 늘려가야 한다.

이 책에서 다루는 내용은 협력과 경쟁이라는 2가지 요소가 결합된 협상 사례가 대부분이라는 점에 유의하자. 물론 오랫동안의 친밀한 관계와 높은 신뢰도가 바탕이 되는 사례도 있을 것이다. 그럴 경우에는 한층 개방적이고 적극적인 태도로 나가는 것이 당연할 것이다.

요약하면, 나는 협상에는 의견일치와 불일치가 섞여 있다고 말해왔다. 협상은 항상 공통점과 갈등이 공존하는 여러 동기가 섞인 게임이다. 그러므로 협상에는 스타일과 내용을 적절히 섞은 전략이 필요하다.

어떤 **방식**how으로 소통하느냐가 **무엇**what을 협의하느냐보다 더 큰 영향을 준다는 사실을 기억하자. 그러므로 수단(방식)에서 융통성을 보여주고, 목표와 이해관계(무엇)에서는 단호한 결단력을 보여주어야 한다.

- 사람들을 정형화하거나 분류하여 근거 없이 추측하는 일은 언제나 실수다.
- 창의적인 협상가가 되려면 공개적으로 언급된 사실 이면에 숨은 이해관계와 필요를 발견할 줄 알아야 한다.
- 항상 목표에 초점을 맞추자. 옆길로 새거나 관련이 없는 부분에 감정적으로 집착하지 않아야 한다.
- 만일 대안 2가지가 시간이나 공간 면에서 유사하게 보인다면, 그 둘을 비교해보면 어떤 것이 더 매력적인지 알아낼 수 있다.
- 우리는 자신이 알거나 좋아하는 사람, 또는 동질감을 느끼는 사람에게 "예"라고 말하는 경향이 있다.
- 사람은 호의를 베풀고 소중한 것을 주면, 보답하려는 성향이 있다.
- 협상은 양측이 소통하며 각자의 선호사항을 공유해서 서로에게 이득이 되는 교환이 이루어지도록 하는 문제 해결 과정이다.
- 스타일(**방식**)에서 융통성을 보이면서, 늘 이해관계나 목표(**무엇**)를 염두에 두자.

제5장

게임을 즐겨라:
협상 공식

———

일을 망쳤더라도 숨김없이 털어놓으면
큰 잘못도 작은 오류로 바꿀 수 있다.

지금까지 이 시대의 설득하려는 현상, 즉 협상에 대한 이해를 돕는 배경을 살펴보았다. 《허브 코헨의 협상의 기술 1》에서도 언급했듯이, "세상은 거대한 협상 테이블이며, 싫든 좋든 우리는 모두 협상에 참여한다."

일상에서 이 협상이라는 게임을 할 때는 언제나 어떤 목표를 염두에 두어야 한다. 삶의 의미를 주는 것이 바로 목표다. 목표가 없다면 아무리 열심히 움직여도 제자리걸음만 할 뿐이기 때문이다. 마찬가지로, "쉬지 말고 죽어라 일해라"라는 진부한 조언을 따른다면, 몸만 망가뜨릴 뿐이다.

그러므로 효과적으로 행동을 하려면 기본적으로 마음속에 원하는 결과를 미리 그려볼 줄 알아야 한다. 이런 비전, 즉 목표가 있다면 세세한 사항에 얽매이지 않을 수 있다. 그렇게 되면 목표물에 집중하면서 그 과정에서 재미를 느낄 수 있다. 이런 효과적인 행동을 위해 성공적인 협상에 이르는 핵심 단계 10가지를 정리해보았다.

목표 설정

상대에게 연락하기 전에 자신의 관심사나 문제, 무엇이 정말 중요한지 생각해보자. 그래야 구체적이고 정확하며 측정 가능한 목표를 설정할 수 있다. 이 목표는 최종합의에서 얻고자 하는 **무엇**(내용)을 말한다.

복잡한 협상이라면 목표를 2가지 이상 설정해야 할 경우도 있다. 그때는 협상 결과에 영향을 받을 수 있는 사람에게서 정보를 얻는 것이 좋다. 또한 목표마다 우선순위를 정해놓고, 대안과 타협에 따른 양보 사항도 생각해둘 필요가 있다.

목표는 3가지 범주로 나눌 수 있다.

첫 번째는 꼭 필요한 **필수사항**이다. 협상이 필요한 이유, 즉 목표에 결정적인 영향을 주는 항목이 해당된다.

두 번째는 있으면 좋은 **선택사항**이다. 중요하지만 결정적 역할을 하는 것은 아니기 때문에 조정할 여지가 있는 항목을 말한다. 주목표를 달성하는 데 더 유리한 위치를 차지하기 위해 때로는 양보할 수도 있다.

세 번째 범주는 **교환할 수 있는 것**이 있다. 자신에게 미치는 경제적 영향력은 비교적 작지만, 상대에게는 중요한 것이 될 수 있는 항목이다. 상대가 **호혜의 원칙**을 들먹일 경우, 이런 항목은 우선순위가 높은 범주의 항목과 부득이 교환할 수도 있다.

목표는 달성하기 어려운 것으로 정하라. 간단히 말하면, 크게 생각하라는 뜻이다. 많은 연구와 실제 경험에서 보면, 성공 여부는 협상자가 얼마나 간절히 원하는가에 달렸다. "더 많이 바라면 더 많이 갖게 된다"라는 아이들의 생각이 옳다. 결국 우리는 성취할 수 있다고 생각하는 것만큼 성취하게 된다. 목표는 숫자로 적는 것이 좋다. "내가 할 수 있는 최선을 다한다"라든지 "되도록 모든 것을 얻어낸다"가 아니라, "이 집을 23만 9천 달러 이하로 구입할 것" 또는 "보수가 적어도 11만 5천 달러가 되어야 직장을 옮긴다" 등이 적절한 목표가 될 것이다.

목표 설정과 밀접한 관계가 있는 것이 바로 **전략**이다. 전략은 목표 달성을 위해 가능한 모든 수단을 적절하게 이용하려는 계획을 의미한다. 목표가 이루어야 하는 **내용**what이라면, 전략은 그 목표에 도달하는 **방법**how이다.

일단 목표를 정했다면, 게임 계획(행동양식)을 전략적으로 짜야 한다. 계획이 목표에 도달하는 방향을 제시해주기 때문이다.

협상 형식의 양보

처음부터 협상 내용과 관계없는 사안에서 상대가 원하는 대로 양보해줄 수 있는 사항을 찾아본다. 예를 들어, 사람들과 만남을 하다 보면 미팅 장소나 시간, 참석자 문제에서 이견이 생기기 마련인데, 여기에서 양보할 만한 것을 찾을 수 있다.

미팅 장소, 즉 내가 있는 곳이나 상대가 있는 곳, 또는 제3의 장소를 예로 들어보자. 익숙한 환경이라면 데이터나 입증자료를 바로 찾을 수 있으므로 확실히 유리하다. 하지만 나쁜 점도 있다. 만일 상사가 사무실 저편에 앉아 있다면 내게는 권한이 없고 상사가 결정할 문제라고 핑계를 댈 수 없기 때문이다.

한편 상대가 특별히 선호하는 장소가 있고, 당신은 신경이 쓰이지만 크게 개의치 않는 경우라면 어떻게 해야 할까? "괜찮습니다. 좋을 대로 하시죠"라고 즉시 대답하는 대신 "음, 생각 좀 해보겠습니다. 내일 연락드리지요"라고 말해보자.

다음 날 상대에게 전화를 걸어 가족과 떨어져 지내야 하는데 어쩌지 하고 조금 투덜대다가 결국 양보한다. 요점은 당신이 방금 양보했다는 사실이다.

또 하나 유사한 예를 들어보자. 당신은 상대와 협상 문제로 씨름하고 있다. 합의점을 찾으려고 며칠 또는 몇 주 동안 애를 썼지만, 협상은 진전을 보이지 않는다. 어떤 방법을 써도 소용이 없고 결국 협상은 결렬된다.

이른바 전문가라는 사람들은 대체로 이런 교착 상태 동안 먼저 연락하는 쪽이 약점을 드러내는 것이라고 말한다. 상대보다 더 간절히 협상을 원한다는 의미로 보일 수 있기 때문이다. 심지어 "먼저 말하는 사람이 진다"라고 말하는 이도 있다. 모두 헛소리에 불과하다.

내가 어렸을 적 어머니는 "가만히 누워만 있으면 다른 아이들이 네게 흙을 뿌리고 갈 거다"라고 말씀하셨다. 그렇다, 상대에게 전화해서 현재의 교착 상태가 내 탓도 있음을 사과하고 협상 테이블로 다시 나오도록 제안해야 한다.

그러면서 전에 상대가 거절했던 부분을 아주 조금 수정해서 다시 제안해보라. 하지만 이때 단어를 일부 바꾸고 제안서를 다시 꾸며 전혀 다르게 보이도록 만들어야 한다.

그러면 상대는 양보처럼 보이지만 별게 아니란 사실을 알더라도, 당신이 자존심을 굽히고 먼저 양보해온 용기를 높이 살

것이다. 상대 입장에서 보면 당신이 양보했기 때문에 자기도 보답해야 한다는 의무감을 느끼게 된다.

즉, **호혜의 원칙**이 작동된 것이다.

프랑스의 사회학자 토크빌은, 미국인은 "현명한 이기심 enlightened self-interest"(남을 돕는 일이 길게 보면 내게 이익이 된다는 생각)이라는 원칙을 잘 따른다고 말했다. 그가 어떤 미국인에게 왜 전혀 모르는 아이들을 위해 목숨을 걸고 불타는 집으로 뛰어들었냐고 묻자, 그 사람은 이렇게 대답했다. "글쎄요, 그렇게 하면 언젠가 다른 사람도 똑같이 하겠죠."

어떠한 사회적 교류에서도 마음에서 조그만 양보를 해주면 상황을 개선할 수 있다. 이런 미묘한 배려는 여러 형태로 나타날 수 있다. 경쟁자 혹은 상사가 당신의 아이디어나 공로를 제 것인 양 행세할 경우 눈감아주면, 관계 개선에 도움이 될뿐더러 때로는 실제로 보답을 받기도 한다.

공통점으로 시작하기

나는 공산주의자와도, 파시스트와도 결혼해보았지만,
쓰레기를 치우는 사람은 아무도 없었다.

리 그랜트

협상에 공통점과 갈등이 모두 섞여 있는 경우, "어떻게 시작할
까?"라는 문제와 마주하게 된다.

해답은 단연코 **공통점**으로 시작해라. 날씨나 스포츠, 건강
이나 뉴스속보와 같은 일상적인 이야기를 하면서, 언제나 협조
적인 태도로 시작해라. 협상 시작에서 협상 전반에 걸쳐 이런
일상대화가 필요하다.

인간은 자동차와 마찬가지로 유지보수가 필요한데, 그런 유
지보수는 대인관계 속에서 이루어지기 때문이다. 만일 상대가
아주 이성적이고 감정이 부족하다면, 창의적 문제 해결을 위한
분위기를 조성하기가 훨씬 어렵다. 이런 일은 소위 바쁜 사람들
을 상대할 때 생기는데, 이들은 처음부터 "본론으로 들어갑시
다"라거나 "요점이 뭔가요?" 또는 "거두절미하고, 얼마까지 줄
수 있습니까?"라고 말한다.

이런 표현들을 들으면 나는 늘 극작가 아서 밀러가 한 말이 떠오른다. "사실에 집착하다 보면 진실을 찾기 어렵다." 프로이트도, 꿈의 의미는 **내용**what 자체로 해석되는 것이 아니라, 반드시 그 **형태**how에서 해석되어야 한다고 말했다.

그렇지만 우리는 모두 목적을 위해 수단을 왜곡하는 사람들과 관계를 맺어왔다. 기억도 희미한 오래전 내가 애송이 손해사정인이었을 때, 변호사 사무실에 몇 번 불려간 일이 있었다. 그곳에는 내 기를 꺾어놓으려는 꿍꿍이가 있었다. 내 의자는 마치 톱으로 다리를 잘라낸 것처럼 언제나 그들의 의자보다 낮았다.

한번은 무릎이 귀까지 올라오는 낮은 소파에 앉게 돼서 기형처럼 보였던 적도 있었다. 일부러 햇빛에 눈이 부시는 자리에 앉도록 했다는 이야기도 수년간 들었다. 만일 앉은 자리가 불편하다면, 상대에게 말하고 자리를 바꾸어야 한다.

기본적으로 협상은 서로 공감할 수 있는 공통점으로 시작해라. 협상 과정에서는 꾸밈없는 자연스러운 태도로 상대의 관점을 존중해야 한다. 적극적으로 경청하고 필기하며 때때로 공감을 표해라. 상대가 불평하거나 이의를 제기할 경우 즉시 대꾸하지 마라. 그보다는 먼저 상대의 말을 되풀이함으로써 경청하고 있다는 것을 알려라. 그런 다음 상대의 감정을 충분히 생각해본 뒤, 새로운 질문으로 상대의 근본적인 관심과 걱정을 끌어내는 것이다.

요컨대, 내 목표와 관심사인 **무엇**what에 대해서는 냉정하게 거리를 유지하면서, 내 태도는 배려와 따듯함을 전달하는 **방식**how을 유지해야 한다.

언제나 의견 일치를 쉽게 볼 수 있는 쉬운 문제부터 시작하라. 처음부터 합의에 성공함으로써 양측이 기분 좋게 출발하는 분위기를 만드는 것이 중요하다. 그러면 긍정적인 문제 해결 분위기를 조성할 수 있을 뿐만 아니라, 협상 과정에 투자를 하는 셈이 된다.

때로는 상대에게 "아니요"라는 소리를 들을 것이다. 그러나 알다시피 "아니요"는 단지 지금은 안 되겠다는 뜻일 뿐이며 절대로 안 된다는 뜻은 아니다. 단지 예상치 못한 제의에 대한 일시적인 반사적 반응일 뿐이다. "왜 그렇게 말씀하시죠?"라는 질문으로 더 많은 정보를 얻어낸 후, 다른 사항으로 넘어가면 된다.

새로운 아이디어에 적응하는 데는 시간이 걸린다는 사실을 명심하자. 그러므로 이 문제는 보류해두었다가 나중에 다시 꺼내면 된다.

내가 말하려는 요지는 **가장 어려운 문제는 마지막으로 미루어야 한다**는 것이다. 이런 문제는 흔히 매우 감정적인 항목이거나, 또는 픽스드섬fixed sum 게임이라고 부르는 항목이다. 이것은 한 사람의 손실이 상대의 이득처럼 보이는 제로섬 문제다.

쉽게 말해, 한쪽이 다른 쪽의 몫을 가져간다는 뜻이다.

제로섬 문제의 예라면, 가격, 이자, 조건, 기간, 급료, 또는 인도일자 등의 문제가 해당된다. 이런 항목은 수치로 나타낼 수 있는 것들이다.

가령 부엌과 욕실을 리모델링하기로 결정했는데, 견적이 13만 5천 달러로 나왔다고 해보자. 시공업자는 이것이 '최저 가격'이라고 말하지만 내가 책정해놓은 예산은 12만 5천 달러다. 어떻게 해야 할까?

당연히 첫 번째 방법은 다른 업자를 찾아보는 것이다. 그러나 논의를 위해 여기서는 업자를 바꿀 수 없는 상황이라고 가정해보자. 공사비를 어떻게 협상해야 할까?

앞에서 설명한 절차를 이용해 나는 공사 기간, 품질 및 납품 관련 세부사항, 작업 일수, 소음 수준, 보증, 특별 할인, 색상과 소재, 청소, 공사기한을 맞추지 못했을 경우의 손해배상 등에 대해 이미 시공업자와 합의해둔 상태다. 이제 남은 것은 공사비라는 제로섬 문제뿐이다. 내 예산은 12만 5천 달러고, 시공업자의 견적은 13만 5천 달러다.

이기지 못하면 진다는 윈루스win-lose 방식의 공방전을 피하려면 **세분화 개념**concept of fractioning을 고려해야 한다. 이것은 쟁점이 되는 문제를 몇 개의 구성요소로 세분화하면 때로는 합의에 이를 수 있다는 개념이다.

어떤 문제를 통째로 생각하기보다는, 그것이 4개의 부분으로 구성되었다고 생각해보자. 단편적인 접근법piecemeal strategy을 이용하면, 공사비를 여러 요소로 나누어 따로따로 해결해볼 수 있다. 구체적인 예를 들어보면 이런 것들이다. 언제 공사비를 지불할 것인가? 어떤 형태로 지불할 것인가? 지불하지 못하면 어떻게 되는가? 공사비를 제3자에게 예탁해둘 것인가?

시공업자들은 공사를 하고도 대금을 받지 못한 씁쓸한 경험이 있기 때문에 좀 덜 받는 것이 더 나을 때가 있다는 사실을 안다. 그러므로 이런 방법으로 상대의 필요를 충족하는 것도 가능할 것이다.

결과적으로, 나는 7만 5천 달러를 계약금으로 지불하고, 나머지 5만 달러를 예탁금으로 남겨두고 공사가 만족스럽게 끝나면 지불하는 조건에 합의함으로써, 이견을 해결할 수 있었다.

타이타닉의 법칙

우리는 사람들이 자신이 원하던 것으로 생각했지만, 정작 이루고 보니 그렇지 않은 예를 보아왔다. 우리가 저지르는 가장 큰 실수는, 상대가 처음에 하는 요구가 그들의 진심이라고 여기는 것이다. 사람들이 자신이 요구하는 바를 얻고도 여전히 만족하지 못하는 것이 바로 이 때문일 것이다.

조지 버나드 쇼는 이런 딜레마를 인식하고 〈인간과 초인Man and Superman〉에서 이렇게 썼다. "인생에는 두 가지 비극이 있다. 하나는 원하는 것을 얻지 못하는 일이고, 다른 하나는 그것을 얻는 일이다."

나중에 댈러스에서 저명한 정신과 의사로 성공한 버디 솔이라는 내 친구가 한번은 이런 말을 했다. "인간의 심리는 수면 아래 보이지 않는 힘에 의해 움직이는 빙산과도 같다." 당시에는 무슨 말인지 완전히 이해하지 못했다. 하지만 이 비유는 오랫동안 사람들 사이의 거래에서 내가 관찰하고 경험했던 많은 것을 이해하는 데 큰 도움이 되었다.

본질적으로, 협상 과정에서 눈에 보이는 것, 즉 상대의 요구나 입장은 빙산의 일각에 지나지 않는다. 수면 아래에는 보이지 않는 복잡한 문제와 관심사, 가치관과 의도 또는 선호하는 것이 숨겨져 있다. 재미난 것은, 자신이 원하는 것을 밝히는 당사자조차도 궁극적으로 자신의 만족을 결정할 이런 힘들을 깨닫지 못하고 있다는 사실이다.

그래서 나는 단 한 번 항해를 나선 "가라앉지 않는" 유람선의 이름을 따 **타이타닉의 법칙**을 만들었다. 알다시피 타이타닉호는 처녀항해에서 빙산에 부딪쳤다. 불행히도 배가 침몰했지만, 생존자는 있었다.

나는 그 비극이 오늘날 일어난다면 어떻게 될지 상상해보았다. 오늘날 언론의 치열한 보도 경쟁을 보면, 생존자를 먼저 인터뷰하러 달려드는 기자들의 모습이 그려진다.

나는 이 재난에서 살아남은 생존자 몇 사람이 TV 스튜디오에 앉아 방송국 앵커와 인터뷰하는 모습을 상상해본다. 이들은 얼음장같이 차가운 대서양에서 구조된 지 불과 몇 시간 지나지 않았다. 테이블에 둘러앉아 여전히 저체온증에 시달리는 이들은 담요로 몸을 감싸고 방송국 로고가 찍힌 머그잔으로 뜨거운 커피를 마시며 여전히 살짝 떨고 있다.

녹색등이 켜지고 인터뷰가 시작되자, 앵커가 질문한다. "무슨 일이 일어났습니까?"

"배가 빙산에 부딪쳤어요!"

"빙산을 보지 못했습니까?"

"본 것 같아요. 하지만 물 위로 솟은 부분은 그리 커 보이지 않았어요."

정말 우리 시대상을 여실히 보여주는 비유가 아닌가! 겉으로 드러나 보이는 것은 그리 중요하지 않다. 중요한 건 그 아래 숨어 있는 것이다.

이것은 협상에서도 마찬가지다. 협상 처음에 내가 이야기하는 요구는 수면 위로 보이는 것이다. 수면 아래에는 내가 이 첫 번째 요구를 선택하도록 유도한 수많은 숨은 요인이 있는데, 나는 그 요인들이 결국 내 근본적인 관심사와 필요를 충족해주는 것이라고 믿는다.

내가 말하려는 바는, 누군가가 이야기하는 처음 입장은 실체가 아니라 그림자일 뿐이란 것이다. 그것은 겉치레일 뿐 본질이 아니다. 그러므로 상대가 처음에 커다란 요구를 해올 때, 즉시 그에 못 미치는 제안으로 응수하는 것은 서로의 입장 고수 싸움이나 자기 몫 챙기기 흥정으로 이어지는 경쟁적인(원루스) 다툼이 될 뿐이다.

편협하고 판에 박힌 굴레에 빠지지 않으려면 이렇게 **말해보**

자. "어떻게 그런 요구를 하시게 된 건지 잘 이해가 안 됩니다. 그 가격을 요구하는 이유를 설명해주십시오."

이 질문에 답하면서 상대는 자신의 입장을 정당화하려고 정보를 제공할 것이다. 그러면 이전에는 드러나지 않았던 사실과 상대방의 감정이 수면 위로 나타날 것이다. 이것은 그들의 동기와 선호사항, 의도, 관심사에 대한 정보다. 이것이 바로 그들의 의사결정에 영향을 주는 실체 또는 내용이다.

더욱 중요한 것은, 이런 추가 자료를 얻음으로써 활동 영역을 넓히고 자기 몫 챙기기(제로섬) 흥정에서 협력적인(플러스섬) 협상으로 옮아갈 수 있다는 점이다.

설명만 장황했는데, 이제 명확한 본보기가 될 예를 살펴보자. 사례는 협조적인 문제 해결 행태를 기대하기 어려운 사법제도에 관련된 것으로, 2001년 어느 큰 연방검찰청의 하계 연수에서 강연을 하던 중 알게 된 사건이다.

연방정부는 대중을 상대로 수십만 달러를 사기 친 화이트칼라 폰지사기Ponzi Scheme 사건에서 공모혐의로 4명을 기소했다. 피고 4명 가운데 한 사람(편의상 조지 마셜이라고 해두자)에게 불리한 증거가 너무나 확실했다. 반면 검사보는 나머지 3명에 대해서는 유죄를 증명하려면 누군가의 도움이 필요하다고 생각했다.

이런 이유로 검사보는 마셜에게 거래를 제의했다. 유죄로 판결이 나면 15년형을 선고받지만, 만일 그가 협조해서 공모자들

에게 불리한 증언을 한다면 형을 10년으로 감해준다는 조건이
었다. 하지만 마셜은 "허튼수작 부리지 말아요. 난 밀고자가 아
니오"라면서 거절했다.

협상은 교착 상태에 빠졌다. 그러자 마셜의 변호사가 당시 보
석 중이던 그에게 왜 그렇게 고집을 부리냐고 물었다. 사연인
즉, 그에게는 딸이 하나 있는데, 임신 중이었고 출산예정일이
12월 1일이었다. 그는 유죄 판결이 나리란 걸 알고 있었지만,
재판이 1월 7일에 열릴 예정이었기 때문에 첫 손자의 탄생을
지켜보고 가족과 함께 크리스마스 휴가를 보낼 수 있었다.

게다가 마셜은 기소되었을 때, 10년 이상의 징역형을 받을 수
있는 죄목에 대해서는 인정하지 않겠다고 아내와 약속했다. 그
의 표현을 빌리면 이렇다. "물론 나는 돈을 갈취했죠. 하지만 돈
이 남아도는 사람한테만 그랬어요. 그래도 나는 약속은 지키는
사람이라고요."

검사보는 이런 윤리적 모순을 무시하고, 양측의 근본적인 관
심사를 충족할 수 있는 협상 기회를 발견했다.

결국 합의가 이루어져 마셜은 예전 동업자들에게 불리한 증언
을 했고, 그들은 유죄 판결을 받았다. 그 대가로 마셜은 1월 15일
에 10년형을 선고받았다. 그리고 모범수로 감형을 받아 8년 6개
월 만에 석방되었다. 추측컨대, 교도소와 일자리를 오가는 외부
통근 프로그램이 적용되었더라면 더 일찍 석방되었을지도 모

른다.

참고로 덧붙이면, 검사는 마셜의 증언에 매우 만족하여, 집에서 가까운 연방형무소에서 복역할 수 있도록 판사에게 추천해 주었다.

탁구대 이야기

지금쯤 당신은 협상이 모순으로 가득한 게임이란 사실을 인정할 것이다. 협상은 우리의 시대정신과 비슷해서 실용적이지만, 또 이해하기 모호한 면도 있다. 그러나 우리는 또한 개인주의와 상호 의존성, 권위와 겸손, 그리고 경쟁과 협력을 중요시한다. 우리는 희생적인 사람들을 좋아하지만, 물질적 부를 이룬 사람도 존경한다. 그렇지 않은가? 테레사 수녀와 도널드 트럼프를 생각하면 흥미로운 한 쌍이 아닐 수 없다.

더욱이 그런 모순은 말과 행동, 이론과 실제, 그리고 개인적 쾌락과 의무 사이에서처럼 우리 각자에게도 존재한다. 심지어 우리가 생각하는 방식에도 모순되는 2가지 측면이 있어서, 우리 좌뇌는 논리적이고 체계적이며, 우뇌는 감정적이고 직관적이다.

내 경우에 좌뇌는 검은 가죽 옷과 광을 낸 부츠 차림에 쇠사

슬과 채찍을 든 남자다. 그는 독일어 억양으로 내게 말한다.

"당신은 이제 승리한다. 그럴 수밖에 없다. 변명이나 지연은 용납되지 않는다. 필요하다면 인질을 잡아라. 그러나 반드시 승리해라."

이와 대조적으로 우뇌에서는 아름다운 멜로디같이 서정적이고 부드러운 목소리가 들려온다. 반바지에 현란한 꽃무늬 셔츠를 입은 바베이도스 출신의 맨발의 사내가 나타나 말한다. "진정하라고 친구. 언제나 내일은 있어, 다른 방법도 있다고."

이렇게 극명하게 대조적인 2가지 메시지를 조절해 중도를 찾는다면 일을 성사시키려고 지나치게 밀어붙이지 않고 자연스럽게 그 과정이 진행되도록 할 수 있다. 신경을 쓰되, 지나쳐서는 안 된다.

모든 전략적 교류의 중심에는 이와 유사한 역설이 존재한다. 즉, 우리는 지금 논의하는 문제 자체를 위해 협상하는 것이 아니라, 우리의 필요를 충족하기 위해 협상을 이용하는 것이다. 이것이 내가 **인생의 탁구대 이론**이라고 말하는 법칙이다.

자세히 설명해보겠다. 아내 엘렌과 나는 결혼 후 도심의 여러 아파트를 전전했다. 아이를 낳은 다음에도 여전히 교외로 옮기고 싶은 유혹을 참았다.

사실 나는 이질적인 사람들 속에서 콘크리트와 시멘트, 아스팔트 위를 거닐며 대도시의 분주함을 즐겼다. 아스팔트를 밟는 느낌, 타는 듯한 타르 냄새, 자동차의 경적소리도 좋아했다. 좀더 분명하게 이야기하면, 눈에 보이는 대기, 실제로 눈으로 볼 수 있는 공기에서 편안함을 느꼈다.

어느 날 엘렌이 "아쉽지만 이사해야겠어요"라고 말했을 때 나는 몹시 놀랐다. "뭐라고, 왜죠?"

"교외에 집을 한 채 사야겠어요. 그렇지 않으면 가족이 뿔뿔이 흩어지고 말겠어요."

"무슨 말을 하는 거예요?"

"도시에서는 아무것도 함께할 수 없어요. 우리가 공유할 수 있는 게 없다고요."

"무슨 말이에요? 같은 아파트에 같은 날씨를 공유하고 아침 저녁으로 매일 서로를 보잖아요. 이 정도면 함께하는 게 많은 거죠."

그러나 아내는 더욱 목소리를 높여 말했다. "아니에요. 그건 함께하는 게 아니잖아요. 우리는 각자 자기 삶만 살고 있어요."

"걔들은 애잖아요. 애들은 애들 일을 하고 우리는 어른 일을 해야지, 그래 함께하고 싶은 게 뭔가요?"

"탁구라면 함께 칠 수 있잖아요. 그래요, 탁구."

"놀리는 건가요? 나 같은 부류는 탁구를 안 칩니다. 카드라면 몰라도 탁구는 아니에요."

"농담 아니에요. 우린 가족으로서 함께할 뭔가가 필요해요."

"좋아, 그 말은 맞아요. 하지만 탁구라면 여기서도 얼마든지 할 수 있는데, 굳이 이사할 필요는 없잖아요."

"아니에요. 이 좁은 아파트에는 탁구대 놓을 자리가 없어요. 큰 아파트는 너무 비싸고, 그러니 롱아일랜드에 집을 하나 사는 수밖에요."

분명 아내는 이미 이 문제를 충분히 생각해보았고 함께 의논해볼 여지도 없는 것 같았다. 하지만 아내의 제안은 내게 너무나 두려운 것이었다. 도시에서 태어나고 자란 사람으로서 나는 상상하지도 못한 일이었다. 풀밭이 내 몸무게를 지탱할 수 있을지, 또는 푸른 화초들 때문에 내가 눈병에 걸리지 않을지 알 수 없었다.

그러나 내 생각이 어떻든, 엘렌과 펄쩍펄쩍 뛰며 좋아하는 아이들은 롱아일랜드 시오셋에 집을 사자며 졸라댔다. 이사할 집의 첫째 조건은 가족이 쓸 탁구대를 놓을 수 있는 지하실이 있어야 한다는 것이었다.

이사를 갈 때쯤 우리는 저축한 돈을 모조리 써버렸다. 가구 살 돈도 없었기에, 거실과 식당은 허허벌판이나 다름없었다. 하지만 우리가 구입한 것이 딱 한 가지 있었다. 바로 지하실에 놓을 최신 탁구대였다.

이사하는 날, 짐을 풀기도 전에 게임이 시작되었다. 우리는 탁구를 쳤다. 처음에는 단식 게임, 나중에는 복식 게임. 밤낮으로 토너먼트가 벌어졌고, 순위가 게시되었다. 일주일 내내 탁구에 빠져 있었다. 아내가 옳았다. 가족이 하나가 되고 있었다.

다른 집 아이들이 게임을 구경하러 왔다. 그러다 보니 다른 집 식구들을 분열시키는 셈이었지만, 우리는 신경 쓰지 않았다. 우리는 탁구에 완전히 정신이 팔려 있었다.

이런 집착이 2주 동안 계속되었다. 그러다가 셋째 주에 탁구공이 깨져 게임이 지연되기도 했지만 우리는 계속했다. 넷째 주에는 라켓 하나가 망가졌다. 그래도 경기는 계속되었다. 다섯째 주에 네트가 내려앉았다. 우리는 줄과 테이프로 네트를 당겨 올려 고정했다. 하지만 며칠 후에 네트는 다시 내려앉더니, 완전히 망가졌다.

여섯째 주부터 지금까지 우리는 탁구를 다시는 치지 않았다. 적어도 온 가족이 함께 친 적은 없다. 그 후로 우리 가족은 8번 이사했다. 그때마다 책과 가구, 장난감은 버렸지만, 그 커다란 직사각형의 녹색 탁구대는 언제나 우리와 함께했다. 지금도 탁구대는 지하실에 놓여 있다. 그 여섯째 주부터 어디로 이사를 가든 줄곧 빨래를 분류하는 용도로 쓰인다.

내가 말하려는 것은 미국에서 탁구대의 역사다. 아무도 탁구대 자체를 정말로 원하는 사람은 없지만, 사람들은 그것을 자신의 필요를 충족하는 수단으로 여긴다.

가족이 함께한 황금 같은 6주를 보낸 이후, 나는 25년 동안 일리노이주에서 살았다. 그곳에 살면서 나는 시카고랜드〔시카고, 일리노이 및 인접 주들을 포함하는 대도시권〕에서 연간 약 3만 대의 컨버터블 자동차가 팔린다는 이야기를 들었다. 다른 곳도 아닌 바람의 도시Windy City라고 불리는 시카고에서 말이다. 시카고에서 살아보거나 방문한 적이 없는 사람도 그곳 연중날씨가 어떻다는 것쯤은 알고 있다.

어느 날 세계 연감을 살펴보다가, 시카고에 해가 나는 날은 57일에 불과하다는 사실을 알게 되었다. 더욱 흥미로운 사실은 57일 가운데 42일의 체감온도는 영하였다. 그렇다면 자동차의 지붕을 열 수 있는 날은 단 15일뿐이다. 여기에다 자동차에 에어컨을 켜야 하는 몹시 무덥고 후텁지근한 날을 빼보자. 몸이 아프거나 일을 해야 하고, 출장 가는 날을 빼면 또 어떨까? 기껏해야 3일 정도가 남는다. 결코 많은 날이라고 할 수 없다!

이런 논리나 현실과 상관없이 사람들은 컨버터블을 산다. 그것이 그들의 근본적인 필요를 채우는 수단이기 때문이다. 하지만 컨버터블 스포츠카뿐이 아니다. 보트나 스키 산장, 또는 먼지만 쌓이는 값비싼 제품도 그렇다. 내가 보기에 이것들은 모두 우리 집 탁구대와 같은 물건이다. 우리 인생은 이런 물건들로 가득해 보인다.

물론 내가 말하려는 핵심은, 인간이 자신의 목표와 관심을 추구할 때 항상 이성적으로 행동하는 것은 아니라는 점이다.

판단 기준 넓히기

당신도 나도 자신의 필요를 충족하기 위해 이성적으로 행동하고 있다고 생각하지만, 사실 각자 자신의 독특한 경험을 사회적 교류에 적용하고 있다. 우리는 저마다 고민거리를 안고 살아간다. 내 경우 그 고민거리는 샘소나이트Samsonite와 아메리칸 투어리스터American Tourister다. 당신에게는 구찌Gucci, 푸치Pucci, 혹은 피오루치Fiorucci일지도 모른다. 이렇게 각기 다른 경험이 우리 각자가 동일한 현실을 어떻게 보고 평가하는가에 영향을 미친다. 우리는 자신에게 의미 있는 것만 기억하기 때문이다.

간단히 말해, 우리는 실제로 존재하는 것을 찾거나 보지 않고, 우리가 찾으리라고 기대하는 것만 본다.

그러면 이제 협상가들이 자주 직면하는 장애물 중 하나인 제로섬과 픽스드섬 문제로 돌아가자. 앞서 **세분화** 개념에 대해 살펴보았는데, 그런 상황을 해결할 수 있는 또 한 가지 방법이 있다.

자동차 두 대가 폭이 2.4미터쯤 되는 시골의 비포장도로를 달린다고 가정해보자. 차폭이 각각 1.7미터 정도인 자동차 2대가 시속 80킬로미터로 서로를 향해 달리고 있다. 만일 멈추거나 옆길로 비키지 않는다면, 충돌하게 될 것이다.

이번에는 비슷한 시나리오지만, 좁은 시골길 대신에 주요 간선도로나 고속도로(상젤리제 거리, 컨스티튜션가, 오션 파크웨이, 윌셔가 또는 레이크 쇼어 드라이브)를 달린다고 가정해보자. 이 경우 문제될 것이 없다. 도로 폭이 넓기 때문에 통행이 훨씬 수월할 것이다.

따라서 협상에서도 더 많은 정보를 찾아내고 협의한다면 이견을 줍히기가 더 쉬워진다. 당신과 나는 동일한 방식으로 사물을 평가하지 않는다는 점을 명심하자. 내게는 결정적으로 중요한 일이 상대에게는 하찮을 수 있으며, 또 그 반대일 수도 있다. 그러므로 상대에 대해 최대한 많은 정보를 알아야 서로에게 중요도가 다른 문제를 가지고도 절충을 하거나 거래를 성사시킬 수 있다.

정치계에서 흔히 보는 결탁은 가치관이 사람마다 다르다는 현실에 기초한 것이다. 행동과학자 조지 호먼스는 50년도 전에 여러 가지 중요한 물품 중에서, 한쪽에 다른 쪽보다 더 가치가 있는 물품을 어떻게 나누는지 소개한 적이 있다.

수년 전 나는 출판업계의 노사분규에 관여한 적이 있었다. 단체교섭은 중단되었고, 협박이 오가며 양측이 불공정한 노동 관행으로 서로를 고소한 상태였다.

현장에 도착하자마자 나는 양측을 따로 만나, 그들이 문제를 어느 정도로 중요하게 생각하고 있는지 알아보았다. 노조 측은 2가지를 요구했다. 시간 외 근무수당을 15퍼센트 인상하는 것과 매일 10분간 추가 휴식시간을 달라는 것이었다.

반면 경영진의 주요 관심사는 생산성 증대였다. 그래야만 회사가 시장 경쟁력을 확보할 수 있기 때문이었다. 경영진은 추가 휴식시간을 줄 수 없다는 점에서는 단호했지만, 시간 외 근무수당은 조절이 가능한 문제라고 생각했다.

이틀 후, 협상이 타결되었다. 노조 지도부는 추가 휴식시간은 당분간 포기하는 대신 시간 외 근무수당을 12퍼센트 올려 받을 수 있었다.

부동산을 살 때

이 요점을 좀 더 자세히 설명하기 위해 내 개인적인 이야기를 하나 해보겠다. 베일 리조트가 콜로라도주에서 개장한 지 몇 년이 지났을 무렵, 나는 강연차 엘렌과 함께 그곳을 방문했다. 쌓인 눈 위로 햇살이 반짝반짝 빛나는 화창한 날이었고 우리는 콘도를 한 채 사기로 결정했다. 내 오랜 목표 중 하나가 로키산맥의 일부를 소유해보는 것이었다.

한 부동산업자를 따라 이곳저곳을 둘러본 후, 마침내 우리는 두 사람 모두 마음에 드는 콘도를 찾아냈다. 가격은 8만 달러였다.

부동산업자의 사무실로 돌아왔을 때는 나는 이미 계획을 세워두고, 아내에게 이렇게 말했다. "여보, 콘도가 8만 달러라는군요. 우선 7만 3천 달러부터 시작해서 상대의 반응을 보고, 조정을 해봅시다."

이렇게 전략을 구상하면서 문득 바라보니 엘렌이 눈을 감고 있는 것이 보였다. 그녀는 머리를 가로저으며 말했다. "허버트, 들어봐요. 이곳 사람들은 당신의 이런 얕은수를 별로 좋아하지 않을 거예요. 아직까지 여기 서부 끝에는 그런 흥정이나 속임수가 통할 것 같지 않아요. 스스로 바보가 되려면 마음대로 해요. 하지만 날 끌어들이지는 말아요. 사실 당신이 강연하는 동안 마을을 산책했는데, 손수레 하나 보질 못했어요."

"무슨 소리야? 이곳 사람들은 협상을 좋아해요. 당신이 콜로라도의 역사를 몰라서 하는 말이에요. 사실 미국의 협상은 바로 여기서 시작됐어요. 리드빌 외곽에서 남자 둘이 사금을 채취하고 있었어요. 아무리 해도 금이 나오지 않자, 그들은 사금 채취용 팬을 바꾸기로 했어요. 아주 낡은 팬을 갖고 있던 남자는 장갑을 덤으로 주고 겨우 바꿨어요. 그리고 곧바로 두 사람은 금을 발견하고 벼락부자가 됐어요. 소문이 퍼지자 콜로라도 전역에서 사람들이 온갖 수법을 쓰면서 협상을 시작했다고."

내 과장된 농담에 익숙한 엘렌은 이런 엉터리 이야기에 대꾸할 필요가 없음을 잘 알고 있었다. 한편 부동산업자 프랜 번스는 아내에게 도움이 필요하다고 생각했는지, 아내 편을 들고 나섰다.

"사모님 말씀이 전적으로 옳습니다, 코헨 씨. 베일의 **우리** 생각에는, 베일의 **우리**가 8만 달러를 요구할 때, 베일의 **우리**는 그

가격을 이미 예상한 거라서….”

그녀가 채 말을 끝내기도 전에 나는 그녀의 말투에 짜증이 나기 시작했다. 나는 옛날에 왕들이 자신을 가리켜 쓰던 **우리**라는 말을 남발하는 사람들을 싫어한다. 이런 투의 **우리**를 사용할 만한 사람들은 두 부류밖에 없다. 첫째는 실제 왕실 가족이다. 엘리자베스 여왕, 찰스 왕세자, 필립 공, 앤드류 왕자, 그리고 아마도 퍼거슨 왕자비 정도일 것이다. 두 번째는 몸속에 기생하는 촌충까지 싸잡아서 **우리**라고 부르는 사람들이다. 이 두 부류가 아니라면 이런 식으로 **우리**를 쓰는 것은 적절치 않다고 생각한다.

내가 짜증 난 사실을 모르는 프랜 번스가 말을 이었다. “이곳 베일에서는 **우리**가 8만 달러를 요구하면, 정말로 **우리**가 8만 달러를 받아야 한다는 뜻입니다.”

“그런가요? 그것참 유감이군요. 여기 있는 **우리**는 미국 사람이고 지난번에 보니 베일은 미국이었으니까, **우리**가 8만 달러를 받고 싶다면 **우리**는 9만 달러를 요구하겠지요. 그게 미국식이지 않나요?”

아내와 프랜 번스 모두 내 말에 동의하지 않고, 서로를 편들며 물러서지 않았다.

내가 꽉 막힌 사람이 아니라는 것을 보여주기 위해, 나는 7만 6천 달러부터 흥정을 시작하기로 했다. 부동산업자는 처음에

"코헨 씨, 코헨 씨 같은 지위에 있는 분이라면 분명히…"라고 말하며, 가격을 더 높여야 한다는 말을 하기가 난처하고 죄송하다는 태도를 보이려고 했다.

그런데 엘렌이 끼어들었다. "지위라고요? 저 사람 농사꾼 집안 출신이에요."

그러자 프랜 번스는 정색하며 말했다. "코헨 씨, 저는 전문가입니다. 그렇게 낮은 가격을 제시한다면 나라도 기분이 좋지 않을 겁니다."

나는 이렇게 대답했다. "너무 민감하신 거 같은데, 혹시 이글 카운티에 좀 덜 민감하신 분은 없을까요?"

마침내 부동산업자는 마지못해 7만 6천 달러라는 우리 제안을 집주인에게 전달하기로 했다. 그러면서도 이 콘도에 관심이 있는 사람들이 많기 때문에 집주인이 이 가격을 받아들일 리 없다고 장담했다.

그날 늦게 우리는 호텔 로비에서 번스를 만났다. 우리에게 다가오는 그녀는 기분이 좋아 보였다. 나는 잠시나마 '어쩌면 저쪽에서 우리 제안을 받아들였는지 몰라'라는 생각이 들었다.

하지만 그런 행운은 없었다. 번스는 자신이 옳았음이 증명되었기 때문에 웃고 있었다.

"코헨 씨, 저쪽에서 당신 제안을 거절했습니다. 말씀드렸듯이 8만 달러 호가에 사겠다는 고객이 둘이나 됩니다. 여기는 베일이거든요."

처음에 나는 믿기지 않았다.

"믿을 수 없군요. 도대체 여기 사람들은 어떻게 된 거죠? **호가**라고 불리는 데는 이유가 있다는 사실을 모른단 말인가요? 판매자는 입찰을 받고 있을 뿐이에요. 정말로 그 가격을 받고 싶다면 **희망가**라고 말해야죠."

내가 여전히 안 믿는 눈치를 보이자 번스는 서류가방에서 가계약서 두 장을 꺼냈다. 예전에 콘도 소유주는 모든 신규판매에 대해 우선거절권을 갖고 있었기 때문에 이런 정보를 쉽게 볼 수 있었다.

번스는 제시가로 8만 달러가 적힌 가계약서 두 장을 보여준 다음 말했다. "이건 놓고 갈게요."

'왜지?' 나는 속으로 생각했다. '협상 실패를 맛보라는 건가?'

실패를 딛고 성공으로 가는 길:
성공은 육체를 이롭게 하지만, 실패는 정신을 성장시킨다

1979년 앤드류 토비아스는 〈플레이보이〉 잡지에 나에 관한 기사를 썼다. "세계 최고의 협상가"라는 제목이었다. 이듬해, 내가 출판기념회 투어를 하면서 가장 많이 받은 질문은 "협상에 실패해본 적이 있나요?"였다. 물론 대답은 "예, 많습니다"였다.

실패한 경험을 시인하자, 언론에서는 당연히 이 실패담을 자세히 알고 싶어 했다. 일반 청중도 내 실패담에 더욱 공감할 것이므로 내게도 분명 좋은 일이지만, 실패를 되새기는 건 쉽지 않은 일이었다. 왜일까? 사람은 자존감을 잃지 않으려 사실을 떨쳐버리거나 합리화하고, 또 실패한 원인을 자신이 아닌 다른 요인에서 찾는다.

베일에서의 실패도 그랬다. 그때 나는 아내에게 이렇게 말했었다.

"우리가 왜 이 콘도를 못 샀는지 알아요? 아마도 하느님께서 막았을 거예요. 하느님께서는 앞으로 닥칠 눈사태나 산사태를 알고서, 어린양 허버트가 다치길 원치 않으신 거죠."

나는 이쯤에서 끝내지 않고 계속했다.

"어쨌든 이곳이 마음에 안 들었어요. 만일 저쪽이 우리 제안을 수락했다면 매년 한두 주를 여기서 보내야 할 뻔했잖아요. 달라는 대로 주는 바보들과 지내야 한다고 상상해보세요. 이 사람들은, 책을 보다가 음주가 나쁘다는 이야기가 나오면 아예 책을 덮어버리는 사람들이란 말이에요. 게다가 이 정도 콘도는, 아니 더 좋은 것도 오하이오 콜럼버스 근처에서 더 싸게 구할 수 있다고요."

한마디로, 나는 자존심을 꺾고 싶지 않았던 것이다.

엘렌은 이렇게 말했다.

"여보, 좀 더 멋지게 살 수 있었는데, 당신이 망쳤어요. 당신은 항상 그게 문제예요. 남의 이야기는 듣지를 않잖아요. 자본주의 체제에 살면서도 우리는 투자라고는 해본 적이 없어요. 그래서 당신이 늘 출장을 다니는 거라고요.

우리가 이 콘도를 샀다면 1년에 적어도 20주는 빌려줄 수 있어요. 동부로 돌아가면, 아침에 일어나서 로키산의 일기예보를 보고, 눈이 올 때마다 스키 타는 사람들에게 콘도를 빌려주고 돈을 버는 거예요. 우리가 자는 동안에도 투자한 자본금이 돈을 벌어줄 거란 말이에요. 그게 미국식이에요. 하지만 당신은 안 돼요, 고집불통 양반."

이런 충고를, 그것도 프랜 번스 앞에서 들어야 하다니, 나는 슬슬 약이 오르고 화가 났다. 그렇지 않아도 앞으로 일기예보를 볼 때마다 이번 실패가 떠오르겠구나 싶던 참이었다. 끝도 없이 이 애길 들을 생각을 하니 걱정이 된 나는, 애초에 내가 옳았다는 것을 증명해 보이기로 작정했다.

나는 감정이 조금 상해 불쑥 내뱉었다.

"여보, 아직 끝나지 않았어요, 반드시 이 콘도를 7만 6천 달러에 사고 말 거예요. 그래서 당신과 여기 당신의 '우리 친구'에게 내가 이유가 있어서 그랬다는 걸 보여주겠어요."

이후 여러 해 동안 나는 이런 질문을 많이 받았다. "어떻게 그렇게 긍정적일 수 있었나요? 무슨 전략이 있었나요?"

사실 전략 따위는 없었다. 그저 체면치레로 열을 올렸을 뿐이다.

더 이상 창피를 당하지 않으려면 내게는 생각이 필요했다. 그때까지 나는 남들에게 하지 말라고 한 일들을 스스로 하고 있었다. 빙산의 일각만 보고 판매자를 일차원적으로만 생각했다. 집주인이 "돈만 아는 사람"이라 가장 높은 가격을 제시한 쪽과 거래할 것이라고 말이다.

이런 틀에 박힌 사고방식에서 벗어나려면 수면 아래 무엇이 있는지 파악하고 판단 기준을 넓힐 수 있는 정보가 필요했다. 그래서 나는 번스에게 콘도 주인이 누군지, 왜 팔려고 하는지, 콘도를 얼마 동안 보유하고 있었는지를 비롯해 여러 유사 문제에 대해 물었다. 그녀는 내 질문에 답하는 대신, 처음 콘도 판매를 위탁받은 중개인을 소개해주었다.

그 중개인은 상당히 많은 정보를 가지고 있었다. 그녀 말에 따르면, 콘도 주인은 덴버의 에너지 회사에서 근무하고 있는 부부로, 승진해서 스위스 취리히로 이주한 다음 반호프가에 사무실을 열 예정이었다. 계약 기간이 15년이었기에 사실 영구 이주나 다름없었다.

그래서 부부는 덴버에 있는 집을 이미 팔고, 이번 주말에 콘도를 내놓은 것이었다. 은행 계좌까지 해지하는 것을 보면 가까운 장래에 미국으로 돌아올 예정이 아닌 것이 분명했다.

번스가 내게 두 장의 가계약서 사본을 주었지만, 나는 사실

세부조항을 읽어보지 않았다. 하지만 이제는 이 8만 달러짜리 가계약서들을 자세히 살펴보았다. 나는 이 서류들을 읽던 중 두 장 모두, 구매자가 일정 기간 내 정해진 금리로 대출을 받는다는 조건이 달려 있는 것을 발견했다. 다시 말해, 거래가 성립되려면 선행 조건이 하나 충족되어야 했던 것이다.

아하! 당신도 이런 상황을 분명 알고 있을 것이다. 어떤 일이 확정됐다고 생각했는데, 알고 보니 선행 조건이 이행되지 않아 불발되는 경우가 있는데, 바로 이번 건이 그랬다.

만일 내게 "그런 일이 얼마나 자주 있나요?"라고 묻는다면 나는 "내가 어떻게 알겠어요? 10년에 한 16번쯤이나 될까요?"라고 대답할 것이다. 하지만 그건 중요치 않다. 중요한 것은, 이런 일이 드물지 않다는 우리 인식이다.

돌아보면, 나는 무엇을 해야 하는지 알고 있었다. 콘도 주인 부부에게는 가격 외에도 신경 써야 할 다른 문제가 있었다. 나는 그 문제를 꺼낼 것이고 그러면 그들은 주목할 터였다. 그 문제란 물론 불확실성을 해소할 필요성이었다.

그들은 해변을 떠난 후에 혹시라도 이른 새벽에 "구매자가 돈을 구하지 못해서 콘도를 다시 내놓아야 합니다"라는 전보나 전화를 받을까 봐 걱정할 필요가 없게 된다면 분명 기분이 훨씬 개운할 것이다.

따라서 이제 내가 할 일은 정해졌다. 나는 그들의 부동산업자를 찾아가 담보 대출이나 다른 조건이 없는 7만 6천 달러를 제시했다. 전액을 현금으로 지급하는 깨끗한 거래였다.

그들은 이 조건을 수락했을까? 물론이다. 나는 내가 원하는 가격에 콘도를 얻었다. 하지만 다음 날, 나는 담보 대출을 받기 위해 미친 듯이 뛰어다녀야 했다. 내게는 정말 그만한 돈이 없었다.

이 이야기는 사실이다. 지금까지 나는 베일 콘도를 가지고 있고, 해가 가면서 시세도 꽤 상승했다.

이야기의 핵심은, 아무리 노련한 협상가라도 전략적으로 협상에 몰입하다 보면, 상대가 복잡하고 다면적인 인간이라는 사실을 잊을 수 있다는 것이다. 상대의 또 다른 관심사를 찾아내면 판단 기준이 넓어지고 성공 가능성도 커진다.

상대방이 노력하게 하기

월 스트리트 투자 은행의 한 간부에 대한 이야기다. 그는 매일 아침 지하철에서 나와 프레첼 노점을 지나간다. 그는 프레첼을 먹지는 않지만 언제나 상인에게 빳빳한 1달러 지폐를 건넨다. 이런 의식은 몇 년간 계속되었다. 그러던 어느 날 지폐를 주고 돌아서는데, 상인이 그의 뒤에서 소리친다. "잠깐만요! 25센트가 부족해요. 프레첼 값이 올랐거든요. 이제 1달러 25센트예요."

이 이야기에서는 다음과 같은 사실을 생각해볼 수 있다. 첫째, 사람들은 노동의 결과로 얻은 것을 소중히 여긴다. 둘째, 힘들이지 않고 양보로 얻는 것은 제 가치를 인정받지 못한다. 마지막으로, 너무 쉽게 얻으면 더 많은 것을 얻을 것으로 기대한다.

중세 최고의 지식인 가운데 한 사람인 모세스 마이모니데스는 이런 인간의 본성을 파악하고 있었다. 가난한 자를 돕는 도덕적 의무("자선tsedakah")를 다하려면 어떻게 해야 하는지에 관한 글에서, 그는 이 의무를 실천하는 여러 방법에 등급을 매겼다.

그에 따르면, 최선의 방법은 사람들에게 스스로를 돕도록 도와주는 것이다. 800여 년 전 의사이자 철학자였던 마이모니데스는 사람들이 무언가를 이루기 위해 노력한 데 대해 보상을 한다는 사실을 잘 알고 있었다. 더욱이 사람들은 그럼으로써 자신의 존엄성도 유지한다.

마찬가지로 협상이라는 게임에서 참가자가 목표를 이루기 위해 상당한 시간과 에너지를 소모한다면 어떨까? 일단 목표를 달성하고 나면, 그 목표를 소중히 여기며 음미할 것이다. 따라서 목표를 위해 자원을 더 많이 소비할수록, 또 난관을 더 많이 극복할수록 목표에 대한 열망도 커진다.

하지만 또 게임에 깊이 빠져 투자 수익을 제대로 건지지 못하는 경우도 있다. 라스베이거스나 애틀랜틱시티에 있을 때, 나는 계속해서 똑같은 슬롯머신에 동전을 넣고 있는 사람들을 안타깝게 지켜보았다. 그들은 '이번엔 나오겠지' 또는 '이제 내가 터트릴 확률이 커졌어'라는 생각 때문에, 그만두지 못하고 자리도 바꾸지 않는다.

무슨 이유에서인지, 우리는 협상에 몰입할 때 **투자 원칙**을 바탕으로 자신의 기대를 조정하고 사실을 왜곡하기도 한다.

담장에 앉아 있다가 떨어진 험프티 덤프티Humpty Dumpty〔동화 속에 나오는 달걀 모양의 인물) 이야기를 살펴보자. 이야기의 결말은 상상할 수 있을 것이다. 왕은 신하들 앞에 나타나 일의 진행 상황을 이야기한다.

"내 모든 말과 신하를 동원해 험프티 덤프티를 다시 담장에 올려놓으려고 했지만 소용이 없었소. 그러니 이제 해결책은 분명해졌소. 말과 사람을 더 많이 끌어모을 것이오."

상황을 보니 왕은 이미 투자한 일에 미련을 버리지 못하고 똑같은 일을 더 많이 해보려고 하는 것이다. 이 이야기에서 존슨 대통령과 닉슨 대통령이 왜 미군을 베트남에서 철수시키기가 그렇게 어려웠는지 생각해볼 수 있다.

마찬가지로, 클린턴 대통령은 이스라엘과 주변 국가들 간의 평화를 위해 막대한 정치 자본을 투자했다. 그러나 2000년 7월부터 2001년 1월까지 모든 노력을 기울였지만 합의를 이끌어내지 못했다. (우리가 논의해온 개념들을 캠프 데이비드 협상에 어떻게 적용했는지 보려면 부록 3에 있는, 새 정부 출범 당시 내가 콜린 파월 국무장관에게 보낸 2001년 2월 1일 자 보고서를 참조하기 바란다.)

사회과학자 레온 페스팅거는 수년간 인간과 동물의 이와 같은 모순된 행동을 연구하면서 "인간과 쥐는 자신을 괴롭혔던 것을 좋아하게 된다"라는 결론을 내린 바 있다.

이 말의 의미는, 만일 신뢰가 결여된 분위기에서 협상하고 있다면, 상대로 하여금 이쪽이 양보할 수 있는 것을 얻기 위해 노력하게 해야 한다는 것이다. 당신이 시간이나 이익 면에서 양보하는 방식이나 태도는 상대에게 분명 어떤 메시지를 보낸다. 실제로 적대적인 관계에서 너무 순순히 양보하면, 상대는 그런 양보를 약점으로 생각하고 의심을 품을 수 있다.

요약하면, 양보는 받는 사람이 얻어내려고 노력한 만큼 그 가치를 평가받고 인정받는다. 상호 신뢰가 부족한 환경에서는 이런 법칙이 통한다. "상대가 노력하게 해라!"

사과는 깨끗하게

"하느님을 웃기려면 그분께 네 계획을 이야기해라"라는 말이 있다. 이 말은 협상에도 적용된다. 전략을 짜고 연습까지 하는 데 얼마나 많은 시간을 투자했든, 예상치 못한 일은 항상 일어난다. 게다가 장기간 지속되는 협상에서 대본을 미리 작성해둘 수도 없으므로 참가자들은 즉흥적으로 말하고 행동하는데, 나중에는 돌아보며 후회하게 된다.

나는 다자간 협상 중에, 분위기가 과열되어 한 사람이 다른 사람을 거짓말쟁이라고 비난한 장면을 목격한 적이 있다. 분명 비난받은 사람의 언행이 과장되고 잘못되었지만, 상대에 대한 비방은 협상 에티켓에 어긋날 뿐 아니라 상대의 체면을 구기고 관계를 악화한다.

그런 심한 말이 나도 몰래 튀어나온다면, 최선책은 당연히 바로 사과하는 것이다. 하지만 더 좋은 방법은 협상을 게임으로 생각하고 신경을 쓰되 지나치지 않는다는 자세를 갖는 것이다. 그렇게 하면 처음부터 이런 일이 일어날 가능성이 적을 것이다. 이런 태도라면 설령 사기꾼을 대하더라도 거짓말쟁이가 아니라 "현실을 과장하는" 사람쯤으로 생각하고 넘길 수 있다.

사실에 대한 이야기 가운데 내가 가장 좋아하는 사례는, 몇 년 전 워싱턴 D.C.에서 있었던 4자 협상에서 일어났다. 우리는 오전 10시에 협상을 시작하기로 되어 있었는데, 세 사람은 시간에 맞게 참석했다. 네 번째 사람이 도착하기를 기다리는 동안 사람들은 계속 시계를 흘끗거리고 있었다. 마침내 25분이나 늦게 지각대장이 나타났다.

그는 "으흠, 약간 늦어서 좀 죄송합니다"라고 말했다. 이 말을 듣고는 처음에 나는 이런 생각이 들었다. "약간"은 뭐고 "좀"은 또 뭐지?

하지만 그는 한술 더 떠서 이렇게 말했다.

"제가 20분 늦은 것 같지만, 실은 그렇지 않습니다. 제가 처음 이 건물에 도착했을 때는 9시 55분이었는데, 주차장이 꽉 찼더군요. 하는 수 없이 주차할 곳을 찾아 돌아다녀야 했습니다. 게다가 여기까지 올라왔을 때는 접수처에 아무도 없었거든요. 저를 회의실로 안내할 사람이 나타날 때까지 9분을 기다렸습니다. 그러니 사실 제가 늦은 거라고 할 수도 없죠."

이런 변명을 늘어놓고는 좀 늦은 지각대장은 우리가 뭐라고 말하길 기대했을까? "아 거 참 안됐군요. 일진이 나쁘셨네요. 오세요, 안아드릴게요."

하지만 사실 그의 넋두리를 들은 우리는, 상대가 신뢰하기 어려운 치기 어린 인물이라는 사실을 알아차렸다. 그는 뜻하지 않게 자신의 신뢰도를 손상한 것이다.

그가 어떻게 해야 했을까? 이런 경우에는 "용서해주세요. 기다리게 해서 정말 죄송합니다. 거의 한 시간이나 늦었군요"라고 말해야 한다.

만일 그가 이렇게 했다면 우리는 어떻게 반응했을까? 아마도 한 사람이 "무슨 말씀이세요. 25분밖에 안 늦었는걸요. 별것 아니에요"라고 했을 것이다.

그러고는 보통 "제 롤렉스시계에 따르면 23분하고 48초 늦으셨네요"라며 우스개로 분위기를 바꾸려는 사람이 있기 마련이다.

요점은, 잘못을 실토할 때는 조건을 달지 말라는 것이다. 그러면 사람들은 이해해줄 것이다. 자신이 완벽하지 않다는 사실을 인정한다면 인간적인 사람이라는 인상을 준다. 사실 이런 모습은 상대의 보상을 이끌어낼 수 있는 **방식**에서의 양보로 간주될 수도 있다.

이것은 은폐 시도가 항상 최초 위반보다 더 나쁜 짓으로 여겨지는 정치계에서도 마찬가지다. 워터게이트 사건에서부터 엔론

파산에 이르기까지, 수습책의 원칙은 비교적 간단하다.

1. 남이 들춰낼 것이 없도록 나쁜 일은 먼저 밝힌다.
2. 사실을 고백할 때에는 정직하고 정확해야 한다.
3. 남이나 환경을 탓하지 말고 자신의 잘못에 전적으로 책임진다.

대통령 임기 말년에 빌 클린턴은 이런 원칙을 위반함으로써 자신과 국가가 탄핵이라는 시련을 겪게 했다. 마침내 1999년 8월, 그는 TV에 출연해 르윈스키와의 관계를 인정했다. 클린턴은 자신의 대배심 증언에서 특이한 답변unusual responses이 있었음을 시인하고 미국 국민에게 사과했다.

비록 늦기는 했지만 클린턴은 잘못을 인정했다. 그러나 15분 후에 그는 태도를 완전히 바꾸었다. "하지만"이라는 말을 시작으로, 앞서 사과하는 데 걸린 것과 거의 맞먹는 시간을 특별검사 켄 스타를 공격하는 데 썼다.

유권자들은 당연히 이 연설을 진심 어린 사과로 여기지 않았다. 클린턴 대통령은 다음 두 달 동안 종교계 지도자들과 만나 유감을 표하고 용서를 구해야 했다.

물론 이 개념은 정치나 비즈니스뿐만 아니라 사적 관계에도 모두 적용된다. 40년 넘게 나는 한 여자와 결혼생활을 이어가고 있다. 요즘에는 이런 일이 꽤 드물어서 버스 투어 코스에 우리 집이 포함되어 있을 정도다.

그러나 이런 오랜 결혼생활 중에 견해차나 말다툼이 없었던 것은 아니다. 젊은 시절에 나는 더 분석적이고 정확했다. 그래서 내 잘못이 컸던 다툼을 해결해야 할 때가 되면 나는 이런 식으로 말하곤 했다. "자, 내가 한 72퍼센트 정도 잘못했으니 그 부분은 사과할게요. 나머지 28퍼센트는 당신이 잘못한 거예요."

이런 방법은 한 번도 통하지 않았다. 오히려 불화만 부채질할 뿐이었다.

하지만 지금은 싸움의 주된 원인이 나라서 사과해야겠다고 마음을 정하면, 전혀 토를 달지 않고 사과한다.

"미안해, 모든 게 내 잘못이야."

이렇게 책임을 시인하면, "하지만"이나 "그렇지만"으로 변명을 시작할 거라고 예상하던 당신의 배우자는 놀랄 것이다. 그런데 이런 말에는 "방금 한 말은 진심이 아니야. 지금부터 하는 말이 진짜라고"라는 뜻이 담겨 있음을 우리 모두는 안다.

 저명한 시인 하인리히 하이네는 죽음을 앞두고, 가족에게 하느님이 자신의 죄를 용서해주시겠느냐고 물었다. 가족이 대답도 하기 전에, 그는 곧바로 이렇게 말했다. "물론 용서하실 테지. 그게 그분 일이니까."

거래 성사

이제 성공적으로 협상을 매듭짓는 데 필요한 요건을 살펴보자. 이는 크게 4가지 항목으로 나눌 수 있다.

첫째, 협상 과정에 충분한 투자를 이끌어낸다. 시간과 에너지를 투자하면 기대와 계획에 영향을 주고 구매자 혹은 판매자의 후회 가능성을 최소화한다.

둘째, 비교의 근거를 마련한다. 객관성을 띠는 자료(표준 가격 표나 약관)를 볼 수 있다면, 제시된 조건을 평가하는 데 도움이 된다.

셋째, 양보의 정도를 이용해 최선의 거래 조건이라는 사실을 알린다. 가장 큰 양보로 시작해 점차 양보하는 정도를 줄여가면서 최초 입장에서 서서히 물러선다. 그렇게 하면 상대에게 최종 한도가 다가오고 있음을 알릴 수 있다.

넷째, 상대를 협상에 끌어들였다면 선택권을 준다. 사람들은 자신이 참여해서 성취한 일을 지지한다. 이 점을 명심하고 상대를 협상 과정에 참여시킨다. 그리고 최후통첩이라는 인상을 주지 않도록, 최종합의에 포함될 요소들을 융통성 있게 처리한다.

이 4가지 요건이 일상적인 자동차 구입 시에 어떻게 적용되는지 살펴보자.

몇 년 전, 나는 일주일 동안의 비즈니스를 마치고 금요일 저녁에 집으로 돌아왔다. 내가 현관에 들어서는데, 엘렌이 "돌아오신 걸 환영합니다. 협상가 양반"이라고 말했다. 협상가 양반이란 말은 우리 집에서 애정을 표시할 때 쓰는 호칭이 아니다.

아내는 이렇게 말했다.

"가족을 위해서도 뭔가 해보는 건 어때요? 당신도 알다시피 몇 달 전부터 새 차가 필요했잖아요. 한번쯤은 다른 사람들 대신 가족을 챙겨줘요. 내일은 꼭 차를 사 와야 해요. 쉬운 일이잖아요. **당신 같은** 사람들을 다루는 일이니까요."

엘렌에 따르면, 중고차 딜러들은 "나와 같은 사람들"이었다.

처음에는 필요한 정보가 없어 조사를 좀 해야 한다는 핑계로 이 일을 피하려고 했다. 하지만 유감스럽게도 아내는 준비가 되어 있었다.

"걱정하지 말아요. 이웃에 사는 좋은 남편 존이 얼마 전에 내가 사려는 것과 똑같은 자동차를 아내 메리한테 사 줬어요. 몇 시간을 협상해서 아주 싼 가격으로 샀대요. 이게 그 세일즈맨의 명함이고요. 그들이 구입한 가격은 뒷면에 쓰여 있어요. 당신은 그냥 영업소로 들어가서 명함을 보여주고 서류 몇 장 서명한 다음, 차를 몰고 집으로 돌아오면 돼요."

이렇게 간단할 리가 없다는 걸 알고 있었지만, 나는 걸려들고 말았다. 그래서 다음 날 아침, 나는 모험에 나섰다.

영업소에 도착한 나는 그 세일즈맨을 만나 가져온 명함을 보여주었다. "예, 제 명함 맞습니다. 그런데 뒷면의 숫자는 누가 썼죠?"

당연히 나는 존과 메리의 이름을 댔다. 하지만 그의 말은 달랐다. "제가 아는 존과 메리는 성경에 나오는 이름뿐이에요."

하지만 그는 내가 원하는 차를 몹시 팔고 싶어 했다. 그는 나를 전시장으로 안내하고 멋진 새 차를 보여주었다. 차는 광택으로 반짝거렸다.

차로 다가서자 첫눈에 들어온 것은 차에 붙어 있는 "가격표"였다. 이런 식의 가격표는 언제나 나를 불안하게 한다. 지난번 차에서 가격표를 떼려고 고생한 기억 때문이다. 그 때문인지 이 가격표는 어찌할 도리가 없는 영구적인 표시처럼 보인다.

그런데 "가격표"에는 보통 딱 떨어지는 숫자를 적어놓지 않는다. "대략 3만 달러를 내시면 당신 차가 됩니다"라고 말하는 법이 없다. 모든 항목을 조목조목 합산한 최종가격으로, 이를테면 32,387.16달러에서처럼 페니까지 표시한다.

흥미로운 것은, 가격표의 마지막 두 항목은 주세와 지방세다. 따라서 정가를 다 주지 않으면 세무직원들이 끝까지 쫓아올 거란 느낌을 준다.

나는 무엇부터 해야 할지 몰라 차 주위를 돌아다니다가 타이어를 발로 툭툭 차고 후드를 문지른 다음 문을 열고 닫고 했다. 세일즈맨이 말했다. "가격표에 놀라셨나 봅니다. 3천 달러 깎아드리지요."

이 말을 듣고 내가 어떻게 했을까? 그렇다. 나는 다시 타이어를 차고 문을 열고 닫았다. 아니나 다를까, 그는 가격을 1천 달러 더 내렸다. 내가 "아뇨, 그거로는 부족해요"라고 하자, 그는 이렇게 나왔다.

"손님이 마음에 드는군요. 그러면 제 커미션에서 350달러 더 빼드리겠습니다. 우리 애들 입에 들어갈 빵값을 손님께 드리는 겁니다."

"미안합니다만, 적어도 우리 이웃이 산 가격이랑 똑같지 않으면 내가 체면을 구길 거예요."

"그분이 언제 차를 구입하셨나요?"

"5일 전쯤요."

"그래서 그랬군요. 인플레이션 때문입니다. 이렇게 하죠. 매트를 끼워드리고 자동차 코팅도 해드리죠. 그러면 150달러를 더 깎아드리는 셈입니다. 그럼 되겠죠?"

"아니요, 그 정도로는 안 돼요. 이렇게 하면 어때요? 댁의 아이들과 그들의 영양을 생각해서 제 돈에서 75달러를 내는 걸로 하지요. 그러면 100달러밖에 차이가 안 나는군요."

그러자 세일즈맨은 갑자기 태도를 바꾸고 연기를 하기 시작했다. 이제까지 그는 일상적인 태도로 나와 이야기했었다. 하지만 지금은 이리저리 움직이며 마치 감시카메라라도 찾는 듯 천장을 올려다보았다. 게다가 목소리까지 낮추었다. 그래서 나는 무슨 말인지 들으려고 가까이 가야 했다.

그러다 그는 얼굴을 찡그리고 입술을 귀밑까지 올리고는 한쪽 끝만 움직이며 속삭이기 시작했다.

나는 처음에 꽤 놀라서, '심장발작이라도 난 거 같은데'라고 생각했다. 그래서 나는 "좀 앉으세요. 물 좀 갖다드릴까요?"라고 말하기까지 했다.

무슨 일이 일어난 걸까? 이 노련한 세일즈맨은 그저 게임을 하고 있었다. 그는 나지막한 목소리로 입가를 이용해 말하는 것이 평상시대로 말하는 것보다 신뢰도가 37퍼센트 더 높다는 사실을 알고 있었다.

사람들은 누군가가 자신을 한쪽으로 데려가 입 한쪽으로 속삭이면 어떤 말이든 대부분 믿는 경향이 있다. 세일즈맨이 연기를 이어갔다. 그는 나를 책상 뒤로 데려가 지갑에서 열쇠를 꺼내며 말했다.

"코헨 씨, 우리 애들을 걱정해주시니 다른 손님들에게는 보여드리지 않은 것을 보여드리지요."

그는 열쇠로 책상서랍을 열고 서류를 하나 꺼냈다.

"손님께만 보여드리는 겁니다. 이게 그 차의 매입 가격입니다. 보시다시피, 이 서류에 따르면 이 가격에 차를 팔면 딜러는 자동차 한 대에 11달러씩 손해 보는 겁니다."

나는 당황해서 물었다. "그러면 어떻게 사업을 꾸릴 수 있죠?"

"대량판매로 벌충하는 겁니다!"

그의 말에, 나는 아직 당황스러웠지만 침착하게 말했다. "하지만 이웃이 산 가격보다 아직 100달러가 더 높아요."

"죄송합니다, 코헨 씨. 하지만 제게는 권한이 없습니다."

이런 말을 들으면 우리는 모두 같은 반응을 보인다. "좋아요. 그럼 권한이 있는 사람은 누굽니까?"

내가 이런 질문을 할 때마다 세일즈맨은 항상 위층 구석 또는 건물 뒤쪽을 가리키면서 "영업부장뿐입니다. 아니 이번 경우에는 판잣집에 사는 딜러군요"라고 말한다.

"판잣집이라니, 무슨 말이죠? 이 영업소는 규모가 엄청난데, 판잣집에 살다니요?"

"그는 거기서 개들과 함께 살아요. 도베르만 두 마리랑 독일산 셰퍼드 두 마리요. 아주 사납습니다."

"보세요, 난 그 사람이 누구와 사는지 관심 없어요. 그 사람한테 가서, 100달러 더 깎아주지 않으면 그냥 간다는 손님이 있다고 말하세요."

그는 사나운 개들이 무서울뿐더러 생명보험도 충분히 안 들었다고 엄살을 떨면서, 마지못해 내 요구를 전하려고 자리를 떴다.

10분이 흘렀고 그냥 갈까 하는 생각이 들었다. 바로 그때 개 짖는 소리가 들리는 것 같았다. 아니야, 그럴 리 없어.

마침내 내 요구를 전하러 갔던 세일즈맨이 돌아왔다. 다리를 절며 전시장으로 들어오는 모습이 마치 롤러코스터에서 막 내린 사람 같았다. 얼굴은 잿빛으로 변해 핼쑥했고, 넥타이는 풀어져 있었으며, 셔츠에는 침인지 물인지 뭔가 묻어 있었다.

"판잣집에서 그 딜러에게 사정했지만, 그가 최대한 깎아줄 수 있는 액수는 33달러라고 합니다." 바로 이때, 나는 갑자기 데자뷰가 떠오르며 그의 손바닥 안에서 놀아났음을 깨달았다. 너무나도 화가 치밀었다. 나는 당장 영업소를 나와 길 건너 비슷한 차를 판매하는 곳으로 가고 싶었다.

내가 어떻게 했을까? 우선, 길 건너 딜러에게 가면 처음부터 똑같은 짓을 다시 해야 한다는 생각이 들었다. 그렇다! **투자 원칙**이 다시 한번 내 계산에 영향을 준 것이다.

좀 더 깊이 생각해본 나는, 이 영업소를 나가면 "확실"에서 "불확실"로 옮겨가는 거라는 생각도 들었다. 나는 "알고 있는 악마가 모르는 악마보다 낫다"라는 옛말을 따랐다. 애석하지만, 이것이 **확실성 원칙**의 핵심이다.

따지고 보면, 이들이 아무리 못된 인간일지라도 나는 이들을 알고 있다. 길 건너 영업소의 딜러는 판잣집에 뭘 갖고 있을지 누가 알겠는가? 뱀이나 파충류를 키울지도 모를 일이다.

그러나 다른 대안도 있었다. 집으로 돌아가 이 문제를 엘렌과 상의해볼 수도 있었다. 아내와 내가 전담팀을 꾸리고 포피 차우Puppy Chow나 알포Alpo 같은 개 사료를 산 다음, 세일즈맨은 무시하고 직접 딜러와 그의 개들과 협상을 벌일 수도 있었다. 옛말에도 있듯이 풍각쟁이와 직접 거래할 수 있는데, 뭣 하러 원숭이와 시간을 낭비하겠는가?

그렇지만 나는 확실치 않은 금전적 이득 때문에 소모해야 하는 시간과 에너지를 따져본 뒤, 마지못해 말했다.

"그렇게 합시다."

이 협상 사례에는 앞서 언급한 4가지 거래 성사 요건이 분명히 드러난다.

첫째, 이 협상 과정에 꽤 많은 시간과 에너지를 소모했기 때문에 공들인 투자를 포기하기가 어려워졌다.

둘째, 확실하게 눈에 띄는 "가격표"와 비밀로 유지되는 "매입 가격"을 보았기 때문에 거래를 판단하는 기준이 생겼다.

셋째, 양보하는 정도와 시간 간격을 이용해 기회의 창이 닫히고 있다는 메시지를 전달했다.

그 과정을 되짚어보자. 세일즈맨은 처음 3천 달러 할인에 추가로 1천 달러를 더 할인해주었다. 그리고 자기 커미션에서 350달러를 빼주고, 150달러에 상당하는 매트와 코팅을 덤으로 제공하기로 했다. 게다가 기어이 목숨까지 걸고(?) "배후에 있는 사나이"로부터 33달러를 얻어냈다.

넷째, 고객을 협상 과정에 끌어들임으로써 고객이 적극적으로 최종 결과를 수락하게 만들었다.

 몇 년 전, 나는 제너럴모터스의 광고에 출연했다. 광고는 상까지 받았고, 캘리포니아주에서 반복해서 방영되었기 때문에, 나는 몇 주 동안 유명인사가 되었다. 이 기간 동안 엘리베이터나 레스토랑 또는 거리에서, 새 자동차를 산 지 얼마 되지 않은 사람들이 내게 다가와 자신이 협상을 얼마나 잘했는지 내게 말하고 싶어 했다. 그들은 사실상 대부분 '가격표'의 인쇄된 기준을 바탕으로 성공을 판단했다.

- 협상을 시작하기 전에 자신의 행동에 가이드라인이 되는 구체적이고 측정 가능한 목표를 정한다.
- **스타일**에서 융통성을 보이면 **방법**how 면에서 부득이 어느 정도 양보할 수 있으며, 그 대가로 **내용**what 면에서 양보를 얻어낼 수 있다.
- 모든 논의는 배려와 따뜻함을 전달하는 자세로 공통점으로 시작한다.
- 가장 까다로운 문제 또는 제로섬 문제는 마지막에 다룬다.
- 인간은 복잡하고 다면적인 존재이므로, 수면 아래에 무엇이 있는지 조사하고 논의 대상을 넓힌다. 그러면 절충이나 거래를 성사시켜 합의를 촉진할 수 있다.
- 양보는 상대가 얻으려고 노력하지 않는다면 가치를 잃는다.
- 부적절한 언행을 했다면, 아무런 변명 없이 무조건 바로 사과한다.
- 최종적으로 상대의 동의를 끌어낼 네 가지 주요 요건이 있다.
  ① 충분한 투자
  ② 비교 기준
  ③ 최종한도가 다가오고 있음을 알리는 양보의 정도
  ④ 최종 결과를 얻는 데 상대가 스스로 참여했다는 느낌

제6장

인식에 관한 TIP :
시간, 정보, 힘

나는 해야한다, 고로 할 수 있다.

임마누엘 칸트

수십 년 전, 나는 일을 시작한 지 얼마 안 되어 백만 달러 원탁회의Million Dollar Roundtable〔생명보험업계에서 고소득 설계사들의 모임〕로부터 하와이에서 있을 강연에 나와줄 수 있는지 문의 전화를 받았다. 자세한 이야기를 듣기 전까지는 모든 것이 대단하게 들렸다. 보아하니 내 강연은 15분 정도였고 주제는 "협상 성공을 위한 3가지 열쇠"였다.

하지만 조건이 있었다. 동기를 불러일으킬 실례가 있어야 하고 희망을 주는 강연이어야 했다. 강연시간 연장을 위해 협상을 하려고 다시 전화했을 때, 나는 상대가 매우 융통성 없는 사람이라는 느낌을 받았다.

그는 어떤 전형적인 제품을 주문하는 것으로 생각하는 것 같았다. 자신의 입장은 조금도 바꾸려고 하지 않았고 내가 그의 제안을 그대로 받아들이리라 확신하고 있었다. 어쨌든 그의 말로는 "이번 일이 잘되면 앞으로 강연에서 10만 달러 이상 받을 수 있다"라는 것이었다.

그는 상당한 열의와 긍정적인 태도를 보이면서, 조만간 루아우〔하와이식 파티〕에서 나를 직접 만나리라 확신했다. 당시 내가 제일 좋아하는 말이 있었는데, "자신의 가치를 낮추지 마라. 그게 네가 가진 전부다"라는 것이었다. 나는 이 말을 되새기며 그에게 이렇게 말했다. "말씀하신 일을 신께서 들어주시기를…"

참고로, 이 말은 옛날 사람들이 쓰던 표현으로 정말 멋진 일이지만 가능성이 희박한 일, 이를테면 복권 당첨 같은 것을 꿈꾸는 사람에게 하는 말이다. 이 말은 신이 그 일을 해주기를 빌겠지만, 기대하지는 말라는 뜻이다. 결국 나는 강연과 루아우, 그리고 이번 강연의 후광으로 벌어들일지 모르는 사례금까지 모두 포기하고 그냥 살기로 했다.

그러나 알다시피, 모든 실패에는 발전이 따른다. 따라서 어떠한 단점도 보기에 따라서는 장점이 될 수 있다. 예를 들어, 자기중심적인 사람은 자기 일에만 몰두하고 따분하지만, 남의 험담은 전혀 하지 않는 장점이 있다.

결과적으로, 나는 좋다가 만 이번 사례에서 더 흡족한 협상 결과를 가져올 수도 있었던 몇 가지 요인을 따져봐야겠다는 생각이 들었다. 실제로 이 과정에서 클레임 해결이나 판매, 자녀 양육에 이르기까지 많은 분야를 넘나드는 유용한 요소가 포함되어 있지 않을까?

그리고 나는 모든 협상에서 흔히 볼 수 있는 3가지 변수를 찾아냈다. 시간Time, 정보Information, 힘Power이라는 변수의 머리글자를 따서 TIP이라고 이름을 붙였다.

인식이 곧 현실이다

인식은 강력접착제와도 같다.
재빨리 현실로 굳어버린다.

본론으로 들어가기 전에, 다시 말하지만 인간은 객관적인 현실에 반응하는 게 아니라, 무엇이든 자신이 **인식**하는 대로 반응한다. 이 말은 내 협상 영향력이 내가 처한 상황을 다른 사람이 어떻게 인식하는가에 달려 있다는 뜻이다. 따라서 중요한 것은 실체가 아니라 다른 사람의 생각이다. 사실 협상의 핵심을 이루는 3가지 주요 변수인 시간, 정보, 힘은 인식에 따라 확대되거나 최소화된다.

요컨대, 상대가 당신이 아는 게 많고 능력이 있다고 생각하면 (그렇지 않더라도), 당신은 그런 것이다.

그러므로 언제나 자신에게 힘과 선택권이 있다고 반드시 믿어야 한다. 그렇지 않다면 남에게 휘둘리기 쉽다. 자신을 의심하고 자신감을 갖지 못한다면 모르는 이의 친절에 의존할 수밖에 없게 된다. 경쟁 사회에서 이런 태도는 도움이 되지 않는다.

사람들은 분명 타인의 장점은 과대평가하는 반면 자신의 장점은 과소평가한다. 우리는 타인은 그들이 성취한 일로 평가하고, 자신은 잠재 능력을 제대로 발휘하지 못한 것을 바탕으로 평가한다.

안타까운 일이다. 왜냐하면 이런 경우 우리는 자신의 결점, 흠, 잘못에만 집착하기 때문이다. 심지어 회사의 임원과 관리자들도 결점과 평균 이하의 실적을 찾아내는 데만 열중한다. 그렇게 되면 당연히 자신의 능력, 그리고 자신의 가치까지도 평가절하된다.

이렇게 자신의 불완전함에 집착하는 현상을 나는 **여드름의 법칙**이라고 부른다.

여드름의 법칙

1969년부터 1980년까지 미시간대학교 경영대학원에서 강의를 맡고 있을 때, 나는 이 개념을 절실히 느꼈던 일이 있었다. 이 시절 나는 강의를 할 때 흰색 차트에 매직펜으로 글씨를 썼는데, 가끔 잉크가 묻은 손으로 얼굴을 문질러 얼굴에 잉크가 묻는 경우가 있었다.

하루는 강의를 마치자 한 학생이 다가오더니 정중히 말했다. "얼굴에 검정 잉크가 조금 묻은 것 같아요."

그러더니 내가 뭐라고 하기도 전에 다시 말했다. "아, 제가 잘못 봤어요. 그냥 불빛에 그림자가 진 거였네요."

학생이 잘못 본 거라고 했지만 나는 왠지 꺼림칙했다. 그래서 프로그램 코디네이터인 마이클 포투나에게 내 얼굴에 뭐가 묻었냐고 물어보았다. 그는 나를 훑어보더니 단호하게 "아뇨"라고 대답했다.

나는 다시 화장실로 가서 거울을 보았지만 아무것도 없었다.

하지만 그게 끝이 아니었다. 디트로이트 메트로공항에서 시카고 오헤어공항으로 가는 비행기 안에서도 화장실에 들러 확인했지만, 역시 아무것도 없었다.

시카고랜드의 집에 도착하자마자, 나는 티끌까지 찾아낼 수 있는 최종종결자를 찾았다. 짐작했겠지만, 대부분 가정에서 구비하고 있는 확대 거울이었다. 누가 사놓았는지 모르지만 그게 있어서 반가웠다.

확대 거울을 들여다보니, 땀구멍 하나하나가 주먹만 한 뾰루지처럼 보였다. 계속 거울을 뚫어지게 보고 있자니, 여드름 하나가 눈에 띄었다. 어찌나 큰지 얼굴 전체를 점령한 것 같았다. 사람의 얼굴이라고도 하기 어려운 추한 얼굴이 거기 있었다. 내가 어느 곳에 들어가면, 사람들이 나를 보고 팔다리가 붙어 있는 메주쯤으로 여기리란 생각이 들었다.

나란 존재가 이 여드름 하나에 묻혀버리는 듯한 느낌이었다. 그 순간, 이 여드름은 내 인생의 가장 큰 골칫거리였다.

그러나 진실은 그렇지 않았다 . 다른 곳에서 온 사람, 혹은 다른 시각을 가진 사람들은 소위 내 골칫거리는 눈에 들어오지 않았을 것이다.

왜 그럴까? 인식이란 복잡한 개념이기 때문이다. 인식은 우리가 단순히 감각을 통해 이해하는 것이 아니라 해석과 선택,

판단의 과정을 거쳐야 한다. 그렇기 때문에 우리는 본능적으로 자신과 관계없는 것은 보지 못한다.

당신의 협상력은 상대가 당신을 어떻게 생각하느냐에 달려 있다는 것은 분명한 인생의 현실이다. 스스로 힘이 있다고 생각하면 알게 모르게 그런 생각이 상대에게 전달되고, 실제로 이것이 상대가 인식하는 현실이 된다. 그러므로 모든 개인적 성취는 자기 마음에서 시작된다. 바꿔 말해, 뭔가를 할 수 없다고 믿게 되면, 그 일은 불가능해진다.

협상의 성공을 결정하는 열쇠는 자기 자신에게 있다. 즉, **시간**, **정보**, **힘**에 대해 **자신**이 어떻게 인식하는가에 달려 있다.

- 모든 후퇴는 잠재적인 전진의 씨앗을 품고 있다.
- 모든 협상에는 **시간**Time, **정보**Information, **힘**Power, 즉 TIP 이 존재한다.
- 자신을 과소평가하지 마라. 당신에게는 언제나 처음 생각했던 것보다 더 많은 능력과 선택권이 있다.

제7장

끝날 때까지 끝난 것이 아니다:
시간과 타이밍

시간은 두 지점 사이의 가장 긴 거리다.

테네시 윌리엄스, 〈유리 동물원〉

NEGOTIATE THIS!

빠르게 움직이는 세상 속에서 우리는 늘 시간이 부족하다고 느낀다. 하지만 누구에게나 하루 24시간이 공평하게 제공된다. 그러므로 이 일방적인 자원을 다룰 때 중요한 것은 우리의 인식이다. 시간이란 심리적인 개념으로 상대적이고 주관적이기 때문이다.

미국인은 시간을 과거, 현재, 미래가 일직선상에 늘어서 있는 개념으로 보는 경향이 있다. 오늘날의 젊고 미래지향적 문화에서는 과거를 잊고 회전목마에 올라 손잡이를 쥐고 인생의 놀이를 즐기며 살아가기 쉽다.

이런 미국 사회를 다른 사회, 즉 미래가 사람이 통제할 수 없는 요인에 의해 미리 정해져 있다고 보는 사회와 비교해보자. 예를 들어 일본인의 사고에 영향을 준 일본 선불교에서는, 시간을 어떤 일이 일어났다 사라지는 마르지 않는 웅덩이로 여긴다.

그러나 미국에서도 시간에 대한 인식은 다양하다. 일곱 살짜리에게 10분 동안 가만히 있으라고 시키면 어떻게 될까? 아이로서는 부모의 이런 요구를 따르기가 여간 고통스럽지 않을 것이다. 하지만 70세인 아이의 할머니는 아무런 불편함 없이 몇 시간이고 꼼짝 않고 있을 수 있다.

아이들은 대체로 현재 지향적이지만, 스케줄과 일, 데드라인을 걱정하는 미래지향적인 부모와 살아간다. 그러므로 아이가 숙제를 하겠다고 말하고도 시작하지 않는 것은 반항하거나 약속을 어기는 것이 아니다. 아이는 다만 좀 전에 했던 약속보다 현재의 자극(TV, 인터넷 또는 게임)에 훨씬 더 끌리는 것일 뿐이다.

확실히 시간의 흐름에 대한 **인식**은 나이가 들어감에 따라 변한다. 개인적인 이야기를 하자면, 50세 생일을 맞았을 때 나는 살아온 날보다 살아갈 날이 적다는 사실을 깨달았다. 그리고 60세가 되었을 때는 인생이라는 게임에서 연장전에 접어들었다는 생각이 들었다.

시간이 스트레스의 주원인이며 의사결정을 강요한다는 사실을 인식하고, 협상과 관련되는 몇 가지 일반적인 개념을 다시 확인해보자.

첫째, 협상 참가자들은 종종 잘못된 가정이나 비현실적인 목표를 가지고 협상을 시작한다. 그들에게는 현실에 적응할 시간이 필요하다.

둘째, 사람들은 대체로 새로운 제안에 경멸적이거나 회의적인 태도로 거부 반응을 보인다. 그러므로 그런 제안을 받는 사람에게는 익숙해질 시간이 필요하다.

셋째, 협상 게임에서 침착하고 태연한 자세를 가질 수 있도록 자신을 훈련한다.

넷째, 쇠는 달구어졌을 때 두드려야 한다와 인내의 미덕 사이에서 망설인다면, 때로는 망설이는 사람이 위기를 모면한다는 사실을 기억한다.

다섯째, 거래를 성사시키는 데 얼마나 많은 시간을 할당해두었든, 대개는 예상보다 많은 시간이 걸린다.

협상은 각종 동기가 뒤섞인 다원적인 게임이란 사실을 명심하자. 그리고 협상은 협력(창의적인 문제 해결)에서부터 가상전투(경쟁과 갈등)에 이르기까지 연속선상에서 진행된다. 안타깝지만, 대다수의 협상에는 적대적인 요소가 포함되어 있기 마련이다.

이제, 이런 현실을 예측하고 이해하는 데 도움이 되는 타이밍 관련 이야기와 통찰을 살펴보자.

데드라인의 룰

대부분의 협상은 막판에 가서야 참가자들이 기대치를 바꾸고 요구사항을 완화하면서 합의에 도달하려고 한다. 데드라인이 임박해서야 비로소 양보하고 이견을 좁히는 의식을 치르는 것이다.

1962년 쿠바 미사일 위기 때, 소련은 기지를 가동하기 불과 몇 시간 전에 미사일을 제거하기로 합의했다. 몇 년 후 공개된 자료에 따르면, 로버트 케네디는 소련의 위협을 처음 감지했을 때 이렇게 말했다고 한다. "우리는 결국 합의를 할 것이다. 그러나 지금은 단호한 입장을 취해야 한다. 양보란 처음이 아니라 협상 마지막에 하는 것이다."

정치학자 로이드 젠슨은 수년간 소련의 협상 행태를 연구했는데, 마침 당시 소련은 지난 70년 동안 경쟁적(적대적) 협상 방식을 사실상 완성한 때였다. 그가 밝혀 낸 연구 결과에 따르면 소련은 승패를 겨루는 대결에서 데드라인이 다가옴에 따라, 협상 시간의 최종 4분의 3 지점에서 양보를 하는 일이 그들이 양보한 전체 건수의 80퍼센트나 되었다.

데드라인이 없으면 행동도 없다

데드라인에 대한 인식이 없으면 화해나 타협은 고사하고 어떤 조치를 취하도록 만드는 동기가 없어진다.

우리 모두는 의회가 대부분의 법안과 예산을 휴회하기 직전에 처리한다는 사실을 알고 있다. 매니저나 비서에게 시간이 날 때 보고서를 작성하라고 시킨다면, 언제쯤 보고서를 받을 수 있을까? 아무리 성실한 사람이라도 보고서는 미루고 마감이 급박한 일부터 처리할 것이다.

아직도 납득이 안 된다면, 아이에게 시간 날 때 방청소를 하라고 시키고, 언제 청소가 끝나는지 지켜보자.

앞서 나는 소련의 협상 스타일과 그들의 양보 타이밍을 언급했다. 하지만 그들에게는 또 다른 두드러진 특징이 있는데, 바로 시간을 끄는 "지연 전술bladder bargaining"이었다. 1963년 핵실험 금지조약에서 SALT(전략무기제한협정)에 이르기까지, 소련

과의 정치적 협상이 4년 반에서 10년이 넘게 지속된 것은 그리
놀랄 일도 아니다.

　그러나 동일한 담당자들이 참여한 소련과의 경제 협상(이를테
면, 밀 구매)은 몇 달 만에 타결되었다. 당연히 둘 사이의 차이점
은 국민이 굶어 죽을 판이면 스스로 데드라인을 설정할 수밖에
도리가 없다는 것이다.

영화 제작사 사례

이런 원칙에서 우리가 흔히 간과하는 사실은 데드라인이 양보
를 유도하는 데 미묘하게 영향을 준다는 점이다. 이 점을 이해
하기 위해 협상 영향력에 관한 몇 가지 핵심을 잘 보여주는 다
음 사례를 살펴보자.

　2년 전쯤 비벌리힐스의 로데오 거리를 걷다가, 나는 예전에
가르쳤던 매트 블레이크라는 학생과 우연히 마주쳤다. 내 강의
를 들을 때 그는 법무부 소속 변호사였는데, 이제는 로스앤젤레
스에서 변호사로 개업하고 있었다.

　우리는 커피를 마시러 네이트 인 알 레스토랑에 들어갔고, 그
는 애를 먹고 있던 한 사건을 내게 털어놓았다. 그의 의뢰인인
28세의 엠마 데이비스는 성희롱 사건을 항의한 후 곧바로 해고
되었다. UCLA 영화학교UCLA Film School를 졸업한 그녀는 어느
대형 독립영화 제작사에서 필름 현상 담당자로 근무했다.

어느 날 저녁, 늦게까지 일을 한 후 그녀는 여자 화장실로 갔다. 그때 63세의 유부남인 연출자 오렌 존스가 들어와 갑자기 그녀의 몸을 더듬었다. 그녀는 뿌리치고 나왔지만 그 일로 큰 충격을 받았다.

다음 날 아침, 아직 충격에서 벗어나지 못한 데이비스는 가해자와 대면했다. 존스는 그 일을 부인하면서 그녀가 꾸며낸 일이라고 주장했다.

그날, 데이비스가 손을 떨고 있는 것을 본 여자 동료가 무슨 일인지 물었고 데이비스는 자신이 당한 일을 털어놓았다. 그러자 동료는 별로 놀라는 기색도 없이 말했다.

"여기서는 흔한 일이야. 네가 처음도 아니고 마지막도 아닐 거야. 내가 아는 것만 해도, 여기서만 3건이야. 존스하고 그 사람 상사 탤벗이 그런 짓을 한 게 말이야. 그 때문에 여자들이 치마 입고 출근하는 법이 없어."

동료의 이야기를 듣고 질겁한 엠마는 회사의 CEO인 그렉 탤벗을 찾아갔다. 그녀가 겪은 일을 이야기하자, 그는 사무적인 태도로 이렇게 말했다.

"도대체 문제가 뭔가요? 당신은 팀원입니까, 아니면 혼자 튀고 싶은 건가요?"

그의 태도에 충격을 받은 데이비스가 말했다. "제가 원하는 건 사과와 이런 행동을 절대 용서하지 않겠다는 사장님의 약속입니다."

하지만 탤벗은 이렇게 말했다. "나한테 그따위 최후통첩 같은 말은 하지 마. 페미니스트는 필요 없어. 당신 당장 해고야!"

그 후 엠마 데이비스는 비슷한 일자리를 찾아보았지만 쉽지 않았다. 바닥이 좁은 영화계에서 그녀는 이미 '달갑지 않은 공격적 여성해방론자', 즉 골칫거리로 낙인찍혔기 때문이었다.

결국 데이비스는 매트 블레이크를 변호사로 선임하고 오렌 존스와 그렉 탤벗, 그리고 회사를 상대로 소송을 제기했다.

처음에 블레이크는 법정 밖에서 문제를 해결하려고 했지만, 회사의 법률 고문인 톰 워커는 탤벗의 지시를 받고 그를 만나기를 거부했다. 하는 수 없이 블레이크는 소송을 제기했고, 이제 법 절차가 진행 중이었다.

이 시점에서 블레이크는 회사의 전현직 직원 각 2명에게 진술서를 받아놓은 상태였다. 이 증언들은 명백히 오렌 존스가 습관적으로 여직원들을 성희롱해왔으며, 탤벗이 이를 묵인했다는 사실을 뒷받침했다.

더구나 조사를 진행한 결과, 지난 10여 년간 존스와 탤벗이 결탁해서 성희롱에 항의하는 여성들에게 1만 달러에서 4만 달러까지 돈을 지급한 사례가 몇 건 밝혀졌다. 이런 돈은 보험회사에서 지급된 것이 아니라 제작 중인 영화에서 '경비'로 처리되어 있었다.

피고인 존스와 탤벗은 증인 출두 명령을 받았지만, 1년이 넘도록 교묘하게 시간을 끌고 있었다. 반면 원고인 엠마 데이비스는 치욕적이고 비인간적인 증언을 해야 했다.

개인적으로 이야기한다면, 나는 미국의 법률 제도와 언론이 '희생자들'의 명예를 훼손하는 경우를 보면 불쾌하고 화가 치민다. 제니퍼 레빈이 살해된 이른바 '프레피preppie〔학비가 비싼 사립학교 학생〕 살인 사건'과 모델인 말라 핸슨이 얼굴을 잔인하게 난도질당한 사건에서도 이런 일이 있었는데, 다시 똑같은 일이 일어나고 있었다.

솔직히 말해서, 내가 이 사건에 뛰어들기로 작정한 것은 아마도 희생자를 비난하려는 시도에 대한 본능적인 반감 때문이었을 것이다. 나는 무보수 고문으로 원고 팀에 합류했다. 나는 상대의 인식을 바꿀 필요가 있다는 생각에서 3가지 전략적 문제를 강조하기로 했다.

첫째는 **가치의 개념**이다.

매트 블레이크는 이때까지 합의금을 30~40만 달러 정도로 생각하고 있었다. 그가 이렇게 추정한 것은 캘리포니아의 유사 성희롱 사건에서 합의금이 40~50만 달러였다는 조사 결과 때문이었다.

하지만 내가 블레이크에게 설명했듯이, 이런 금액은 단지 가치에 대한 가이드라인일 뿐이고, **무엇이든 구매자가 지불할 의**

사가 있는 금액이 진정한 가치다. 이 사례에서 구매자는 데이비스의 소송 원인을 구매하게 될 존스와 탤벗을 말한다.

그래서 우리는 이번 일이 단지 일상적인 사업경비가 달린 문제가 아니라, 그들의 생계와 평판을 위협할 수 있는 문제라는 점을 전달하기 위해 더 많은 노력을 기울여야 했다.

간단히 말해서, 그들의 불안감을 높여서 예상 합의금을 높일 필요가 있었다.

둘째는 **힘의 상호관계**이다. 냉전 시절 소련이 이 힘의 상호관계를 이용했다. 그들은 힘이란 군사력으로만 계산되는 것이 아니고, 더욱 중요한 것으로 경제력, 정치적 의지, 인내, 손해를 감수하려는 의지, 외교적 수단, 선전 등을 꼽았다.

우리는 이 이론을 적용해서 피고의 입장에서 최악의 시나리오를 생각해내야 했다. 간단히 말하면, 이번 소송으로 그들이 망신을 당하고 영화 제작자로서도 성공하기 어렵도록 손해를 입힐 방법을 찾아내야 했다.

이번 성희롱 사건이 언론에 공개된다면, 그들에게는 문제가 될 것이 뻔했다. 처음에 소송이 제기되었을 때, 지역신문에서만 고소장의 혐의와 피고 측의 완강한 부인을 담은 기사를 조그맣게 실었다. 하지만 데이비스가 모든 인터뷰를 거절했기 때문에 극적인 요소가 부족했고 후속기사가 없었다.

그렇지만 제작사가 분식회계로 빼돌린 돈으로 피해자들의

입을 막았다는 소식이 알려지면 투자자들, 그리고 제작사와 합작투자를 한 대형 영화사들이 충격을 받을 것이다. 더구나 국세청이 조사에 나서면 어떻게 될까? '입막음용 돈'이 합법적인 경비가 될 리 만무했다.

피고 측 변호사에게 이런 협박을 해야 한다는 이야기가 아니다. 오히려 간접적 수단과 태도를 통해, 이런 일이 일어날 수도 있다는 사실을 그들 스스로 인식하도록 만들어야 한다.

마지막으로, **데드라인의 설정**이다. 엠마 데이비스의 주장을 뒷받침하는 압도적인 증언이 있었지만, 이제까지 아무런 합의제의가 없었다. 왜일까? 분명 피고들은 사건이 한가로이 흘러가다 보니 그리 불편하거나 위험에 처하지 않았던 것이다.

내 생각이지만, 연출가들은 블레이크 변호사의 신사적인 태도와 전문가들 사이의 예의를 할리우드 영화사를 건드리고 싶지 않다는 뜻으로 오해했던 것 같다. 그러므로 적에게 더욱 적극적으로 단호함과 결단력을 보여줄 필요가 있었다.

말과 행동으로 이런 뜻을 전달해서 그들이 자신의 행동 때문에 부정적 결과를 맞게 되리라는 사실을 충분히 이해하도록 해야 했다. 그들의 경력과 평판이 위태로워질 순간이 임박했음을 깨달아야만 스스로 데드라인을 정하고 양보할 것이다.

이에 따라 우리는 적을 비타협적인 태도에서 양보 쪽으로 선회하도록 3가지 계획을 세웠다.

첫째, 계류 중인 소송을 이용해 존스와 탤벗이 다음 달 내 특정일까지 증인 출두하도록 요구하는 것이었다. 그렇게 되면 더 이상 지체할 일은 없을 것이다. 또한 지난 10년간 탤벗과 존스가 제작한 모든 영화의 세부적인 재정 기록을 확보할 수 있도록 증거 제시를 신청했다.

둘째, 되도록 언론에 협조하기로 동의하는 것이었다. 블레이크는 이미 시청률이 높은 한 TV 프로그램의 연출자와 통화를 해놓았다. 그들은 "왜 흥행 수입이 높은 할리우드 영화 제작사들이 순익을 내지 못하는가?"라는 가제로 30분짜리 프로그램을 방송할 계획이었다.

이전에 블레이크는 방송국 사람들에게 "노코멘트"라는 입장을 고수했었다. 하지만 이제 우리는 방송국에서 탤벗과 존스를 인터뷰해 이 사건에 대한 그들의 입장을 취재한다면 직업윤리가 허용하는 한도에서 프로그램 제작에 도움을 주기로 했다.

셋째, 3주 후에 합의를 위한 만남을 주선하는 것이었다. 이것은 방송국에서 피고들에게 연락을 취할 때쯤이면, 그들은 증언 스케줄을 잡고 재정 관련 서류 준비하느라 한창 바쁠 때라는 뜻이었다.

증언을 하고 이런 서류를 제공하는 일은 자칫 언론에 정보가 샐 수 있기 때문에 분명 위험했다.

그런데 무슨 일인지 회사 측 법률 고문인 워커가 선수를 쳤다. 그는 우리가 생각했던 계획보다 일주일 앞서 비벌리힐스의 한 일식집에서 만나 합의를 하자고 전화를 했다. 그의 말로는 회사 CFO(최고재무책임자)인 에릭 닐슨도 참석한다고 했다. 우리 쪽에서는 나와 블레이크가 갈 예정이었다.

일식집에 들어간 우리는 상대 측이 있는 위층 특실로 안내받았다. 일상적인 소개와 잡담이 오간 뒤, 워커는 의뢰인의 명성에 대해 늘어놓기 시작했다.

그의 말에 따르면, 피고들은 사회의 주요인사로 영화계에서 존경과 인정을 받는 사람들이었다. 그들의 영화는 골든글러브상을 받았고 오스카상 후보에 오르기도 했다. 하지만 그보다 더 주목할 것은, 그의 표현을 빌리면 "그들이 매년 오스카의 최고 파티인 '배니티 페어 배시Vanity Fair Bash'에 초대받는" 일이었다.

블레이크와 나는 열심히 메모했다. 아마도 그런 모습에 신이 났는지, 그는 존스와 탤벗의 업적을 시시콜콜 늘어놓고 있었다. 심지어 "그들은 할리우드에서 성공의 사다리 꼭대기까지 올라간 사람들"이라고까지 했다. 사실, 그는 그들의 현재 위치와 그 근처도 못 간 데이비스의 위치를 대비시키고 있었다.

그는 한술 더 떠서, "며칠 전에는 대형 TV 방송사의 연출자가 그들의 일생을 다루는 다큐멘터리 프로그램을 제작하자는 요청도 있었다"라는 말을 슬쩍 흘리기도 했다.

워커는 식사와 음료를 주문할 때만 빼고, 20분 동안을 이렇게 떠들어댔다. 그리고 열변 막바지에 호주머니에서 종이 한 장을 꺼내 내려다보더니 (눈을 마주치기가 난감해서 그랬는지도 모른다) 이렇게 말했다.

"제 의뢰인들은 너그러운 분들이라, 이 근거 없는 소송으로 생길 번거로운 일을 피하려고 합니다. 그래서 데이비스 양에게 4만 달러를 지불할 용의가 있답니다."

블레이크와 나는 이런 어이없는 제안에 놀라지 않았다. 이런 일에 어떻게 대응할지 이미 준비를 해두었기 때문이다.

내가 말했다.

"워커 씨, **나는** 당신의 불편한 입장을 충분히 이해합니다. 내가 이 사건에 대해 알고 있는 것과 당신의 경험으로 미루어, **나는** 당신이 이런 어처구니없는 제안을 전달해야 하는 것이 괴로울 것으로 생각합니다."

(분명 적대적인 관계이지만, 주어를 '나'라는 단어로 사용해 완곡하게 말하려고 했다는 점에 주목하기 바란다. 이렇게 하면 상대를 비판하는 느낌이 덜하고 개인적인 생각임을 알릴 수 있다.)

"하지만 이번 소송을 해결하는 데 무엇이 필요한지 말씀드리기 전에, 먼저 2가지 사항을 언급하고 싶습니다.

첫째는, 당신의 의뢰인들이 성공의 사다리 꼭대기까지 올랐다고 말씀하셨는데, 저는 그 평가에 동의할 뿐만 아니라 그들의 위치가 훨씬 더 높다고 생각합니다. 말씀하신 비유대로라면, 저는 그들이 22층이나 되는 건물 최상층 펜트하우스에 있다고 생각합니다. 반면 제 의뢰인은 도어맨이 건물에 들여보내지도 않겠지요. 그리고 건물에 들어간다고 하더라도, 기껏해야 2층까지일 겁니다."

워커는 웃으면서 고개를 끄덕였지만, CFO 닐슨은 차가운 대리석처럼 아무런 반응 없이 앉아 있었다. 내가 말을 이었다.

"하지만 한 가지 말씀드리고 싶습니다. 2층에서 떨어지면 타박상에, 발목이 삐거나 부러지겠지요. 하지만 절뚝거려도 걸어갈 수는 있습니다. 그런데 22층에서 떨어져 땅에 부딪치면 충격이 어마어마할 겁니다."

워커는 얼굴에서 웃음기가 싹 가셨다. 하지만 닐슨은 여전히 무표정하고 태연했다.

"둘째는, 지금 일이 이상하게 흘러가고 있다는 사실입니다. 그쪽에서 누군가가, 물론 두 분은 아니겠지만, 이 문제를 초기에 잘 해결해보려고 하기보다는 겁을 주려고 하는군요.

불행히도, 사생활을 침해하는 노골적인 조사에다가 치욕적인 진술을 강요해 우리 의뢰인을 욕보이려는 일이 있었습니다.

요컨대, 귀사에서 계속해서 우리 의뢰인을 때린 셈이죠. 피를 철철 흘렸지만, 다시 일어섰습니다. 이제 어쩌시겠습니까? 그녀에게 소리라도 지를 건가요? 반면에 탤벗 씨와 존스 씨는 아무 탈 없이 턱시도 차림으로 구경이나 하고 있습니다. 개인적으로 이번 일이 끔찍하지만, 미국에는 아직 **호혜의 원칙**이 살아 있습니다.

워커 씨, 당신의 어려운 상황을 모르는 것도 아니니, 주제넘는 조언을 좀 하겠습니다. '인정 많고 너그러운' 의뢰인들에게 가서서 오늘 종교계 인사를 만났다고 전하세요. 그리고 성경, 특히 〈출애굽기〉를 읽고 하느님이 이스라엘 사람들을 해방시키려고 어떻게 협상하셨는지를 읽어보라 했다고 하세요. 피고들과는 달리 하느님은 열 번째 재앙으로 시작하지 않으셨습니다."

워커는 냉소적으로 대답했다. "충고는 고맙습니다만, 우리는 이 불편한 상황을 해결하려고 돈 이야기를 하러 나온 겁니다."

"좋습니다. 하지만 그 이전에 우리가 정한 기준을 알려드리겠습니다." 이쯤에서 나는 왜 이 사건이 기록적으로 큰 손해배상금을 청구될 수 있는지를 자세히 설명해주었다.

보아하니, 워커는 내 장황한 설명에 점점 더 조바심이 나는 듯했다. 닐슨도 이제 처음으로 안절부절못하기 시작했다.

내가 더욱 긴장감을 높이자, 워커는 더욱 불안해했다. 그때쯤 식사가 도착했다.

내가 말했다. "우선 먹고 이야기하지요."

그러자 워커가 정색하며 말했다. "아니, 안 됩니다. 얼마를 원하는지 먼저 이야기하고 나서 식사합시다."

"좋습니다. 꼭 그러셔야 하겠다면, 우선 우리의 공식 요구액을 제시한 다음, 당장 이 문제를 해결할 수 있는 방법도 말씀드리지요."

나는 잠시 기다리란 뜻으로 손을 들어 올리고 초밥을 하나 삼키고는 다시 말을 이었다.

"공식적으로 우리의 요구액은 160만 달러입니다. 하지만 비공식적으로 당신에게만 말씀드립니다. 지금 당장 이 문제를 매듭짓고자 한다면 이번 한 번만 제시하는 액수를 알려드리겠습니다."

워커가 펜을 들고 적을 준비를 했다.

"뭐하시는 거죠?"

"적어두려고요."

"안 됩니다. 이건 비공식 액수입니다. 그냥 기억해두세요."

"아, 알겠습니다. 그래 얼만가요?"

나는 목소리를 조금 낮추고 말했다.

"준비되셨나요?"

워커는 의자를 내 쪽으로 당겼고 닐슨도 나를 향해 몸을 기울였다.

"비공식 특별 가격입니다. 일정 기간 내에만 유효한 세일 가격이지요. 120만 달러입니다."

워커는 앉은자리가 불편한 듯 자세를 바꾸며 눈살을 찌푸렸고, 닐슨은 뒤로 몸을 젖혔다. 그는 이제 무표정한 얼굴이 아니었다. 얼굴은 벌겋게 달아올랐고 눈은 뱀눈처럼 가늘게 떴다. 그는 증오에 찬 눈길로 나를 쳐다보았다.

"그럼 거래가 성사된 건가요?" 나는 태연히 물었다. 닐슨의 얼굴은 붉게 달아올라 있었다. 그는 냅킨을 물잔에 담갔다가 이마에 갖다 댔다. 그러더니 물을 벌컥벌컥 들이켰다.

마침내 워커가 말했다.

"솔직히 요구액에 놀랐습니다. 우리는 이번 일을 여섯 자리 숫자로 해결할 수 있을 걸로 생각했습니다. 제가 가진 권한은 그것뿐입니다. 하지만…"

그때 갑자기 닐슨이 비틀거리며 일어섰다. 그러고는 이마에 젖은 냅킨을 붙인 채 말했다. "난 가겠습니다."

그는 냅킨을 식탁 위에 던지고는 비틀거리며 문 쪽으로 걸어갔다. 무표정하게 지키던 냉정함을 잃은 게 분명했다.

워커가 말했다. "저 사람이 지금 일을 보고할 겁니다. 탤벗 씨의 심복이거든요."

나는 아무렇지도 않은 듯 "이런. 좋은 사람처럼 보였는데, 제게는 특히 친절했거든요"라고 말했다.

"본론으로 돌아갑시다. 닐슨 씨의 반응을 봐서 알겠지만, 말씀하신 액수 때문에 우리가 얼마나 놀랐는지 아시겠지요."

"우리가 **좀** 많이 불렀다고 생각하실 겁니다. 하지만 여섯 자리 액수, 그러니까 40만 달러는 **너무** 적군요."

"아니에요, 40만 달러가 아닙니다. 우리 생각은 30만 달러였습니다."

"다를 게 없죠. 30, 40, 50, 심지어 60만 달러라고 해도 모욕적이긴 마찬가지니까요. 탤벗 씨에게 법정 증언이나 잘 준비하시라고 말씀하세요. 우리는 60만 달러에는 협상할 뜻이 없습니다."

대화가 서서히 마무리되면서, 블레이크와 나는 식사를 했고 워커는 음료를 마셨다. 닐슨이 떠난 자리에는 손도 안 댄 커다란 우동그릇이 놓여 있었다.

"이런, 닐슨 씨가 주문한 것도 맛있어 보이네요."

"예, 에릭이 이곳을 골랐습니다. 미식가인 그의 입맛에 꼭 맞는 특별한 우동 국물을 만들어주거든요."

물론 계산은 워커가 했고, 우리는 함께 밖으로 나왔다. 악수를 할 때 워커가 매트 블레이크를 돌아보며 말했다. "이 문제에 대해서는 내일 전화를 드리지요."

매트 블레이크의 사무실로 돌아오면서 우리는 오늘 일을 이야기했다.

"와," 매트가 말했다. "한 번 만났을 뿐인데 4만 달러에서 30만 달러로 올라가다니 놀랐습니다."

나는 이렇게 말했다.

"저쪽은 지금 겁을 먹고 있어요. 머리 위로 불길한 조짐이 일고 있거든요. 재정 기록 공개나 곧 다가올 진술 때문만은 아니에요. 대형 영화사 사람들에게 어떤 압력을 받고 있는지 누가 알겠어요. 게다가 대형 TV 방송사 연출자한테 다큐멘터리 프로그램 제의를 받았다는 건 거짓말이란 걸 당신도 알고 있잖아요."

"그럼, 우리 전략이 효과가 있다는 뜻이군요. 저쪽이 스스로 데드라인까지 정해둔 걸 보면 말이죠."

나는 그 말이 맞는다는 의미로 고개를 끄덕이며 말했다. "그렇죠. 우리 쪽에 유리하게 됐어요."

"그런데 선생님, 좀 다르게 처리했어야 할 점은 없었나요?

나는 잠시 생각하다가 대답했다. "있죠. 닐슨이 손도 안 댄 우동을 먹고 나왔어야 했는데."

그다음에 무슨 일이 있었을까? 상대 측 변호사는 약속대로 전화를 걸어 "피고의 **최종** 제안은 62만 달러"라고 통보했다.

블레이크는 모든 상황을 고려해볼 때, 이 정도면 적어도 생각은 해볼 만하다고 느꼈다. 더욱이 60만 달러가 넘었으니 이쪽에서 다시 제안을 해볼 수도 있었다. 그 결과, 블레이크는 요구액을 90만 달러로 낮췄다. 하지만 여전히 차이는 컸다.

이틀 후 오렌 존스의 진술이 시작되기 전, 워커는 블레이크를 한쪽으로 데리고 가서 말했다. "75만 달러 내지요. 한 푼도 더 줄 수는 없어요."

블레이크는 의뢰인인 데이비스에게 말해보겠다고 답했다. 데이비스와 이야기를 나눈 블레이크는 85만 달러로 액수를 낮췄다. 하지만 거래는 성사되지 않았다.

오렌 존스의 심리가 시작되자, 그는 초조함이 역력했고, 답변도 통명스러웠다. 존스는 처음 겪는 법정 경험이 분명 즐겁지 않았을 것이다. 하지만 그의 시련은 이제 시작일 뿐이었다.

정오에 점심시간이 되어 휴정했을 때, 회사 측 변호사가 블레이크에게 다가와 "중간 금액으로 절충을 봅시다"라고 제안했다. 결국 심리 재개 전에 소송은 82만 5천 달러로 타결되었다.

결론적으로 말하면, 무엇이 사람의 행동에 동기를 주는지 알기는 어렵지만, 우리의 3가지 전략이 상대의 인식을 바꾸는 데 영향을 준 것은 분명했다.

양보를 끌어내기

앞서 제시한 사례 연구는 협상 과정에서 어떻게 영향을 주어 최종 의사결정을 원하는 방향으로 이끌어내는지를 보여준다.

협상가로서 당신은 종종 이런 의문을 갖게 될 것이다. 어떻게 고집불통에 다루기 어려운 상대가 스스로 데드라인을 설정해 합의점으로 나아가게 할 수 있을까?

상대가 양보하도록 해서 거래를 성사시키려면 동기가 필요하다. 여기 그 방법이 있다.

첫째, 상대가 일을 지연하면 자기 자신에게 불리할 수 있음을 이해시킨다.

둘째, 상대가 계속해서 완강한 태도를 보이더라도 당신은 물러서지 않을 것이라는 점을 상대가 깨닫도록 한다. 사실 상대의 그런 의도적인 행동은 투자에 비해 좋은 결과로 이어지지도 않는다.

2000년 3월 중순, 나는 은행 대출 담당자와 대출한도를 협상하고 있었다. 이 과정에서 우리는 최종결정 순간을 맞았다. 그들이 내게 줄 수 있는 최선은 우대금리였다. 나는 우대금리에서 0.125퍼센트를 빼달라는 거였다. 우리는 이견을 좁혔지만 합의를 보지는 못했다. 그런데 갑자기 대출 담당자가 이 우대금리가 "최우수 고객"만을 위한 특별금리라고 알려주었다. 그것이 대출위원회와 그의 상사가 승인한 금리라는 것이다. 더구나 월말까지 이 조건을 받아들이지 않으면 올해 ¼분기에 등록될 수 없다고 했다. 이 말은 주기적으로 소집되는 대출위원회에 대출신청을 다시 해야 할 수도 있다는 의미였다.

설상가상으로 그의 상사는 다른 자리로 옮길 예정이었다. 최근 감사에서 이 지점의 대부 정책이 방만하다는 지적이 있었던 듯했다. 게다가 뜻밖에도, 새로 오는 상사가 이번 감사 인원 중에 하나라는 것이었다.

그러므로 내가 양보해야 할 동기가 생긴 셈이었다. 그들은 내가 거래를 수락하도록 하려고 나를 "구슬렸던" 것이다.

"협상가 양반"이 어떻게 했을까? 나는 체면을 유지하려고 이틀을 기다렸다가 전화해서 말했다.

"그렇게 합시다."

셋째, 교착 상태가 지속되면, 당신이 그들에게 점점 더 불리한 조치를 취할 수 있음을 믿게 하는 상황을 만든다. 다시 말해, 시간이 흐를수록 상황이 악화될 수 있어서 당신이 이미 양보했던 일조차 철회될 수 있음을 알린다.

마지막으로, 상대가 스스로 데드라인을 정하도록 하려면, 상대가 당신의 최종제안을 받아들이는 것이 합의를 보지 않는 것보다는 낫다는 사실을 인정하도록 해야 한다.

확고부동한 데드라인은 없다

나는 《허브 코헨의 협상의 기술 1》에서 사람들 사이의 대화 또는 자기 성찰의 결과로 생기는 모든 일이 협상이 가능하다고 밝힌 바 있다.

협상할 수 없는 일은 아주 드물다는 말이다. 물론 윤리·도덕 원칙이나 과학 법칙(이를테면, 빛의 속도), 그리고 종교를 믿는 신자라면 종교 규칙과 계율은 예외다.

미국 배우이자 영화감독 멜 브룩스의 말을 빌리지 않더라도, 십계명은 협상의 결과로 얻어진 게 아니다. 비록 하느님이 돌에 새겨놓은 십계명을 읽은 모세가 "대체로 괜찮군요. 일곱 번째 간통은 빼고요. 이 부분에 대해 이야기 좀 나눌까요?"라고 했다는 우스갯소리가 있기는 하다.

사실 독단적이고 일방적으로, 또는 상호 논의를 거쳐 정한 데드라인은 사람들의 생각처럼 확정적이어서 바꿀 수 없는 것이 아니다.

편의상 정해놓은 데드라인을 맹목적으로 따를 필요는 없다. 데드라인은 처음에 보이는 것만큼 확고부동하지는 않다. 그보다는 데드라인을 분석하고 정해진 시기를 넘겼을 경우 따르는 위험과 이득을 계산해봐야 한다.

명심해라. 끝날 때까지 끝난 것이 아니다.

상대방의 데드라인

상대가 아무리 침착하고 냉정해 보이더라도, **상대에게는 데드라인이 있다.** 그렇지 않다면, 당신을 만나지도 않을 것이고 당신의 이메일과 전화에 응답하지도 않을 것이다.

1992년, 어느 날 일리노이주 노스브룩의 사무실에 앉아 있는데, 스탠 스미스라는 사람에게서 전화가 왔다. 그와 나는 협상 중이었는데, 몇 달 동안 진전이 없었다. 이른바 "교착 상태"에 빠진 것이다.

스미스는 우연히 근처에 왔는데, 잠깐 들러 이야기를 나눴으면 한다고 말했다.

그와 마주 앉자 내가 물었다. "노스브룩엔 어쩐 일이세요?"

그는 별일 아니라는 듯 보스턴에 가는 중이었는데, 잠시 들렀다고 했다.

"매년 이맘때면 플로리다 팜비치에 가 계시지 않나요?"

"맞습니다. 그래서 들르기가 편했습니다."

나는 지리를 조금 알기에, 그에게 새로운 여행사 직원 또는 새 미국 지도가 필요하겠다 싶었다. 사실 노스브룩에 들렀다 갈 수 있는 데라고는 버팔로 그로브밖에 없었다.

데드라인이 상이한 경우

일정이 빠듯한 쪽은 상대가 그 사실을 알게 되면 불리하다. 시간에 구애를 받는다면 양보할 가능성이 많다는 것은 불을 보듯 뻔하다.

데드라인이 동일한 경우

양측의 시간 여유가 비슷하다면, "마감시한"을 어떻게 인식하는지가 중요하다.

아주 힘겨운 상대와 협상하고 있다면, 나는 상대가 결정을 내리기 전에 그 결정에 따른 결과가 어떤 것인지를 사실 그대로 보여주려고 노력할 것이다. 그리고 분명히 신경을 쓰되, 지나치지 않는 태도를 갖고 침착함을 유지할 것이다.

내 경험상 데드라인은 협상이 가능하고 시계도 잠시 멈추게 할 수 있다. 서로가 협상 결렬을 원치 않는다면 말이다.

요컨대, 협상가는 자정을 알리는 종소리에 부엌데기로 돌아가는 신데렐라가 아니다. 화려한 마차가 다시 호박으로 변할 일도 없을 테니 걱정하지 마라.

인내에는 보답이 따른다

협상을 서두르면 위험이 따른다. 특히 준비가 미흡하고 제안의 공정성을 평가할 수 없는 경우라면 더욱 그렇다. 그러므로 기습을 당하거나 상대가 예상치 못한 제안을 한다면, 일단 협상을 지연하고 그 시간을 자신에게 유리하도록 활용하자.

어떤 경우라도 협상가는 속도를 늦추고 조용히, 그리고 완전히 집중해서 일을 곰곰이 생각해볼 줄 알아야 한다.

그러므로 유능한 협상가는 참을성 있게 기다릴 줄 아는 사람이다. 이런 여유를 유지하는 데는 종종 "이건 게임일 뿐이야"라는 인식과 유머 감각이 도움을 준다.

그러나 협상은 일정 시간을 두고 이루어지며, 그러는 사이 힘의 양상은 쉽게 뒤바뀐다. 게다가 시간이 흐를수록 비용이 발생하고 심리적인 소모가 일어나며 입장과 기대, 인식도 달라진다.

최근에 IT 업계의 시스템 분석가로 일하는 한 여성에게서 연락이 왔다. 그녀는 회사가 곧 자신을 프로젝트 매니저로 승진시켜주리라 기대하고 있었다.

그녀는 프로젝트 매니저가 되면 끊임없이 변하는 요구와 빠듯한 데드라인 때문에 엄청난 스트레스를 받게 된다고 말했다. 그녀가 걱정하는 일은 과거에 그 자리에 있던 사람들이 대부분 오래 버티지 못했다는 사실이었다. 실제로 바로 앞 선임자는 그 자리에 오르고 6개월이 지나서도 목표 달성에 필요한 적정 예산과 인력, 권한을 확보하지도 못했다.

우리는 그녀와 타이밍 문제를 이야기한 후, 그녀가 필요한 인력과 자금을 확보하는 데 가장 큰 협상력을 가지게 될 시점에 의견 일치를 보았다. 그 시점이란 그녀가 승진 제안을 받은 "직후", 그러나 아직 수락하기 "직전"이었다.

이 타이밍을 이용해, 그녀는 자신의 목표 달성에 필요한 모든 자원을 협상할 수 있었다.

생각해보자. 당신은 지금 세상 꼭대기에 앉아 있다. 그런데 지구는 24시간마다 한 바퀴씩 돈다. 그러므로 위에 있던 것은 아래로 내려가고, 반대로 아래에 있던 것은 위로 올라갈 수 있다.

이런 변동성을 고려하면, 우리는 시간의 흐름이 협상 영향력에 어떤 영향을 주는지 항상 살피고 분석해야 한다.

"기대는 실제보다 훨씬 크다"라는 말을 생각해보자. 이 말대로라면, 서비스는 일단 제공되고 나면 그 가치가 감소한다고 생각해볼 수 있다.

그렇다면 지하실에 물이 1미터쯤 차 있거나 변기에 물이 내려가지 않는다면, 배관공은 언제 수리비를 협상하려고 할까? 당연히 문제를 해결하기 바로 전이다.

냉정을 유지해라

지금쯤 당신은 협상 중에 어렵고 난처한 일이 생겼을 때 거리를 두고 바라보는 시각이 얼마나 중요한지 이해했을 것이다.

게임이라는 생각과 한 걸음 물러서서 바라보는 자세를 갖는 다면, 화가 났을 경우라도 침착하고 냉정할 수 있으며 과민하게 반응하지 않을 수 있다. 그리고 그런 자세는 적어도 불안과 스트레스를 줄여주고, 상대의 공격에도 자존심을 지키는 정신적인 방패 역할도 해준다.

책 전반에 걸쳐 나는 거만하고 고압적인 사람들이나 조직을 상대할 경우 "신경을 쓰되, 지나치지 않아야 한다"라는 조언을 했다. 끈기를 보여주되, 일을 성사시키기 위해 지나치게 밀어붙여서는 안 된다. 협상이 자연스럽게 진행되도록 해야 한다.

바로 여기에 도전과제가 있다. 협상 과정에서 상대가 고자세나 저자세로 나온다면 어떻게 대응할 것인가?

쉐보레 자동차 사례

약 18년 전 일로, 제너럴모터스GM는 올즈모빌Oldsmobile(GM의 자동차 모델 중 하나)에 쉐보레 엔진을 장착하기로 결정했다. 올즈모빌을 구입한 사람들 상당수는 이른바 "로켓 올즈 엔진Rocket Olds Engine"이 장착된 자동차를 산다고 생각했다. 하지만 나중에 그렇지 않다는 사실을 알게 된 소비자들은 GM을 상대로 집단소송을 제기했다.

몇 년이 지나 시카고 연방 법원에서 재판이 열렸고 원고가 승소했다. 그러나 항소심에서 재판부는 원심을 파기하고 사건을 되돌려 보냈다.

양측 사이에는 상당한 적대감이 있었고 본격적인 협상이 진행되지 않았다. 사실 회사 측은 아무런 제안도 하지 않았다.

이 시점에서 원심에 이어 다시 재심을 맡게 될 연방 판사가 내게 연락을 해왔다. 그는 이 소송이 해결될 수 있도록 내가 원고를 대변해줄 수 있는지 물었다. 그의 말로는 양측 모두 내가 재판에 참여하는 데 호의적이라고 했다.

첫 번째 협상은 노스브룩의 내 사무실에서 열렸다. 회사 고문 두 명과 유명 로펌에서 온 세 사람(나는 이들이 아침에 도착해서 "우리는 유명 로펌에서 왔습니다"라고 소개했기에 '유명한가 보다' 하고 알고 있다)으로 구성된 GM 팀, 그리고 원고 측 변호사 3명이 참석했다.

양측이 구닥다리 직사각형 테이블에 마주하고 앉았고, 로펌에서 온 대표가 입을 열었다.

"본론으로 들어가기 전에 분명히 해둘 것이 있습니다. 여러분이 소송을 제기한 지 3년이 돼 가는데, 우리는 합의금을 한 푼도 제시하지 않았습니다. 이유를 알고 싶으신가요?"

우리 쪽 테이블에서 대답을 하거나 고개를 끄덕인 사람이 없었지만, 그는 계속 말을 이었다.

"우리는 이번 소송을 천박한 갈취라고 생각합니다. 이건 당신네 변호사들이 미국 국민과 미국 경제를 희생시키면서 자기들 배를 불리자는 짓입니다. 가뜩이나 냉전 중인데, 당신들은 자유세계를 위태롭게 하고 있는 겁니다. 지금 당신들이 하는 짓은 미국에 반기를 들고 공산주의자들을 도와주는 일입니다. 자동차 산업은 미국 번영의 동력인데, 당신들이 그것을 파괴하려 하고 있습니다. 이런 소송에 쓸데없이 비용을 허비하느라 독일이나 일본과 경쟁하기가 더 어려워지는 거 아닙니까."

이렇게 노골적인 힐난으로는 성에 차지 않았는지, 그는 호통을 치며 개인적인 분노까지 터뜨렸다.

"당신들이 하는 짓은 사리사욕 때문에 나라를 팔아먹는 짓이란 말입니다. 이렇게 비열한 행동을 하는 당신들을 믿을 수 없어요. 아무리 많이 준다고 한들, 절대 만족하지 못하고 더 뜯어내려고 할 게 뻔합니다."

이윽고 그는 신랄한 비난을 조금 누그러뜨리더니, 그들이 거기에 온 이유를 말했다.

"하지만 판사가 너그러운 분이라, 우리가 당신들에게 뭔가 해 주기를 원하더군요. 그러니 그렇게 해야겠지요. 하지만 **탐욕스러운** 당신들이라면 우리가 얼마를 제시하건 만족하지 않고 더 달라고 할 테죠. 어쨌거나 내키지는 않지만, 우리는 더 이상 미루기도 그렇고 해서 이번 건을 해결하기로 결정했습니다. 하지만 조건이 하나 있습니다. 당신들이 군말 없이 우리 제안을 수락하는 겁니다."

이 말을 듣고는 우리 쪽에 앉아 있던 사람들은 황당해서 할 말을 잃었다. 우리 중에 아무도 협상 테이블에서 이런 일을 겪어본 사람은 없었다. 우리는 어떻게 대응할지 몰라, 잠시 쉬자고 했다. 복도에 모여 의논했지만, 우리 팀은 어떻게 대응해야 할지 의견을 모을 수 없었다. 우리 팀은 GM에게 속은 자동차 구매자들을 대표한다는 공통점이 있었지만, 개인적인 필요는 상충되기도 했다.

한 변호사가 말했다.

"우리는 꽤 오랫동안 이 일에 매달렸어요. 이 사건에 이미 너무 많이 투자했다고요. 게다가 저는 아내가 이혼을 원해서 집마저 압류당할 처지입니다. 그러니 그만 돈 받고 끝냅시다."

하지만 또 다른 원고 측 변호사의 의견은 정반대였다.

"나쁜 놈들입니다. 지들이 뭐라도 되는 줄 아나 봅니다. 저는

10년이 더 걸린다고 해도 법정에서 끝장을 볼 겁니다. 이건 원칙 문제니까요."

결국 내가 우리 팀을 대표해 상대의 조건을 거절하기로 결정을 보았다. 다시 돌아와 모두 테이블에 둘러앉았다. 나는 자리에서 일어나 입을 열었다. 이것은 조금 뜻밖의 행동이었다. 참석인원이 9명인데, 이때까지 아무도 일어선 적이 없었기 때문이다.

"저는 반세기를 살아왔습니다. 돌이켜보면 저는 살면서 몇 번의 좌절과 실망, 그리고 절망을 겪었습니다. 하지만 동시에, 기쁨과 환희, 행복을 누렸던 순간도 있었습니다."

GM의 협상팀은 아무 상관없어 보이는 개인적인 이야기가 나오자 당황한 듯했다.

"물론 사랑하는 사람을 잃었고 어려운 일도 있었으며, 밑바닥을 경험한 적도 있었지요. 하지만 그렇게 살아오면서 기쁨과 행운도 따랐습니다. 그러니 모든 걸 생각해보면 저는 분에 넘치게 운이 좋았던 것 같습니다.

지난 50년을 돌아보면, 우여곡절이 있었지만 대체로 저는 축복받은 사람이라는 생각이 듭니다. 프랭크 카프라(미국의 영화감독으로, 〈It's Wonderful Life〉를 제작했다)의 말을 빌리면 '꽤 괜찮은 인생'이었습니다."

"대체 무슨 말씀을 하려는 거죠? 우리 조건을 수락할 겁니까?" GM의 협상 대표가 물었다.

이때까지 우리 측 동료들도 내 별난 이야기에 어리둥절한 표정을 짓고 있었다.

"믿으시겠습니까? 제 인생 50년 동안 GM으로부터 단 한 건의 제안도 받은 적이 없다는 사실을요? 하지만 그런 일이 없었어도 여전히 '꽤 괜찮은 인생'이었습니다. 그래서 말인데, 나는 그런 제안을 받지 않고도 20~30년은 더 살 수 있다고 판단했습니다. 우리 팀이 이런 결정에 동의했다는 게 믿어지나요? 딱 잘라 말하지요. 우리는 당신네 제안을 원하지 않습니다. **정상적인 사람이라면 그런 조건을 수락하지 않을 테니까요."**

내 말이 끝나기가 무섭게 GM의 협상 대표가 말했다

"좋습니다. 그만하세요. 이제 우리 쪽 제안을 이야기하죠."

"이해를 못 하셨나 보군요. 우리는 그쪽 조건을 받아들이지 않겠다는 겁니다."

"알고 있습니다. 그 조건은 철회하고, 이번 집단소송을 해결하기 위해 620만 달러를 내놓겠다는 겁니다."

물론 이날은 어떤 합의도 없었다. 양측의 이견을 좁히는 데는 몇 차례의 협상이 더 필요했다. 놀랄 것도 없이, 재심이 시작되기 바로 전날에 우리는 연방법원에서 만나 이 문제를 해결했다.

사실, 마지막 타협 절차에서 피고 측은 합리적인 태도로 나왔다. 따라서 마지막 단계에서 내 역할은 원고의 지지자가 아닌 중재자에 더 가까웠다.

협상이라는 게임에서는 허를 찌르는 교묘한 책략에 대비해야 한다. 이번 일로 얻은 교훈은 상대가 심기를 건드리며 도발하더라도 냉정하게 침착함을 유지하라는 것이다.

시간과 시간 인식에 대해 살펴보았으니, 다음 구성요소인 **정보**로 넘어가자.

- 시간은 압박감을 가중하고 스트레스를 유발하며 의사결정을 강요한다.
- 대부분의 양보와 합의는 데드라인이 가까워졌을 때 이루어진다.
- 데드라인에 가까워질수록 자신감과 침착함을 유지한다. 근심하고 법석을 떠는 일은 흔들의자에 앉은 것과 같다. 뭔가 하기는 하지만 아무런 소용이 없다.
- 데드라인을 비롯해 사실상 모든 일에는 융통성이 존재하므로 협상이 가능하다. 그러므로 끝날 때까지 끝난 것이 아니다.

제8장

많이 얻을수록 유리하다:
정보

—

우연히 일어나는 일은 없다.

누구나 입력에 따라 출력이 바뀐다는 사실을 안다. 어떤 상황을 평가하고 결정을 내리는 일은 모두 현재 아는 정보를 바탕으로 한다. 간단히 말해, 현재 얻고 있는 스코어를 모른다면 게임에서 질 가능성이 다분하다는 뜻이다.

정보는 우리가 살아가는 데 필요한 수단이며 무기다. 하늘의 태양처럼 정보는 모든 것을 밝혀주고 우리 감정과 행동에도 영향을 미친다.

만일 이것이 사실이라면, 그리고 프랜시스 베이컨의 말처럼 "아는 것이 힘이다"라고 한다면, 우리는 왜 협상 상대에 대한 정보를 얻지 못하는 것일까?

출발신호를 기다리지 마라

가장 큰 이유는 너무나 많은 사람이 결정적인 순간이 닥쳐야 필수적인 협상 전략을 준비한다는 것이다.

복잡다단한 문화에서 살다 보면, 아직 빗방울이 떨어지지는 않더라도 늘 먹구름이 모여든다. 요컨대, 좋든 싫든 우리 앞에는 늘 협상이 기다린다.

예를 들어, 우리는 건강관리공단의 비용 지급 여부와 관계없이 건강진단을 강요받고, 10년을 타던 자동차가 폐차 직전이고, 딸이 운전면허를 따고, 또 다른 자녀가 대학에 진학하고, 회사가 직원들에게 5만 달러를 현찰로 주고 명예퇴직을 권고한다는 소문이 돌고, 〈포춘〉에서 선정한 500대 기업에 드는 회사와 돈이 되는 거래를 하는 꿈에 그리던 기회가 생기고, 또 아파트 임대 계약이 끝나가는 상황에 처하기도 한다.

그렇다. 협상이란 바람은 언제 우리에게 불어올지 모른다. 사실 이 글을 읽는 독자도 당분간은 일어나지 않을지 모르지만, 수없이 많은 협상을 앞두고 있다.

안타깝지만, 우리는 정보 수집도 없이 폭우를 기다리는 일이 많다. 그래서 정작 폭우가 내릴 쯤에는 정보를 얻기가 더욱 어려운 상황에서 상대와 맞닥뜨리게 된다. 하지만 그때 가서는 뾰족한 수 없이, 즉흥적으로 어떻게 해보는 수밖에 도리가 없다.

같은 맥락으로, 미국 문화에는 이런 상황에 닥쳐 즉흥적으로 대처하지 말고 어떻게든 치밀한 계획으로 일을 성사시키라고 경고하는 격언이 가득하다. 벤저민 프랭클린은 "계획에 실패하면 실패를 계획하는 것이나 다름없다"라고 했고, 미식축구 코치 조지 앨런은 "성공의 정의는 완전한 준비다"라는 말을 남겼다. 이제 준비기간을 활용하는 일이 얼마나 중요한지 알았을 것이다.

따라서 조만간 협상할 일이 있거나 장래의 행로를 정하려고 한다면 **당장** 계획에 착수하자.

사안이 아주 중요하다면, 증권거래위원회SEC 기록, 인명록, 연례보고서 등을 확인하고, 인터넷을 활용해 관련 웹 사이트와 새로운 보고서를 찾아보라. 얼마나 많은 자료가 공개되어 있는지 알면 놀랄 것이다.

좀 더 효율적이고 시간을 절약할 수 있는 방법으로 친구와 동료, 지인을 활용할 수도 있다. 그들은 같은 상황을 직접 경험했을 수 있고, 아니면 그런 경험을 한 사람을 소개해줄 수도 있다.

협상을 앞두고 있을 때마다, 나는 "앞쪽에 무슨 일이 있는지 알고 싶다면, 그곳에서 방금 돌아온 사람에게 물어보아라"라는 중국 속담이 떠오른다. 이 말에 따라 나는 항상 비슷한 상황에 처해 있거나, 이전에 내 협상 상대를 경험했던 이들에게 연락하려고 노력한다. 미래의 행동을 예측하기에 가장 좋은 잣대는 분명 과거의 행동이다!

협상 준비의 첫 단계

전문 협상가는 협상이란 지속적인 과정이란 사실을 잘 안다. 그들은 공식 협상에 앞서 상대의 관심사와 데드라인, 걱정에 대해 정보를 얻을 수 있다는 사실도 알고 있다.

노사관계에서는 일반적으로 이번 계약이 체결되는 순간부터 다음 계약을 위한 협상이 시작된다. 정부에 제품이나 서비스를 제공하는 주요 방위 산업체들도 수주 예상 시점보다 수년 앞서 협상 준비를 시작한다. 이런 준비기간 동안 그들은 누가 의사결정에 핵심 인물인지, 그리고 그런 인물에 영향을 주는 이들은 또 누구인지를 파악하려고 노력한다.

오랜 역사를 지닌 외교 전략에서 대사들을 스파이로 활용하는 것은 공공연한 비밀이었다. 이들은 1년 내내 정보를 수집하면서 외국 정부의 실세를 찾고 그들과 좋은 관계를 맺으려 노력한다.

구매 분야도 다르지 않아서, 구매 담당자들의 일과에는 협력사 공장을 방문해 질문하고 답변을 들으며 정보를 알아내는 일이 포함된다. 그들이 원하는 정보는 협력사의 재고, 신뢰도, 납기, 품질, 관심 사항 등이다. 우리는 경험을 통해서 공장장, 반장, 엔지니어, 또는 직원들이 향후 협상에 영향을 주는 정보를 무심코 흘리기도 한다는 사실을 알고 있다.

실제로, 수년 전에 한 구매 대리인은 내게 이런 이야기를 했다. 언젠가 그가 평소처럼 제조공장을 방문했을 때 인사부장이 그에게 이렇게 물었다. "다음 달의 협상이 얼마나 걸릴까요?"

그가 대답도 하기 전에 인사부장이 다시 말했다. "이번 협상을 질질 끌면 직원을 25퍼센트나 해고해야 해요."

출발 신호가 울리기 전, 준비기간에 되도록 많은 정보를 수집해야 한다. 이런 정보는 조사나 비공식적 접촉, 또는 이전에 상대와 협상 경험이 있는 사람들에게서 얻을 수 있다.

내가 강조하려는 바는 **협상이라는 게임**에서 **핵심은 커뮤니케이션**이라는 사실이다. 이 커뮤니케이션은 수동적이거나 정적인 것이 아니라, 시작이나 끝이 없는 능동적이며 연속적인 것이어야 한다. 협상 당사자들은 첫 만남을 협상 과정의 출발점으로 봐야 한다. 그리고 이런 준비 단계, 즉 공식 협상의 전 단계에서부터 모든 상호작용을 예상하고 계획해야 한다.

요약하면, 정보라는 뗏목을 준비한다면 초보 협상가라도 협상의 강을 성공적으로 건널 수 있다.

호혜의 원칙

그러나 커뮤니케이션이란 양방향 과정이어서 받기만 하는 것이 아니라 주기도 해야 한다. 상대에게 정보를 얻을 기회를 준다면 **호혜의 원칙**에도 맞으며 상대의 태도나 신뢰도, 그리고 무엇보다도 상대의 기대에 영향을 줄 수 있다. 그러므로 궁극적인 협상 목표에 부합하는 일관되고 시의적절한 메시지를 보낼 수 있도록 반드시 처음부터 주의를 기울여야 한다.

따라서 협상 전에 하는 말과 행동(또는 하지 않는 말과 행동)은 최종 결과에 엄청난 영향을 준다.

이것은 상대가 사실을 잘못 알고 있거나 비현실적인 협상 목표를 세우고 있을 경우 특히 그렇다. 이런 사실을 깨닫는 즉시, 상대에게 현실적인 정보를 주어 상대의 생각을 바로잡아야 한다. 그렇지 않으면, 실제 협상에서 전달되는 변경 사항은 전혀 뜻밖의 비합리적인 제안으로 받아들여진다. 그리고 상대는 당연히 "아니요"라고 거절할 것이다.

뭔가 다른 것을 받아들이고 소화하는 데는 시간이 필요하다는 사실을 명심하자. 이것은 사람들이 새로운 아이디어나 개념, 접근법에 익숙해질 기회가 필요하다는 **수용 시간의 원칙**이다.

이해를 돕는 간단한 예를 살펴보자.

3년 전, 당신은 한 유능한 직원에게 임금을 7퍼센트 올려주었다. 그리고 2년 전과 작년에도 똑같은 임금 인상률이 적용되었다.

하지만 그 이후로 당신은 사업에 문제가 생겨서 자금난을 겪으면서 다음 회계연도의 지출을 동결할 수밖에 없게 되었다. 하지만 직원은 이런 상황을 모른다.

이런 경우, 임금 협상 자리에서 직원이 기대하는 인상률은 얼마일까?

당연히 7퍼센트다. 직원은 지금까지 받은 임금 인상률을 기대할 것이다. 그런데 당신이 좋은 마음에서 사비로 임금을 5퍼센트 올려주었다고 해보자. 하지만 직원은 2퍼센트를 덜 받았다고 생각할 것이다.

이런 딜레마를 피하려면 임금 협상 전에 되도록 빨리 이런 좋지 않은 상황을 직원에게 알릴 필요가 있다. 당연히 사실을 알게 된 직원은 새로운 현실에 맞게 기대치를 조정하려고 할 것이다. 더 중요한 것은, 만일 당신이 사람들의 의견을 물으며 그들을 처음부터 어떤 일에 참여시킨다면, 그들은 그 일의 결과를 더 잘 이해하고 지지할 거란 점이다.

수년 전, 나는 한 의원에게 같은 정당에 속한 대통령이 정치적으로 큰 위기에 빠졌는데 왜 돕지 않았는지 물었다. 그런데 그 의원의 대답이 걸작이었다. "비행기가 뜰 때 함께 타지 않았는데, 어떻게 떨어질 때 같이 있겠어요?"

준비기간을 이용해 상대의 기대에 영향을 주고 행동을 변화시키는 또 다른 사례를 살펴보자.

예전에 내가 아파트에 살고 있을 때였다. 엘리베이터 안에서 한 이웃이 내게 다가와 물었다. "11층 E호에서 밤마다 소란을 피우는데 잠은 제대로 주무시나요?"

"글쎄요. 잘 모르겠네요. 저는 복도 저 끝 11층 B호에 살거든요"

"저는 운이 없는지 11층 F호에 살아요. 바로 그 집 옆집입니다. 30대 젊은 녀석들이 새벽 2시까지 로큰롤을 틀고 파티를 하는데, 벽을 두드리고 전화를 걸고 신고도 해봤지만 소용이 없어요."

여러 정황으로 볼 때, 그는 요새 애들 쓰는 말로 꼭지가 돌아버릴 지경이었다.

나는 분위기를 바꾸려고 이렇게 말했다. "마음을 좀 푸시고 시끄러운 소리를 즐겨보세요. 로큰롤이란 게 독특해서, 멜로디를 드러머가 연주하는 유일한 음악이잖아요."

그는 내 유머를 좋아하지 않았다. 다행히 때마침 엘리베이터 문이 열렸고, 나는 어색한 상황을 겨우 모면할 수 있었다.

한 달 후, 엘리베이터 안에서 다시 그를 만났는데, 그가 이렇게 말했다.

"좋은 소식과 아주 나쁜 소식이 있습니다. 그 30대 녀석들이 이사를 나갔는데, 이번엔 더 어리고 거칠어 보이는 애들이 새로 들어왔어요. 이번 애들은 음악을 하는지, 이사 올 때 보니까 앰프랑 엄청나게 큰 스테레오 스피커를 들여오더군요."

그의 처지가 안쓰러워, 나는 충고를 한마디해줬다.

"지난번에 벽을 두드리고 전화해보았자 아무 소용이 없었잖아요. 그러니까 이번에는 다른 전략을 써보는 건 어떨까요?

나 같으면 아직 시간이 있으니 이때를 이용해 그들의 행동에 영향을 주도록 해볼 거예요. 소란이 생길 때 화가 나서 감정적으로 대응하는 것보다 낫지 않을까요? 우선 파이를 굽든지 사서 새로 온 사람들에게 나눠 주는 거예요. 직접 가져가면 틀림없이 들어오라고 할 겁니다.

일단 안으로 들어가면 그들이 여기 식당이나 가게, 교통 등 여러 가지를 물어보겠지요. 그러면 대답을 해주고 전에 있던 사람들이 음악을 너무 크게 틀어서 시끄러웠는데, 그들이 새로 이사를 와서 정말 좋다고 슬쩍 이야기를 꺼내는 겁니다.”

사실, 이 방법은 내가 써먹었던 것인데, 이 방법으로 나는 상대에게 바라는 것이 있을 경우 관계가 형성되는 초기 단계에 일찌감치 말해두면 꽤 효과가 있다는 사실을 알았다.

두 달이 지나, 11층 F호에 사는 사람들이 활짝 웃으며 나를 찾아와 내 전략이 효과가 있었음을 알려주었다. 그들은 옆집 젊은이들과 친구가 되었을 뿐만 아니라, 파티에 두 번 참석하기도 했다.

무엇보다 놀라운 일은 그들이 브루스 스프링스틴의 열성 팬이 되어 그의 다음 공연 티켓까지 구했다는 사실이었다. 세상일은 모르는 법이다. 엘러비〔미국의 유명 여성 방송인으로 “And so it goes(일이 그렇게 되었다)”란 말을 자주 사용했다〕의 말처럼 일은 그렇게 되었다.

기대와 실제 결과 사이

모든 경험적 증거로 볼 때, 협상 결과에 만족하느냐 아니냐는 협상에 대한 기대와 관련이 있다. 그렇다. 사람들이 **만족하거나 실망하는 것은 결과 그 자체가 아니라 기대와 실제 결과 사이의** 차이에서 비롯된다.

그러므로 협상 준비단계에서 상대의 기대가 현실과 동떨어져 있음을 간과한다면, 본격적인 협상에서 그런 차이가 표면에 떠올라 협상이 교착 상태에 빠질 위험성이 커진다.

예를 들어, XYZ라는 회사를 인수하려 한다고 가정해보자. 재무를 분석한 결과, 회사의 적정가치가 500만 달러인데, 회사 매도인은 협상 초기부터 이 금액의 2배를 받으려고 한다. 이 경우에 협상 때까지 기다렸다가 상대의 부풀려진 금액을 바로잡으려고 한다면 낭패를 보기 십상이다.

이전 사례(임금 7퍼센트 인상을 기대한 직원)에서 살펴본 것처럼,

이 문제에 대처하는 방법은 되도록 빨리 관련 정보를 알리는 것이다. 이 일은 직접 혹은 제3자를 통해 할 수 있다. 물론 목적은 상대의 사고방식을 현실 상황에 맞게 조정하려는 것이다.

상대가 부풀려진 기대를 갖고 협상에 들어오도록 내버려 둔다면 어떻게 될까? 이 경우, 사람들은 십중팔구 기대에 훨씬 못 미치는 제안을 하는 "로볼lowball" 기법을 써서 스스로 키운 문제를 해결하려고 한다.

이 로볼 전략은 2가지 방법으로 쓸 수 있다. 앞서 설명한 XYZ 회사의 경우, 상대의 지나친 기대를 조정해야 하는 매수인은 처음부터 거래가격을 220만 달러로 과소평가해서 부를 수 있다. 그러면 대개 매도인은 충격을 받고 관계는 무산될 것이다.

그러나 매도인이 다른 방법이 없다고 잘못 알고 있어서 또는 이미 너무 많이 투자했다는 이유로 협상을 계속할 경우는 어떨까? 이런 경우에는 상대의 가치 평가는 낮아지며 매수인에게는 280만 달러를 양보할 수 있는 여유가 생긴다.

한 가지 분명히 말해두고 싶은 것은, 나는 이런 전략을 선호하지 않는다는 사실이다. 지나치게 낮거나 높은 요구는 상대방의 기대치를 내게 유리하게 조정할 수 있지만, 반대로 신뢰를 해칠 수도 있다. 하지만 사실에 기초한 타당한 이유를 제시한다면, 이 초기 전략은 관계를 해치지 않고 이득을 얻을 수 있다.

다음과 같은 사례에서 사용된 또 하나의 로볼 전략은 분명히 비윤리적이다. 한 소매업자가 신문에 지나치게 가격이 저렴한 상품의 광고를 싣는다. 매장에 도착해, 점원이 신용카드로 계산하는 모습을 보며 당신은 헐값에 산다는 생각에 흐뭇하다. 이때 점원이 "그런데 이 제품을 쓰려면 또 이런 것도 사야 합니다"라며 능청스럽게 필요한 액세서리들을 늘어놓는다.

결국 모든 추가비용을 합산해보면, 당신은 애초에 훨씬 높은 가격을 홍보했던 경쟁업체에서 구입하는 것보다 더 높은 가격을 치르게 된다.

기대가 낮으면 실망도 작다

처음 생각만큼 좋은 것은 없다.

조지 엘리엇, 〈사일러스 마너〉

"돈을 빌려야 한다면 반드시 비관적인 사람에게서 빌려라. 돌려받을 수 있다고 생각하지 않을 테니까"라는 말이 있다. 같은 맥락에서, 불만은 기대와 실제 사이의 차이에서 생긴다는 것을 우리는 알고 있다.

최근 나와 거래하는 여행사는 덜레스공항에서 로스앤젤레스 공항으로 가는 항공권을 아메리칸에어라인에서 예매했다. 여행사 여직원은 비즈니스 클래스를 예약하면서 내가 일등석 업그레이드 대기자 목록에도 올라가 있다고 했다.

당시 나는 200만 마일 이상 이용고객에게 주는 A어드밴티지 플래티넘 카드를 소지하고 있었고 무제한 업그레이드 이용권도 여러 장 있었다.

덜레스공항에서 전자티켓을 받을 때, 나는 일등석으로 업그레이드가 되어 게이트에서 탑승권을 받으란 안내를 들었다.

그 안내대로 나는 다시 줄을 서고 일등석 티켓과 좌석번호를 받았다. 그런데 출발 35분 전쯤 탑승수속 창구에서 나를 부르더니 실수로 내 좌석이 업그레이드되었다고 알려줬다. 그 좌석이 비어 있으니 426달러를 더 내고 이용하면 어떻겠냐고 물었다.

사실 그전까지만 해도 나는 비즈니스건 일등석이건 별로 관심이 없었지만, 그동안 기대가 커져서 일등석에 신경을 쓰고 있었다. 아마도 지나칠 정도였던 것 같다. 결국 나는 아메리칸에어라인의 두말하는 상술에 화가 치밀었다. 게다가 그들은 거만했고 미안한 기색이 조금도 없었다.

출구가 닫히기 전 25분 동안 나는 애드미럴스 클럽Admirals Club(특별 회원제 프로그램)의 가격 상담원과 게이트 담당자, 그리고 누군지 모르는 셔츠와 넥타이 차림의 남자에 이르기까지 여러 사람에게 가보란 말을 들었지만, 어느 누구에게서도 회사의 정책과 행동에 대한 마땅한 해명을 듣지 못했다.

비행기는 놓칠 수 없었고 내게는 시간이 없었다. 결국 비즈니스에 앉은 나는 로스앤젤레스로 가면서 내가 앉을 수 있었던 3J 일등석이 비어 있음을 알았다.

보통 때 같으면 이 문제의 결과가 어떻게 되었는지 알려줄 수 있겠지만, 이 일은 바로 지난주에 있었던 이야기라 존 폴 존스의 노랫말을 흉내 내면 "나는 이제 막 협상을 시작했다."

내 입장에서는, 이번 일은 원칙의 문제로 나는 모든 소비자를 대표하는 역할을 맡았다.

나는 이미 이 항공사의 CEO와 마케팅 책임자에게 편지를 보냈다. 편지에서 나는 그들이 이 문제를 이해하고 시정하겠다면 그 항공사를 계속 이용할 뜻이 있음을 밝혔다. 또 이 두 사람 중 하나, 아니면 회사 직원 가운데 한 사람이 내게 전화를 한다면 그들의 선의의 표시로 받아들이겠다고 말했다.

전화 통화에서, 만일 그쪽에서 제시하는 해결책이 내 요구에 부합하지 않는다면 나는 상대에게 다음과 같은 내용으로 조언을 구할 것이다.

- 당신이 내 입장이라면 지금 어떻게 하시겠습니까?

- 당신은 내가 상원의원에게 편지를 쓰거나 연방항공국에 직접 연락해야 한다고 생각하십니까?

- 상원 항공분과위원회와 하원 교통분과위원회가 이 문제에 관심이 있다고 알고 있는데, 그쪽과 이야기해야 할까요?

- 교통부장관은 어떻습니까? 그에게 도움을 받을 수 있을까요?

물론 이런 통화의 목적은 내게는 여러 대안이 있으며 그냥 물러서지 않겠다는 뜻을 상대에게 전달하기 위해서다. 하지만 내 태도는 우호적일 것이고, 상대의 경직되고 방어적인 반응을 유발하는 직접적인 위협이 없다는 점을 주목하자.

솔직히 시간이 흐르면서 나는 화가 가라앉았다. 바로 지금, 나는 신경을 쓰되, 지나치지 않은 그런 상태다. 모두 알겠지만, 이것이 바로 원칙만 앞세우는 오만한 사람들의 행동에 영향을 주는 가장 효과적인 태도다.

지치고 소극적인 한 여행객이 원기 왕성한 활동가로 변신하는 이 이야기에서, 기대가 높아지면 그 실현을 꿈꾸게 된다는 사실을 분명히 알게 되었기를 바란다.

아마도 다른 이야기겠지만, 같은 맥락에서 이해할 수 있는 예로 미국에서 흑인들이 겪는 어려움을 들 수 있겠다. 흑인들은 시민 평등권 법안이 통과되고 인종차별 철폐 정책이 시행됨에 따라 사회 및 경제적 환경이 당연히 개선되리라 기대했다. 그리고 나아진 것도 사실이었다.

그렇기는 하지만, 기대치는 높아졌는데 현실이 따라주지 못해서 사람들은 실망했다. 논란이 있기는 하지만, 대다수 아프리카계 미국인은 시민 평등권 운동이 시작되기 전보다 만족도가 떨어졌거나, 적어도 불평등에 대한 불만의 목소리가 더 커졌다.

문제는 인간은 모두 기대와 현실 사이의 차이를 가지고 만족 또는 불만족을 판단한다는 것이다. 요컨대 어떤 일을 달성했더라도 사람들의 기대에 못 미친다면 아무리 그 성과를 되뇌어도 그들을 만족시킬 수 없다는 뜻이다.

사실 이런 원칙은 비단 소수자들에게만 적용되는 것이 아니라 "더 나은 다수"에게도 적용된다. 내가 살아오는 동안, 여성들은 그들의 할머니 세대보다 훨씬 많은 기회와 선택권을 얻었다. 그러나 이런 진보에도 상당히 많은 여성이 아직 남아 있는 불평등에 낙담하고 분개하고 있다.

재미있는 사실을 보여주는 사례로, 한 유명 광고는 이런 불만을 터뜨리면서 여성을 대상으로 상품을 홍보했다. "당신은 먼 길을 왔습니다"라는 그들의 광고 문구는 "아직 갈 길이 멀다"라는 의미를 담고 있다.

자, 오해하지는 말기 바란다. 내가 말하려는 바는 협상이란 게임을 하는 사람들은 다음 2가지 기준으로 만족도를 결정한다는 사실이다.

1. 협상 과정이 공정하고 정당했는가? 상대가 내 의견을 귀담아 듣고 내 관점을 존중해주었는가?

2. 최종합의가 내 필요와 관심사, 그리고 특히 나의 기대를 얼마나 만족시켰는가?

결론적으로, 상대의 기대를 항상 인지하고 되도록 빨리 정보를 제공함으로써 그들의 기대를 조절하는 데 도움을 주어야 한다.

불만족에 대한 오해

아무것도 없어서 조금 가지려고 할 때보다 많이 갖고 있는데
좀 더 가지려고 할 때 실망이 더 크다.

에릭 호퍼

9.11 테러 이후 TV에 잘못 보도된 내용이 너무 많기 때문에,
'불만족'이라는 개념에 대해 좀 더 자세히 설명하겠다.

저널리스트를 자처하는 미숙한 기자들의 보도를 보고 있으
면, 고통받고 비참한 환경에서 살아가는 사람들에게서 야만적
인 행동이 자연스럽게 일어나는 것 같은 인상을 받는다.

그런데 노련한 언론인조차 그런 전제를 받아들이고 이 범죄
자들 또는 그들의 옹호자들을 인터뷰해서 이른바 불만의 "근본
원인"을 방송하려고 꽤 애를 쓴다.

그러나 사실 역사를 보면, 불행 자체로는 어떤 행동이나 반란
을 유발하지 않는다. 독일의 히틀러나 소련의 스탈린, 캄보디아
의 폴 포트, 우간다의 이디 아민과 같은 가장 억압적인 정권에
서는 자생적인 인권운동이 없었다.

전체주의 국가들은 사실 반체제 인사들을 다루는 방법을 알

고 있다. 1982년 2월에 시리아에서 일어난 일을 예로 들어보자. 세속주의를 지원했던 독재자 하페즈 알아사드는 시리아의 네 번째로 큰 도시인 하마에서 이슬람 운동이 싹트고 있다는 사실을 알게 되었다.

그는 즉시 행동을 개시해, 인구가 밀집한 이 도시를 무장 군인으로 포위하고 나흘간 밤낮으로 포격해 1만~2만 명의 민간인을 학살함으로써 도시를 쑥대밭으로 만들었다. 이후 단단히 자리 잡은 독재정권에 아무런 반대가 없었다는 사실을 믿을 수 있을까?

더욱 주목할 만한 일은, 유엔이나 아랍연맹, 유럽연합에서 이런 만행을 규탄해서 통과시킨 결의안이 전혀 없었다는 사실이다. 오히려 시리아는 미국을 내보내고 대신 유엔 인권위원회 회원국이 되었고 현재는 안보리 이사국으로까지 활동하고 있다.

이상과 같은 사실은 기대와 어떤 관련이 있을까? 요점은 반체제인사들을 움직이는 동기는 분노나 좌절감이 아니라 앞으로 상황이 좋아지리라는 희망이라는 것이다. 토크빌은 "독재정권에 가장 위험한 순간은 그들이 자유주의 경향을 보이기 시작할 때다"라고 했다.

실제로 1970년대 말 이란 국왕이 개혁을 실시할 때 이런 문제가 생겨 전체주의 통치구조가 약화되었다. 그때 만일 국왕이 수천 명에 이르는 호메이니의 추종세력을 처단했더라면, 그의 왕가가 아직도 권력을 쥐고 있을 것이다.

이슬람의 호전성과 그로 인해 서방세계가 느끼는 위협 문제 역시 기대와 현실 사이의 간극과 관계가 있다.

미국의 입장에서는 아랍에서 가장 중요한 두 동맹국은 이집트와 사우디아라비아다. 이집트는 인구 7천만 명과 이슬람 학문의 전통, 그리고 범아랍 지도자의 위치 때문에 중요하고, 사우디아라비아는 석유 매장량과 이슬람 성지에 대한 지배력 때문에 중요하다.

이 두 나라는 모두 인구가 많고 교육열이 높지만 청년 실업률이 증가하고 있다. 오일 쇼크(아랍 산유국들의 금수조치로 원유 값이 급등해 세계경제에 타격을 준 사건)로 벌어들이는 수입이 3배로 늘어난 시기에 태어나고 자란 청년들은 자신과 국민들의 번영된 미래를 꿈꿨다. 그러나 이런 기대는 실현되지 않았다. 이집트와 사우디아라비아는 경제가 침체되었고 족벌주의와 부패가 만연했다. 연줄 없는 사람들에게는 기회가 거의 없었기 때문에 두 나라에는 고학력 빈곤층이 크게 늘어났다.

이집트의 경우, 인구의 60퍼센트가 25세 이하의 청년층으로 넘쳐났지만, 실업률이 25퍼센트에 이른다. 그리고 노동력의 3분의 1이 월평균 65달러의 임금을 받는 정부 일자리 종사자로, 이마저 없었다면 실업률은 훨씬 더 높았을 것이다. 대학과 로스쿨은 여전히 일자리를 구하지 못하는 학생들을 배출하고 있다.

사우디아라비아는 규모가 작지만 인구 구성은 이집트와 유사하다. 과거 무제한으로 보였던 석유 생산 수입은 부모 세대와 달리 오늘날 젊은 세대에게 보조금을 지급하기에 충분하지 않다. 이런 사정은 현재 1인당 국민소득이 과거의 절반인 7천 달러에도 못 미친다는 점을 보면 분명히 알 수 있다.

이들 정권은 내부의 실망과 원망, 분노를 야기한 문제를 직접 해결하는 대신, 국민의 관심을 공공의 적인 이스라엘에 집중시키려고 했다. 게다가 그들은 관제언론을 동원해 반미 감정을 부추겨 독재정권에 집중되었을 비난의 화살을 외부로 돌리는 수법을 썼다.

호스니 무바라크나 사우디아라비아의 왕실은 개혁이 필요하다는 조언을 들었지만, 그런 변화는 국민의 기대를 높여 혼란이 생기리란 걸 알고 있었다. 좋은 환경을 맛보게 되면 혁명에 대한 열망이 걷잡을 수 없이 커질 것이 뻔했기 때문이었다.

역설적으로, 이라크와 시리아는 억압적인 독재 정권이지만 이런 곤경에 처해 있지는 않다.

나는 궁극적으로 합의를 이끌어내는 데 기대가 얼마나 중요한가를 수없이 강조해왔다. 잘못된 가정과 비현실적인 목표를 초기에 바로잡지 않아서 협상에 실패한 사례를 너무나 많이 보아왔기 때문이다.

따라서 협상이라는 주고받는 거래에서 적시에 정보를 주는 것이 얼마나 중요한지를 거듭 강조하고 싶다.

그럼 이번에는 협상의 또 다른 중요한 요소인 정보 수집에 대해 살펴보자.

정보를 수집하기 위한 질문

분명 모든 협상에 동일한 형태의 조사나 정보 수집이 필요하지는 않다. 정보 수집에 필요한 시간은 거래의 중요성과 복잡성, 그리고 시간 제약에 따라 다르다.

나아가서 정보의 양이 중요한 것이 아니라, 상대의 숨은 관심사 또는 그들의 의사결정에 영향을 주는 요소를 알아낼 수 있는 정보가 중요하다는 사실을 명심해야 한다.

무엇보다도, 적절한 정보를 활용하면 양쪽에게 이로운 창의적인 해결책을 개발하게 해주는 옵션과 대안을 찾아낼 수 있다.

내게 만일 선택권이 있다면, 내가 묻고 싶은 질문 목록은 다음과 같다.

- 상대가 나와 협상을 하는 이유
- 상대의 시간 제약 또는 데드라인

- 상대의 의사 결정권자와 결정 방식

- 상대의 분쟁 대응 방식

- 상대의 협상 스타일

- 상대가 가진 권한의 한계

- 상대의 협상 경험 및 경력

- 상대가 이 거래를 성사시키기 위한 현실적 대안을 가지고 있는지 여부

- 상대가 이 거래를 성사시키기 위해 가지고 있는 동기 부여책

- 상대의 숨은 관심 사항

- 상대의 정직성과 성실성을 보여주는 실제 자료

- 상대의 결과에 대한 기대

상대가 대기업일 경우 추가로 필요한 질문 사항은 다음과 같다.

- 상대가 보고해야 하는 대상

- 상대에게 예산이나 할당량이 있는지 여부

- 상대가 협상으로 받는 보수의 형태

정보 수집의 장애물

이제 협상에서 정보 흐름을 돕거나 방해하는 행태에 대해 알아보자.

첫째, 상대가 실제로 원하거나 필요한 것이 무엇인지를 속단하지 않는다.

상대의 첫 제안이나 요구를 들으면, 그렇게 표현된 입장을 그들의 진정한 관심사로 받아들이는 경향이 있다. 상대의 말을 곧이곧대로 믿는 실수를 범하지 않도록 주의한다.

앞서 타이타닉의 법칙을 설명하면서 말했듯이, 처음부터 지나친 요구를 하는 상대를 만나더라도 침착하게 냉정함을 유지한다. 그럴 때는 질문을 하고 수면 아래 숨은 관심사와 필요를 알아내야 한다.

둘째, 신뢰는 깨지기 쉬우며, 위험과 보상이 따르는 점진적 단계를 통해 서서히 형성된다는 사실을 명심한다.

상대와 처음 마주하는 경우, 당연히 우리는 정보를 알려주는 것을 꺼리게 된다. 특히 그 정보가 자신에게 불리하게 이용될 것이라고 생각하는 경우가 그렇다.

처음에 상대의 우려와 입장을 이해하고 공감한다는 태도를 보인다면 이런 불안감을 완화할 수 있다. 무엇보다 말과 행동, 태도를 통해 서로의 입장 차이는 자연스러운 것이며, 상호 유익한 합의를 이끌어낼 창의적 해결책을 모색할 기회가 있음을 전달해야 한다.

셋째, 상대가 실망스러운 반응을 보일까 봐 의견을 말하기를 꺼리는 경우가 있다. 사실 누가 상대를 낙담시키고 심지어 화를 돋우는 나쁜 이야기를 전하길 원하겠는가?

우리는 거의 42킬로미터를 달려 전쟁 소식을 왕에게 전한 그리스 사자의 불행한 이야기를 잘 알고 있다.

사자가 도착하자 왕이 그에게 물었다. "그래 우리 군대는 잘하고 있나?"

"모두 죽임을 당하고 있습니다." 사자가 가쁜 숨을 몰아쉬며 대답했다.

그런데 왕은 "이런 나쁜 소식을 제때 알려줘서 고맙구나"라고 치하하지 않았다. 그 대신 그는 이렇게 말했다. "이 헐떡거리는 애송이 놈을 끌어내서 목을 베어라. 이놈 때문에 기분을 잡쳤구나."

이 사자의 불행한 운명이 소문으로 퍼졌을 때를 상상해보자. 당연히 다음에 나쁜 소식을 전해야 하는 사자는 꽁무니를 빼거나 소식을 왜곡할 것이다. 그러므로 문제는 어떻게 하면 우리가 상대의 불안을 덜어주고 정확한 정보를 얻어낼 수 있을까 하는 것이다.

이것은 협상가, 매니저, 임원, 의사, 변호사, 회계사, 그리고 특히 부모가 언제나 해결해야 하는 문제다.

이런 딜레마를 잘 보여주는 예를 들어보자. 아이를 키우면서 내가 겪은 이야기다.

우리 딸 샤론은 열여섯 살 되던 해에 고등학교 졸업 파티에 초대를 받았다. 딸의 파트너는 예정보다 30분이 늦은 7시 30분에 우리 집에 도착해서 자기 집 자동차를 가져올 수 없었다고 말했다. 아이들이 기다려온 큰 행사에 흥을 깰 수가 없어서, 우리 부부는 차를 빌려주었다.

아내 엘렌과 나는 아이들이 차를 끌고 나가는 모습을 지켜보았다. 그러고는 서로를 쳐다보며 동시에 이렇게 말했다. "세월 참 빠르네."

집 안으로 들어오면서 엘렌은 혼잣말로 걱정을 쏟아냈다. "남자아이가 꽤 어려 보이던데, 운전면허는 있나? 샤론은 개에 대해 얼마나 알까? 혹시 마약을 하지는 않겠지?"

질문들이 너무 빨라서 내가 미처 대답할 새도 없었다. 마침내 나는 모든 걸 다 알고 있는 사람처럼 권위 있는 태도로 말했다.
"여보, 대여섯 시간이면 돌아올 거예요. 난 기다리지 않을 거예요. 아이를 믿든지 말든지 그건 당신이 알아서 해요!"

난 내가 무슨 말을 하는 줄도 몰랐는데, 내 말이 아내에게는 위안이 된 모양이었다. 딸을 한번 믿어보자는 심정으로 우리는 귀가시간까지 기다리지 않고 자정이 조금 지나 잠자리에 들었다.

우리 부부 이야기가 나왔으니 말인데, 잠시 주제를 벗어나 내 "배우자 행동 원칙" 2가지를 들어주었으면 한다. 아내와 내가 결혼 10주년을 맞았을 때, 한 친구는 내게 "너네 부부는 참 오래도 사는구나. 비결이 뭐야?"라고 물었다.

그때 나는 결혼 생활에서 지키려고 했던, 다소 이기적이기는 하지만 실용적인 행동 원칙들을 적어보았다.

첫째 원칙은 둘 사이에 다툼이 벌어져 새벽까지 이어질 경우라도 절대 침실을 떠나지 않는 것이다. 다툼이 아무리 심하고 감정적이더라도 그 자리를 벗어나지 말아야 한다. 자리를 떠나면 어디를 가더라도 마음이 편치 않을 것이기 때문이다.

그 결과, 나보다 훨씬 쉽게 폭발하는 아내는 이 원칙을 지키지 못했고, 많은 날을 소파나 마룻바닥, 혹은 호텔방 욕조 같은 데서 보냈다.

둘째 원칙은 배우자에게 전화기가 놓인 쪽에서 잠을 자도록 해주는 것이다. 그러면 전화기 가까이에 있는 쪽이 가족의 소통을 담당하도록 해주게 된다. 그리고 나는 이른 시간에 잘못 걸려오는 전화로 깨는 일 없이 **밤새** 편히 잘 수도 있다.

물론 이런 이기적인 방법이 모두에게 통할 리는 없겠지만, 내 경우에는 하룻밤을 푹 자고 나면 부부싸움이 더 쉽게 해결되었다.

다시 딸의 무도회 이야기로 돌아가자. 아내와 내가 깊이 잠들어 있을 때, 전화벨이 울렸다.

아내가 전화에 이렇게 말하는 것이 들렸다.

"샤론. 너 지금 몇 신 줄 아니? 새벽 4시야! 간도 크구나. 무슨 애가 그렇게 책임감이 없어! 늦어도 1시까지는 돌아온다고 했잖니. 말도 안 되는 소리 하지 마. 그건 새 차야."

아내는 수화기를 쾅 내려놓고 나를 향해 돌아누우며 말했다. "나도 모르게 소리를 질렀어요. 너무 화가 나서 그만. 잘못한 걸까요?"

"글쎄, 잘 모르겠어요."

"그러지 말고 이야기해봐요."

"그럼 이렇게 물어보지. 아이는 지금 어디 있대요?"

"모르겠어요."

"집에는 언제 온대요?"

"몰라요."

"누구랑 같이 있대요?"

"몰라요."

"차에는 무슨 문제가 있대요?"

"샤론 말로는 그냥 고장이래요."

"언제 고장 났대요?"

"모르겠어요."

"왜 일찍 전화를 안 했대요?"

"몰라요."

"그래, 당신 생각은 어때요?"

"다음번엔… 다음이라는 것도 없어야 하겠지만, 이 버릇없는 아이한테 뭘 좀 알아낸 다음에 전화를 끊어야겠어요."

이제 앞서 물었던 질문으로 돌아가자. 제때에 정확한 정보를 얻을 수 있도록 타인과 소통하려면 어떻게 해야 할까?

정보를 얻어내는 원칙

유용한 정보를 알아내는 데는 다음과 같은 5가지 단계의 기본 공식이 있음은 잘 알려진 사실이다.

1. 많이 듣고 말은 적게 하기

정보를 얻으려면 귀 기울여 들어야 한다. 단순히 가사를 듣는 것이 아니라 배경음악에도 귀를 기울여야 한다. 여기에는 상대의 진짜 의중을 알아내는 데 도움이 되는 감정과 태도가 담겨 있다. 기본 검정 드레스나 회색 정장에 액세서리를 하듯이, 정보에도 감정, 가치, 경험, 기대치 같은 액세서리가 딸려 나온다.

또한 상대에게 공감하고 있음을 인식시킬 필요가 있다. 상대에게 몸을 기울이고, 눈을 마주치고, 필요할 때 고개를 끄덕이고 웃으면 된다. 또 "그렇죠"라고 하며 공감을 표시하는 것도 도움이 된다.

앞서 나는 상대의 말을 적는 것이 중요하다고 말했는데, 다음의 목적 때문이다.

- 기록하는 행위는 정신을 집중해 상대의 말을 경청하는 데 도움이 된다.
- 상대는 당신의 기록하는 모습을 자신의 말을 존중하는 칭찬으로 여긴다.
- 상대가 말한 기록은 자료로 만들어놓을 수 있고, 나중에 상대의 의사결정에 영향을 주는 데 활용할 수 있다. 예를 들면 이렇다. "선생께서는 지난번에는 이렇게 이야기를 했는데, 여기 이 조항은 그 말씀과 달라지는 게 아닐까요?"
- 대화를 기록으로 남기면 나중에 합의서를 작성할 수 있다. 그리고 아무래도 작성을 맡은 쪽이 유리하다.

그리고 무엇보다도, 말을 적게 하면 나중에 후회할 말도 적다.

2. 위협적이지 않은 질문을 하기

처음에 자연스러운 접근 태도로 상대방을 편안하게 해주는 것이 좋다. 그리고 갈등은 양측이 서로의 필요를 충족해줄 수 있는 문제 해결 기회, 즉 '윈윈'하는 기회를 제공한다는 마음가짐으로 시작한다.

"예"나 "아니요"로 대답할 수 없는 개방형 질문으로 시작한다. 몇 가지 예를 들면 다음과 같다.

- "말씀하신 입장의 근거는 뭔가요?"

- "어떻게 그런 생각을 하셨죠?"

- "왜 그렇게 생각하세요?

- "무슨 말씀인지 이해할 수 있도록 도와주시겠어요?"

- "그 부분을 좀 더 자세히 설명해주시겠어요?"

이런 질문은 상대의 경계를 늦추면서 중요한 정보를 얻기 위한 것이다. 이런 목적을 위해서는 상대의 말을 가로막거나 또는 그 말에 지나친 반응을 보이지 않아야 한다. 따라서 상대의 말에 대꾸하고 싶은 충동이 생기더라도 자제해야 한다.

3. 상대의 감정에 반응을 보이기

상대방의 의견을 들으며 그들의 사고를 이해하고 그들의 입장에서 상황을 보려 노력한다.

전략이 오가는 협상에서도 마찬가지다. **의뢰인, 고객, 예비 파트너, 경쟁자, 혹은 적의 사고방식으로 상황을 관찰한다.** 상대의 말에 진정한 관심을 보이면, 자연스럽게 그들의 상황에 공감한다는 뜻이 상대에게 전달된다. 상대의 억양이나 어조에 귀를 기울이며, 거기에 실린 감정을 살펴본다.

브로드웨이 뮤지컬 〈카바레Cabaret〉에서, 베를린의 어느 외설적인 나이트클럽의 사회자가 무대 위에서 연인과 함께 다정하게 춤을 춘다. 관객은 둘을 보고 처음에 어안이 벙벙해진다. 여자 친구가 고릴라이기 때문이다. 그러자 사회자는 청중을 향해 "여러분이 내 눈을 통해 그녀를 볼 수만 있다면" 하고 노래한다.

상대의 설명이 끝나면 잠시 멈추고, 상대의 태도나 감정에서 공감할 수 있는 부분을 생각해본다. 양측 사이에 충돌하는 부분도 해결해야 하지만, 합의를 위한 기반으로 공통점을 찾으려고 한다는 사실을 명심한다.

여기서 다음과 같은 의미를 담아 말함으로써, 상대의 입장을 공감한다는 뜻을 전달할 수 있다.

- "이런, 나 같으면 화를 냈을 거예요."
- "분명, 어떤 고객도 그런 식으로 대접받아서는 안 되죠."
- "저였더라도 같은 기분일 겁니다."

4. 상대의 이견을 다시 말하기

그리고 상대의 의견에 답하기 전에 상대의 입장을 이해해야 한다. 그렇기 때문에 대화를 기록한 내용을 바탕으로 상대의 이견을 다시 언급하며 확인해야 한다. 그러면 상대와 의견이 다른 부분이 무엇인지 명확히 알 수 있다.

이때 쓸 수 있는 표현은 다음과 같다.

- "무슨 말씀인지 제가 제대로 이해했는지 확인해보겠습니다."
- "그러니까 이런 말씀이시죠?"
- "말씀하신 뜻은 이렇군요."
- "이 부분을 좀 더 자세히 설명해주세요."

궁극적 목표는 문제의 본질이 무엇인지 의견을 모으고 서로의 입장이 다른 근본적인 이유를 이해하는 것이다. 최소한 상대의 이견이 무엇인지, 그리고 그 이유가 무엇인지에 대해 의견 일치를 봐야 한다.

5. 상대의 정보에 감사를 표하기

정적 강화positive reinforcement라는 말이 있다. 바람직한 행동에 칭찬을 하면 그 행동을 더 많이 유발한다는 말이다. 같은 맥락에서 상대가 숨은 관심사나 동기와 같은 정보를 알려줄 때는 감사 표시를 한다. 최소한 미소를 짓거나, 눈을 깜빡이거나, 고개를 끄덕여 감사 인사를 한다. 상대의 솔직함에는 충분히 고마움을 전하고, 원치 않는 행동은 그냥 무시하면 된다.

요컨대, 우리는 자신이 무엇을 모르는지조차 알지 못한다. 그렇기 때문에 배우면 배울수록 모르는 게 더 많다는 사실을 깨닫는다.

다음 장에서는 협상의 마지막 요소인 힘에 대해 살펴보고 'TIP 이론'을 마무리하겠다.

- 준비기간을 활용해 정보를 수집하고 또 제공한다.
- 만족과 불만족은 기대와 결과의 차이로 결정된다.
- 협상 초기 단계에서 상대가 그들의 기대를 현실과 맞게 조정하도록 제때에 정보를 제공한다.
- 정보 수집의 기본 공식은 많이 듣고 말을 적게 하며, 위협적이지 않은 질문을 하고 상대가 제공하는 정보에 감사를 표하는 것이다.

제9장

보는 사람에 따라 다르다 :
힘

———

정말로 부패하는 것은 힘이 아니라 무력감이다.

1965년 9월 9일, 북베트남 상공에서 임무를 수행하던 해군 전투기 조종사 스톡데일의 제트기가 격추되었다. 지상에서 무릎이 산산조각 나고 쇄골이 골절된 그는 농부들에게 잡혀 악명 높은 "하노이 힐튼"이라는 곳에 끌려갔다.

전쟁포로가 된 그는 차갑고 햇빛이 들지 않는, 한 평도 채 안 되는 감방에 갇혀 8년간 고문과 고통의 시간을 보냈다.

이 기간 동안, 그는 3년을 독방에 감금되었고 한 달은 눈가리개를 했으며, 매일 밤 수갑과 족쇄를 차야 했다. 그는 고위 장교였기 때문에 기를 꺾어놓으려는 교도관들에게 특히 잔인한 대우를 받았다.

비인간적인 수용생활 속에서도, 그는 수백 명의 포로가 비밀리에 의사소통을 할 수 있도록 두드리는 소리로 신호를 전달하는 탭 코드를 고안하는 것을 도왔다. 그 덕분에 수감자들은 삼엄한 수감생활 속에서도 단결했으며 사기와 자존감을 잃지 않았다.

가장 기억할 만한 일은, 스톡데일이 행동강령을 만들어 수용소 안의 모든 미국인에게 퍼뜨린 것이었다. 행동강령은 "4R"로 불렸으며 선전 방송, 조기 출소, 전쟁범죄 인정, 적에게 머리 숙여 인사하기 등 4가지 행동을 거부하는 지침이었다.

스톡데일이 주모자라는 사실이 명백해지자, 북베트남 당국은 그를 강제로 선전용 영화에 출연시키려고 했다.

그들의 목적은 아마도 2가지였을 것이다.

첫째는 서방에 미군 포로들이 인간 이하의 취급을 받고 있다는 소문을 불식하기 위해서고 둘째는 스톡데일이 자기가 만든 지침을 스스로 어기도록 함으로써, 나머지 포로를 동조시키기 위해서였다.

이런 괴로운 상황에서 아무리 용기 있는 사람이라도 자신의 운명에 무릎을 꿇었을 것이다.

결국 그는 카메라 앞에 끌려갔다. 아마도 머리를 숙이거나 입을 열지는 않았겠지만, 어쨌든 그 영상이 필름에 담길 것이었다.

그러나 스톡데일은 영웅적이었을 뿐만 아니라 재치 있게 임기응변을 발휘했다. 카메라 앞에 서기 전에 그는 나무의자로 얼굴을 피투성이로 만들었다. 결국 촬영은 취소되었다.

이 이야기의 요점은 최악의 상황에서는 무력해 보이는 사람이라도 자신의 운명을 스스로 결정할 수 있다는 것이다. 이런 행동은 위험을 감수하려는 의지와 자신에게 항상 선택권이 있다는 믿음에서 일어난다. 이런 사람이 진정한 영웅이다.

결국 스톡데일은 감방에서 마당으로 끌려 나가 꽁꽁 묶인 채 햇볕에 구워지는 신세가 되었다. 며칠 동안 고열로 정신이 혼미해

질 즈음, 어느 감방 안에서 헝겊 조각으로 벽을 두드리는 소리
가 들렸다. 애써 정신을 집중해 들어보니 그 소리는 탭 코드로
'G-B-Y-J-S'라는 메시지였다.

그는 이 메시지가 무슨 뜻인지 알았다.

"제임스 스톡데일에게 신의 은총을God bless you, James Stockdale."

분명히 죄수 스톡데일은 끔찍한 순간에서도 자신의 운명을 스
스로 결정할 수 있다고 생각했고, 이 신념에 따라 원하는 결과를
얻었다. 그에게 힘은 오직 신념의 한계에 의해서만 영향을 받을
뿐이었다.

이런 점에서 힘에 대한 생각은 사람마다 다르다. 힘이란 자신이
원하는 대로 타인의 행동에 영향을 주는 능력이다.

힘의 정의

힘은 누가, 언제, 어디에서, 무엇을 얻는지를 결정한다. 그 때문에 플라톤의 《국가론》 이후로 철학자, 정치학자, 행동주의자는 타인에게 영향력을 행사하는 인간의 능력에 관심을 기울여왔다.

약 반세기 전, 로버트 달은 "힘이란 자신이 하지 않을 일을 타인에게 시키는 능력이다"라고 말했다. 그의 말에 따르면 "힘은 A가 B에게 X라는 행동을 시키는 능력이며, 여기에는 B가 X라는 행동을 스스로 할 확률은 일단 배제한다."

요컨대, 힘이란 행사를 하건 안 하건 의도하는 결과를 이루어내는 능력이다. '할 수 있는'을 의미하는 프랑스어에서 나온 이 단어는 다른 사람의 행동에 영향을 줄 수 있는 노하우를 뜻한다.

선전에 이용되지 않겠다는 스톡데일의 의지는, 그가 적에게 영향력을 행사할 수 있는 요령과 지혜를 갖고 있음을 자신했기 때문이었다.

인식과 사실은 다르다

협상력은 누가 힘을 갖고 있다는 사실보다는,
누가 그 힘을 갖고 있다고 생각하는 상대의 믿음에 달려 있다.

프레드 이클레

협상이라는 관점에서 보면, 우리의 힘은 상대가 그 힘을 어떻게 생각하느냐에 달려 있다. 당신이 상대의 만족 혹은 불만족을 좌지우지할 수 있다고 그들이 생각한다면 당신이 그런 결과를 결정하는 힘을 휘두르는 것이다.

상대는 자신의 기준에 따라 당신의 힘을 판단한다. 그러므로 상대가 당신에게 힘이 있다고 생각하는 한, 당신은 실제로 강력한 힘을 가질 필요는 없다. 힘이란 주관적인 개념이기 때문이다.

정말 마음에 드는 골동품 반지가 있다고 가정해보자. 만일 가게 주인이 당신의 열망을 모른다면 그에게는 아무런 이점이 없다.

따라서 정말 사고 싶더라도 그런 마음을 숨길 수 있다면, 당신은 거래에서 유리한 입장이 된다. 데드라인에 임박해 무심한 태도로 "최종 가격"을 제시해놓으면, 상대는 당신의 신경을 쓰되, 지나치지 않는 태도를 보고는 예상 거절비용, 즉 판매를 하지 못해 생기는 손해만 따져보게 된다.

가게 주인이 일방적으로 계산을 해보고, 예상 거절비용이 수락비용보다 크다고 판단하면 당신이 부른 가격을 받아들일 것이다.

힘에 절대적인 기준은 없다

힘이란 아주 중요한 요소지만, 이 말에는 어느 정도 부정적인 의미가 들어 있다.

이런 누명을 쓰게 된 이유는 힘을 악용한 사례가 많았기 때문일 것이다. 권위적인 부모("옳든 아니든, 내가 아버지야. 내 말이 법이야")에서부터 강압적인 상사("내가 하자는 대로 하든가 아니면 그만둬")에 이르기까지, 우리는 힘의 추종자나 힘을 무기 삼아 휘두르는 사람들을 못마땅하게 생각하게 되었다.

분명 이는 근거 있는 불만이다. 하지만 힘 자체보다는 힘을 행사하는 사람의 고압적이고 강압적인 방식 때문이다. 또 하나 타당한 불만은 힘을 사용한 결과가 때로는 마음에 들지 않기 때문이다.

그러나 이런 2가지 측면을 빼면 힘은 자신이 삶의 주인이라는 의식을 심어주는 바람직한 요소다.

내게 힘이 없다면 누군가에게 의존하는 상황, 즉 다른 사람의 기분에 따라 살아가야 하는 상황에 처할 것이다. 그리고 의존하는 삶이 낫다는 생각이 잠시라도 들었다면, 200년 동안 정부의 보호 아래 살았던 아메리카 원주민에게 물어보기 바란다.

이 모든 점을 고려하면, 힘 자체는 좋거나 나쁘지 않은 중립적인 것이다. 힘이란 바람이나 전기처럼, 느낄 수는 있어도 눈에 보이지는 않는다. 그리고 변화를 유도하고 의도하는 바를 실현하는 수단으로서, 어떤 방향으로도 자를 수 있는 양날의 검과 같다.

자동차를 움직이는 동력원인 휘발유의 예를 들어보자. 내가 자동차로 가난한 사람들에게 음식을 운반해주었다면, 당연히 이런 휘발유 사용은 용인될 것이다.

그러나 취중에 자동차에 휘발유를 가득 채우고 드라이브를 나섰는데, 스쿨버스와 충돌해 아이를 여럿 다치게 했다고 가정해보자. 2가지 경우 모두 휘발유라는 힘을 사용했지만, 후자는 용인되지 않을 것이다.

이런 단순한 비유에서, 어떤 행동이 용인될 수 있는지 아닌지 여부는 힘의 원천과는 상관이 없음을 분명히 알 수 있다.

일을 성사시키는 데는 힘이 매우 중요하다. 그런데도 그런 힘이 너무나 자주 간과되는 이유는 뭘까?

첫째, 인과 관계 문제 때문에, 또는 동적인 힘을 측정하는 데 어려움이 있기 때문이다. 행동에 영향을 주는 변수가 많기 때문에 행동학자들은 힘을 정량화하고 그 역할을 분리하는 데 어려움을 겪고 있다. 사실 버트런드 러셀도 "클레오파트라의 코가 조금만 낮았더라면 세계 역사가 달라졌을까?"라고 질문을 던지기도 했다.

둘째, 공상가들은 현실은 이렇다에 대해 저술한 마키아벨리와는 달리 현실은 이래야 한다는 데만 집착한다. 따라서 그들은 힘과 영향력 대신 "진실"과 "사랑"을 논한다. 그리고 이런 유토피아적 이상이 그럴듯하게 보인다. 현실과 맞닥뜨리기 전까지는 말이다.

셋째, 여전히 남아 있는 부정적인 인식 때문에 힘은 미국에서 아직까지 터부시되고 있다. 영국 빅토리아 시대의 섹스처럼 힘은 점잖은 사람들 사이에서 논의되는 말이 아니었고 내밀한 이야기에서만 쓰였다.

따라서 상원 다수당 대표인 린든 베인스 존슨과 같은 파워 게임에 통달한 사람들은 이런 사실을 감추려고 끝없는 노력을 기울였다. 존슨이 법안 통과를 위해 압력을 행사하면서 성경에 나오는 선지자 이사야의 "오라, 우리가 서로 변론하자"라는 말을 자주 인용했던 것을 기억할 것이다.

국제관계에서도 상대 국가의 정책을 원하는 방향으로 변화시키기 위해 끊임없이 힘이 행사되고 있다.

그 예로, 나토가 밀로셰비치의 코소보 인종청소를 중단시키기 위해 강압적인 힘(공습)을 행사하고, 다시 밀로셰비치를 헤이그 전범재판소로 넘기지 않겠다는 세르비아 정부의 처음 결정을 바꾸기 위해 보상이라는 힘(경제원조)을 사용한 사실을 살펴보자.

사실 나토는 세르비아가 기대했던 경제원조라는 선택권을 제한함으로써 그들에게 원치 않은 일을 시킨 것이었다. 이 일은 힘을 이용해 세르비아의 기대와 선호 사항을 조정함으로써 가능했다.

 액자 제작회사의 노사 협상에서 있었던 일이다. 처음에 노조 측은 이전 두 차례의 협상에서 임금이 5퍼센트 인상되었으므로, 이번에도 5퍼센트 일괄 인상을 기대하고 있었다.

그런데 첫 번째 협상이 시작되기 한 달 전, 회사에서 수익성이 없는 공장을 폐쇄하고 다른 곳으로 이전하는 방안을 진지하게 검토하고 있다는 소문이 돌았다. 이 정보는 경영진에서 나온 것이 아니라 믿을 만한 제3의 소식통에서 나온 것이었다.

이 정보를 알게 된 노조는 협상안을 재고했다. 결국 노조원은 15퍼센트의 임금 삭감을 받아들이고 수익을 내기 위해 경영진에 협조했다.

하지만 잊지 말아야 할 것은, 주관적으로 인지하는 힘과 객관적인 실제 힘 사이에는 차이가 있다는 사실이다. **결국 중요한 것은 당신이 실제로 갖고 있는 것이 아니라 상대가 당신이 갖고 있다고 생각하는 것이다.** 아름다움에 대한 기준도 그렇듯, 힘도 보는 사람에 따라 달라진다.

자신의 능력을 믿어라

내 삶의 주인은 나라는 생각은 개인의 신체적·정신적 행복에 중요한 인간의 기본 요건이다. 그런 의미에서, 무력한 것이 아니라 행동에 영향을 주고 바람직한 목표를 달성할 수 있는 능력을 갖고 있다는 믿음은 실제로 그런 일을 하는 능력만큼이나 중요하다. 자신에게 일어나는 일을 통제할 수 있다고 생각하는 사람들은 좌절과 스트레스에 더 강하다. 반대로 이런 자신감이 없는 사람은 쉽게 좌절하고 우울해지며 육체적으로 병들기도 한다.

심장 수술을 앞둔 환자가 수술 전날 밤에 어떤 생각을 할지에 대해 한번 생각해보자. 아니면 누가 당신의 신용 카드를 훔쳐 사용했다면 어떤 기분일까? 또 강도를 당하거나 도둑이 들었을 때는 또 어떨까?

이제 이런 무력감을 그대로 조직이라는 무대로 옮겨 생각해 보자. 내가 경험한 바로는, 사람들은 권한이 없다고 느낄 때 일을 주도하기를 꺼리고, 위험을 감수하지 않으며, 실수를 숨기고, 피드백을 조작하는 등 몸조심에 능숙해진다. 이런 불길한 조짐은 조직이 의도했던 목적을 수행하고 있지 않음을 보여준다.

힘을 가지고 있다는 믿음은 업무의 효율성과 정신건강에 필수적이라고 할 수 있다. 또한 이런 믿음은 우리가 안전, 정의, 지위, 존경, 인정, 부와 명예, 또는 사랑과 같은 것들을 얻는 바탕이 되어 꿈을 실현하는 데 도움이 된다.

그렇다, 사랑까지도 말이다. 헨리 키신저는 "힘이란 최고의 최음제다"라는 말까지 했다. 이 말을 들은 어떤 이는 "힘은 최음제가 아니라 방취제odorant다"라고 고쳐놓기도 했다.

어떤 목표를 갖고 있든 원하는 대로 일을 성사시킬 수 있는 자신의 능력을 과소평가하지 않도록 한다.

한 번 더 말하겠다. **힘은 자신에게서 시작된다.**

- 중요한 것은 당신이 어떤 힘을 가졌는지가 아니라 상대가 당신이 힘을 가지고 있다고 생각하는 것이다.
- 일을 성사시킬 수 있는 자신의 선택권이나 능력을 절대 과소평가하지 않도록 한다.

제10장

당신은 이미 가지고 있다:
힘의 원천

친절한 말만 할 때보다
그런 말과 총을 함께 사용하면
훨씬 많은 것을 얻을 수 있다.

알 카포네

NEGOTIATE THIS!

협상 과정이 정식으로 시작하기 전에 이용할 수 있는 힘의 자산
을 내 것과 상대의 것을 포함해 모두 목록으로 정리해둔다. 이런
준비는 자신감을 높이고 상대의 기대와 선호 사항을 조정하는
데 도움이 된다.

협상은 발견과 학습을 통해 상대의 기대를 조정하고 그들의 행
동을 바꾸어가는 탐구 게임이라는 사실을 항상 명심한다.

다음은 당신이 갖고 있는 힘의 원천 몇 가지를 간략하게 정리한
것이다.

경쟁과 선택권

내가 가진 뭔가에 경쟁을 붙이면, 그 가치는 증가한다.

가구, 자동차, 집, 보험, 소프트웨어 등을 구매할 계획이라면, 당신 돈을 노리는 판매자가 널려 있음을 알아야 한다. 그들은 돈이란 내 손에 쥐기 전까지 내 것이 아니란 사실을 안다. 그리고 당신이 흥정을 하다 말고 다른 매장으로 간다면 거기에서도 똑같거나 유사한 물건을 찾을 수 있다는 사실도 안다. 그들은 자신의 경쟁에 대해 누구보다 잘 안다.

마찬가지로, 당신이 제품이나 서비스를 판매하고 있다면, 광고, 제품 전시회, 연줄, 우편 발송, 인터넷 등을 통해 되도록 많은 고객을 확보해야 한다.

이런 것은 기본이고, 그 밖에 당신을 다른 사람들보다 확연히 차이 나게 해줄 수 있는 한 가지 요소가 더 필요하다. 그것은 바로 앞서 언급한 **차별화** 전략이다.

사람들이 많이 지나간 길에서는 얻을 것이 없고, 죽은 고기만이 물결에 휩쓸려 다닌다는 사실을 경험으로 알기에, 나는 다음 사례에서 이 차별화 전략을 적용해보고자 한다.

일자리 구하기

내가 젊었을 때는 대학을 나와도 괜찮은 직장을 구하기가 어려웠다. 그리고 실업률이 높았기 때문에 닥치는 대로 일자리를 잡아야 했다. 그래서 나는 맨해튼 가먼트센터(여성복 도매 중심지)에서 수레를 끌고 골드스미스 브라더스(문구 및 사무용품 판매회사)에서 판매원 일도 했다.

내가 직장을 구하는 전략은 다른 사람과 별반 다르지 않았다. 일요일에 〈뉴욕타임스〉를 사서 구인광고를 보고 이력서를 작성해 보내는 것이었다.

면접을 보러 오라는 통보조차 받지 못한 채 몇 주를 보내고 나서, 나는 구인광고를 낸 한 회사에 전화를 했다. 그제야 한 사람을 뽑는 데 3천 명이 넘는 지원자가 몰렸다는 사실을 알았다. 수학 천재가 아니더라도 라스베이거스 도박장에서 돈을 따거나 아일랜드 스테이크 경마 복권에 당첨될 승률이 훨씬 높다는 걸 깨달을 수 있었다.

이런 현실을 알게 된 나는 사람들이 나를 기억하도록 내 자신을 독특하게, 어쩌면 기이하게 보일 수도 있는 전략으로 바꿨다.

다음 날 아침, 나는 흰 셔츠에 넥타이를 매고 제일 좋은 정장을 골라 입고 한 회사를 찾아갔다. 직원 수가 2천 명이 넘는 큰 기업이었다. 오전 8시 15분에 도착해서 나는 대기실에 앉아 인사과에서 누군가 출근하길 기다렸다. 마침내 한 사람이 출근했고, 나는 그에게 회사에 지원하려고 왔다고 말했다.

인사부장인 폴 피바디는 현재 빈자리가 없다고 했다. 형식적으로 "감사합니다"라고 말하고 나오는 대신, 나는 그에게 잠시만 시간을 내달라고 간청했다.

나는 속으로 물론 당장은 자리가 없더라도, 연간 이직률이 10퍼센트만 된다면 200개 정도의 자리가 생기리라 계산했다. 사실 이 순간에도 아마 사직서를 작성하고 있는 직원이 있을 것이고, 피바디는 그 사실을 다음 주나 되어야 알게 될 것이다.

내가 처량해 보였는지 아니면 내 딱한 처지가 안타까웠는지, 그는 나를 사무실로 데려갔고 우리는 20분 동안 이야기를 나누었다. 나는 질문을 하고 열심히 듣고, 메모를 하고 도움을 청했다. 면담을 끝냈을 때, 정말 나는 그가 나에 대해 알고 있는 것보다 내가 그에 대해 알고 있는 것이 더 많았다.

그는 내 이력서를 자신의 서류철에 꽂으면서 분명 그걸로 끝이라고 생각했을 것이다.

그날 저녁 나는 피바디와 안내데스크 직원에게 고맙다는 감사장을 보냈다. 그리고 이틀 후 아침 8시 15분, 나는 다시 그 사무실을 찾아가 안내데스크 직원에게 인사하고 피바디를 기다렸다. 그가 출근하자 나는 채용 건을 물었고, 다시 안 되겠다는 대답을 들었다.

그다음 주에도 나는 똑같은 행동을 세 차례 했고, 그때마다 똑같은 대답을 얻었다. 그러나 한 번은 피바디의 비서와 안내데스크 직원에게 커피를 사서 주기도 했다. 이것은 그들의 친절에 대한 나의 최소한의 감사 표시였다.

솔직히 말하면, 나는 그때 이미 그 직원들이 의사결정에 간접적으로 영향을 주는 사람들이란 사실을 알고 있었는지도 모른다. 그들은 내게 중요한 사람에게 접근할 수 있는, 힘 있는 사람들이었다.

내가 피바디와 처음 만나고 3주가 지났을 때, 그가 내게 전화를 걸어 드디어 자리가 생겼다고 알려주었다. 다음 날 아침, 피바디는 내가 영업부장과 만나게 되어 있으며, 그가 내 취직 여부를 결정하게 될 것이라고 했다.

보아하니 영업 직원 하나가 상사에게 해고당할 것을 예상하고 사전 통보도 없이 직장을 그만둔 것 같았다. 영업부장이 가장 화가 났던 부분은 이 직원이 정시에 출근한 적이 없었다는 사실이었다. 나는 또 영업부장이 빈자리를 즉시 메우길 원하고 있다는 이야기를 들었다.

피바디는 "그 이야기를 듣고는 당신이 떠올랐어요. 당신은 여기에서 일하지 않는데도 매일 아침 사무실 문을 열 정도로 일찍 나왔으니까"라고 말했다.

말할 것도 없이 나는 일을 얻었고 대기업에서 일하는 첫 경험을 맛보았다.

경쟁이 치열한 대학에 입학하기

우리 딸 샤론이 일리노이에 있는 뉴 트라이어 고등학교에 들어갔을 때, 나는 그 애가 학교 대표 운동팀에 가입하기를 바랐는데, 그 이유는 이랬다.

1. 남녀평등을 믿는 나는, 운동장에서 딸이 경기를 하고, 옆에서는 남학생들이 치어리더처럼 응원하는 모습을 보기를 원했다.

2. 경쟁하며 뛰는 스포츠는 인생의 오르막과 내리막에 잘 대처할 수 있는 훈련이 된다.

3. 대학에 진학할 때에도 운동경력은 다른 친구들과 차별화되는 장점이 있다.

그러나 문제는, 샤론이 자기는 운동신경이 둔하다고 말하는 것이었는데, 맞는 말이기도 했다.

샤론은 눈과 손의 협응력이 좋지 않고 선천적으로 빠르지가 않다는 이유로 배구, 축구, 농구, 테니스, 그리고 육상 종목을 제외했다.

"장거리 달리기는 어때?" 내가 물었다.

"그것도 못해요!"

"아니. 할 수 있어. 지금도 5마일이나 10마일은 빠르게 걸을 수 있잖아. 내가 쫓아온다고 생각해봐."

엉뚱한 생각이라도 단호하게 밀어붙이는 아빠 성격을 아는지라, 샤론은 달가워하지 않았지만 그해 여름 꾸준히 운동해 팀에 지원했다.

놀랍게도 테스트에서 장거리 달리기 팀의 지원자가 단 2명이었기 때문에 딸은 팀에 들어갈 수 있었다.

그 시절 다른 학교와 10마일 경기가 열릴 때도 경쟁자는 보통 3명 정도였다. 그 덕분에 샤론은 3등을 여러 번 차지해 동메달을 따면서 팀에 점수를 1점씩 보탤 수 있었다.

자, 그럼 딸이 유명한 대학에 입학허가를 받은 때로 넘어가자. 샤론의 지원서에는 우수한 학교성적과 SAT 점수가 기록되어 있었다. 하지만 더욱 돋보였던 항목은 "장거리 육상 메달리스트"라는 경력이었다. 실제로 샤론의 육상 코치는 딸의 운동능력에는 전혀 감흥이 없었지만 결단력에 감명을 받아 샤론에게 도움이 되도록 직접 대학에 전화를 걸어주겠다고도 했다.

결국 샤론은 여러 대학에서 입학허가를 받았다. 학업성적으로만 보면 쉽지 않은 일이었다. 한 학교에서는 체육 특기자 장학금을 제안하기도 했으니 더 이상 무슨 말이 필요할까!

대출 받기

살면서 때때로 돈이 들어갈 일이 생기는데, 그럴 때면 신경을 곤두세우게 된다.

내 경우에는 보통 신용 기록과 소득세신고 자료를 모두 챙긴 다음 은행 대출담당자를 찾아간다. 그리고 담당자가 자료를 검토할 시간을 준 뒤, 10만 달러 신용대출에 대해 은행에서 줄 수 있는 최선의 금리와 대출 조건을 묻는다. 그리고 절대 급한 기색을 보이지 않고, 검토해보라고 서류들을 놓고 은행을 나온다.

나중에 은행에서 연락이 오면, 그들이 뭐라 하든 그것을 협상을 시작하는 처음 입장으로 간주한다. 어쨌거나 나는 돈을 사는 구매자가 아닌가.

이때 나는 신용자료를 돌려받고 대출 담당자에게 고맙다는 인사와 함께 "생각 좀 해보고 다시 오겠습니다"라고 말한다.

그리고 이번에는 길 건너편의 라이벌 은행에서 똑같은 과정을 되풀이한다. 그들에게 신용 자료를 건네고 검토할 시간을 주면서, 내가 어디를 다녀왔는지, 그리고 그곳의 대출 조건은 어떤지 정확히 이야기해준다.

보통 나는 곧바로 본론으로 들어가 "저쪽 은행보다 더 나은 조건으로 해줄 수 있습니까?"라고 묻는다. 그러면 당연히 이 은행은 가능하다고 대답하고, 실제로 그렇게 해준다.

이제 다음 단계는 여러분도 예상했겠지만, 처음 은행을 다시 찾아가는 것이다. 그곳 대출 담당자에게 건너편 은행에서 들은 이야기를 하면, 그 담당자는 십중팔구 상사나 대출위원회와 의논한 다음 건너편 은행의 조건과 동일하거나 더 좋은 조건을 제시하게 마련이다.

몇 년 전 시간이 더 여유 있고 흥정을 즐길 때, 나는 가끔 첫 번째 은행 대출 담당자에게 "좀 더 생각해볼게요"라고 말하고는 다른 은행으로 가는 대신 점심식사를 하러 갔다. 그리고 다시 은행에 돌아와 뻔뻔하게 "내가 어딜 다녀왔는지 아시죠?"라고 말하기도 했다. 한번은 그렇게 말하자. 은행에서는 이를 심각한 경쟁으로 받아들여, 금리를 더 낮췄다. 그런데 그들의 경쟁 상대는 누구였을까? 물론 그들 자신이었다.

이제 이해했을 것이다. **상대가 당신에게 더 많은 선택권과 대안이 있다고 생각할수록 당신의 힘과 협상력은 더욱 커진다.**

경매 게임, 최고 이익에 반하는 입찰경쟁

1970년대 후반에 협상과 관련하여 이틀간 세미나를 진행한 일이 있었는데, 그때 나는 입찰을 이용한 실습을 했다. 이 아이디어는 〈분쟁해결 저널The Journal of Conflict Resolution〉에 마틴 슈

비크가 기고한 기사에서 영감을 얻은 것이었다.

당시 내 의도는 무슨 수를 써서라도 이겨야겠다는 욕심이나 자제력을 잃은 이기심은 원치 않은 결과를 낳을 수 있음을 설명하는 것이었다.

나는 이 실습에서 율리시스 S. 그랜트의 초상이 있는 빳빳한 50달러짜리 지폐 한 장을 주고 돌려 보도록 했다. 참가자들은 주로 공공부문이나 사기업의 임원급 인사들이었다. 참가자들이 지폐의 진위를 확인하는 동안, 나는 이 50달러짜리 미국 화폐의 기본 경매 원칙을 설명했다.

경매 원칙은 다음과 같다. 다섯 번째는 벌칙이다.

1. 이 방에 있는 사람이라면 누구나 경매에 참여할 수 있다.
2. 모든 입찰은 5달러씩 올라간다.
3. 낙찰자는 낙찰가에 상관없이 50달러 지폐를 받는다.
4. 참가자 간의 담합은 금지한다.
5. 두 번째로 높은 가격을 제시한 입찰자, 즉 패자는 자신이 최종으로 제시한 금액을 벌금으로 내야 한다.

처음에는 입찰이 숨 가쁘게 진행되었다. 그러다 가격이 30달러에서 35달러에 이르자, 입찰자 대부분이 떨어져 나가고 2명만 남았다.

놀랍게도 이 두 사람은 50달러를 넘어서까지 계속 경쟁을 벌였는데, 이 가격에서 지폐를 갖는 것은 두 사람 모두에게 이익이 될 것이 없었다. 대부분 경매는 70~125달러 선에서 끝났다.

낙찰자의 최종 입찰가가 60달러였다고 하면 두 번째 높은 가격의 입찰자, 즉 패자는 55달러를 내야 했다. 하지만 "승자"의 경우는 어떤가? 낙찰가 60달러에서 액면 50달러짜리 지폐를 빼면 10달러를 손해 보게 된다.

이 실험은 특정 조건하에서 한 것이기는 하지만, 인간의 본성을 잘 보여주며 우리가 협상에서 볼 수 있는 다음과 같은 비논리적 행태를 설명해준다.

첫째, 아무리 합리적인 의사결정자라도 자존심과 체면이라는 욕구에 어느 정도 영향을 받는다. 행동에 영향을 미치는 것은 분명하거나 논리적(수익성)으로 보이는 것뿐만 아니라, 보이지 않고 종종 알려지지 않은 무수한 다른 요소들이다.

둘째, 어떤 행동에 몰두하면, 그것은 우리의 인식을 왜곡한다. 이런 '인지 부조화'는 우리로 하여금 일을 합리화·정당화하도록 하여 동일한 일을 반복하게 한다.

셋째, 목표와 전략을 세울 때 우리는 너무나 자주 상대의 반응을 계산에 넣지 않는다.

우리가 곧잘 잊는 사실 하나는 협상이란 아무도 없는 곳에서 혼자 진행되는 것이 아니라, 상대와 상호작용을 하며 이루어지고 서로의 의사결정이 다시 상대에게 영향을 미친다는 점이다. 이런 점에서 협상은 룰렛이나 주사위 노름보다 체스에 더 가깝다.

넷째, 이미 투자한 것 때문에 **과정을 되돌려 손실을 줄이기가 어려워진다.** 사실 **일관성의 원칙이** 이런 문제를 확대하는데, 그 까닭은 우리가 변함없고 예측 가능하며 한결같은 사람을 좋아하기 때문이다. 실제로 가장 심한 욕설 중 하나는 위선자라고 불리는 것이다.

마지막으로, **우리 사회는 승자를 존경하고 승자에게 보상을 한다.** 월드시리즈, 슈퍼볼, 올림픽 같은 스포츠는 물론이고 선거나 학교 성적에서도 승자가 모든 것을 차지한다. 이런 의식이 우리 마음속에 깊이 자리 잡고 있다.

똑똑한 사람들이 더러 비이성적인 행동을 보이는 경우도 바로 위의 이유들 때문이다. 수익성이 없는 항공사들이 지속적으로 요금을 인하하고 손실이 큰 우수고객 프로그램을 확대하는 항공 산업이 그 좋은 예일 것이다. 마찬가지로, 우리는 시장가치와 아무런 관계가 없는 유명무실한 회사나 자산에 과열된 입찰을 하는 경우를 종종 본다.

소더비의 시나트라 경매

경매에 참가해본 적이 있는가? 몇 년 전 프랭크 시나트라가 캘리포니아 팜스프링스에 있는 자신의 집을 처분했을 때, 개인 소장품의 대부분이 맨해튼의 소더비 경매장에 매물로 나왔다. 나는 경매 하루 전에 현장을 방문해서 사고 싶은 물품 중 가장 저렴한 것으로 2개를 골랐다.

하나는 "FAS"라는 글자가 새겨진 멋진 은제 담배 케이스였는데, 카탈로그 가격표에는 950달러라고 적혀 있었다. 다른 하나는 원작 유화로, 650달러였다.

경매에 참가하기 전에, 나는 각 품목에 대해 내가 부를 수 있는 최고가를 책정했다. 담배 케이스는 975달러, 유화는 920달러였다.

다음 날 소더비 경매장은 만원이었다. 경매가 시작되었을 때, 나는 경매장 안에 있는 사람들하고만 경쟁하는 게 아니라 전화와 팩스로도 입찰이 들어온다는 사실을 알게 되었다.

내가 점찍어 둔 물건들이 경매에 들어가자, 입찰가격은 순식간에 내가 정해둔 가격을 넘어갔다. 나는 이제 구경꾼이 되어 프랭크의 개인 물품뿐만 아니라 서로에 대해서도 치열하게 경쟁하는 사람들을 지켜보았다.

무엇보다도 놀라웠던 것은, 어떤 경우에는 입찰자들의 목적이 물품을 사는 것이 아니라 상대가 갖지 못하게 하려는 것처럼 보였다는 것이다. 순간 나는 어머니가 하시던 "자기 꾀에 자기가 넘어간다"라는 말이 떠올랐다.

이와 비슷한 일을 다른 곳에서도 보았는데, 사람만 달랐지 내용은 똑같았다.

할리우드의 한 영화제작자는 영화대본을 보지도 않고 산 일이 있었는데, 그때 내가 이유를 물으니 그가 이렇게 대답했다. "내가 원하던 건 아닌데, 그냥 다른 놈이 사는 꼴이 보기 싫어서죠."

시나트라 경매 건으로 돌아가면, 은제 담배 케이스는 3,200달러에, 유화는 2,600달러에 팔렸다.

그렇다. 세상에서 하나밖에 없어 보이는 물건을 경쟁을 붙이면, 그 상품의 가격은 천정부지로 뛴다. 이번 경우, 낙찰자는 프랜시스 앨버트 시나트라가 보고 만졌던 물건을 소유하게 되는게 아닌가!

실제로 싱클레어 루이스는 이런 현상을 이렇게 꼬집어 말했다. "사람들은 한 사람만 가질 수 있는 물건이라면, 어떤 것이든 사려고 든다."

분명 협상은 게임이지만, 너무나 몰두해 판단력을 잃거나 원래 목표를 잊지 말아야 한다.

가격 경쟁에 대처하려면

몇 년 전 공급업체 협회에서 강연을 한 적이 있었다. 강연이 끝나고 나는 그들이 자주 겪는 딜레마에 대해 질문을 받았다.

"예비 고객 하나가 전화를 걸어 자기네로서는 현재 납품업체가 맘에 들지 않는다고 합니다. 그러니까 기존 거래선을 우리 회사로 바꾸려는 의사가 있으니 가격을 제시해보라는 겁니다. 어떻게 해야 할까요?"

나는 보통 질문을 받으면, 추가 정보를 물어보면서 질문자가 스스로 답을 찾을 수 있도록 유도한다.

하지만 이런 문제는 아주 흔한 것이라, 이런 상황에 대한 내 의견을 말해보겠다.

내 경험상, 이 고객은 기존 거래처에서 더 좋은 가격을 받으려고 당신을 이용하고 있을 가능성이 있다. 그렇다고 이 싸움에 끼지 않는다면 고객은 불만을 품을 테고, 그러면 향후 거래 가능성을 잃게 된다. 한편 이런 추측이 틀려서 고객이 정말로 새로운 거래처를 찾는 거라면 당신은 상사로부터 질책을 듣게 될 것이다.

이런 상황이라면, 나는 **차별화 개념을 이용해 대처할 것이다. 즉, 당신 회사의 공급 제품을 경쟁사 제품과 차별화하는 것이다.** 알다시피, 우리가 가격을 이야기하고 있긴 하지만, 거래의 다른 요소도 마찬가지로 중요하다. 그런 요소로는 품질에 대한 평판, 필요한 수량을 공급하는 능력, 정확한 납기, 보증 유형 등이 있다. 고객은 싼 게 비지떡이란 사실과 당신 회사에서 품질이나 서비스를 낮춰 싸게 공급할 수 있다는 사실도 잘 알고 있다.

앞서 나는 대가 없이 얻은 것은 제 가치를 인정받지 못한다고 말했다. 그렇다면 이번 경우에는 입찰에 공을 들여야 하고, 그러면 어떤 식으로든 보상이 따를 것이다.

내가 말하려는 바는, 일단 가격을 제시하면 상대 회사의 비밀 정보를 알아낼 수 있고, 또 최종 사용자와도 만날 기회를 만들 수 있다. 그러면 그 최종 사용자에게 당신 회사 자체의 제품이나 서비스를 직접 판매할 수도 있다는 것이다. 그리고 상대의 질문에는 "생각하고 계신 것을 자세히 말씀해주시겠어요? 얼마에 드리면 거래가 가능할까요?"라고 이쪽에서 다시 질문할 수도 있다.

지금까지 말한 내용을 요약하면 다음과 같다.

1. 상품이나 서비스, 아이디어, 제안 등의 **판매자**라면, 되도록 많은 예비 고객과 잠재적 소비자를 확보해라. 판매자 입장에서는 구매자를 많이 확보하는 것이 중요하다.

2. **구매자**일 경우는 당신이 쓸 돈에 대하여 되도록 많은 경쟁을 유발해라. 결국 당신과 거래하고자 하는 사람이 많을수록 당신의 협상력은 커진다.

3. 이기거나 거래를 성사시키려 지나치게 신경을 쓰는 상황에는 위험이 숨어 있다는 사실을 명심해라. ("대출 받기", "경매 게임", 그리고 이번 섹션에서 언급된 요점이다.)

4. 당신 자신을 포함하여, 당신의 서비스, 제품, 아이디어를 평범하거나 일반적인 것들과 차별화해라. 차별화라는 부가가치는 당신을 경쟁자들보다 우위에 서게 하며, 협상을 가격이란 단일 기준에서 벗어나게 한다. "장거리 달리기에서 메달을 딴" 우리 딸이 경쟁률이 높은 대학에 입학한 것도 이런 이유 때문이 아닌가?

선택권은 곧 힘이다

언제나 선택권이 있다는 믿음은 독립성을 주는 반면, 대안이 없다는 인식은 의존과 예속을 낳는다.

우리의 필요와 관심을 충족할 수 있는 선택권이나 대안을 찾을 수 없다면, 우리는 예속의 길로 나아가게 된다. 하지만 걱정할 필요 없다. 언제나 선택권은 있다. 실제로 나는 아직까지 선택권이 없었던 때를 보지 못했다.

심지어 죽음을 앞둔 순간에도, 어떤 모습으로 죽음을 맞을 것인지 선택할 수 있다. 역사에는 마지막 순간까지 의연하게 맞이한 인물이 많다. 마크 트웨인은 "진정한 용기란 두려움이 없는 것이 아니라, 두려움을 정복하는 것이다"라고 했다.

좀 더 일상적인 실례로 공급처가 하나뿐인 경우를 살펴보자.

선택권은 언제나 있다는 내 믿음이 때때로 시험대에 오르는데, 어떤 사람이 내게 자기가 필요한 것을 생산하는 유일한 제조업체가 가격을 가지고 장난치는 바람에 사업이 휘둘리고 있다고 말할 때다. 그는 그런 예속적인 관계에 끌려다니며, "어찌하란 말입니까? 다른 대안이 없습니다!"라고 호소한다.

그가 철저하게 뒤져보았다면 틀림없이 다른 곳에서 필요한 것을 찾을 수 있었을 것이다. 그러나 일단 논의를 위해 다른 대안이 없다고 가정해보자. 이 경우, 그런 예속관계를 벗어나는 몇 가지 방법은 다음과 같다.

1. 대체품을 찾기

아무리 중요한 제품이라도, 언제나 다시 디자인을 한다거나 대체품을 찾는 등의 방법이 있다.

2. 스스로 제조하기

만일 이 제품이 아주 중요해서 비슷하게 어려움을 겪는 사람이 많다면, 혼자서 혹은 다른 사람과 합작투자로 수익성 있는 이 제조업을 시작할 수도 있을 것이다.

3. 간접적인 위협을 이용하기

실제로 상황이 그렇다면, 독점금지법 같은 법률에 위배될 수 있다. 내 말은 만일 이런 행태가 계속된다면, 앞으로 정부기관의 조사를 받는 난처한 상황이 생길 수 있다는 모호하고 간접적인 메시지를 독점 공급자에게 보내는 것도 가능하다는 것이다. 이 방법의 가장 큰 장점은, 직접적인 대립을 피하고 관련 사실을 부인할 수 있으며 서로의 체면을 손상하지 않는다는 것이다.

그러므로 정식으로 협상하기 전에 다른 대안이 없는지를 고려해봐야 한다. 만일 현재의 상대가 당신의 필요를 충족할 수 없다면, 다른 대안은 무엇인가? 그리고 상대는 또 당신이 수락할 수 있는 어떤 대안을 제시할 수 있을까?

만일 상대가 어떻게든 당신이 다른 곳에서 적절한 대안을 찾을 수 있다고 믿게 된다면, 당신은 원하는 대로 거래를 성사시킬 수 있는 주도권을 쥐게 된다.

더 중요한 것은, 실행 가능한 구체적인 대안이 있다면, 당신이 직접 그 대안을 근거로 상대가 제시한 최선의 거래 조건을 평가해볼 수 있다는 점이다. 이 시점이 바로 신경을 쓰되, 지나치지 않는 초연한 태도를 보일 때이며, 현재의 상대와 협상이 잘 이루어지지 않아 교착 상태에 빠진다 해도 이런 자세를 유지해야 한다.

BATNA

널리 알려진 《예스를 이끌어내는 협상법Getting to YES》이란 책에서 로저 피셔와 빌 유리는 협상 결렬 시 최선의 대안을 의미하는 BATNABest Alternative To A Negotiated Agreement라는 용어를 만들어냈다.

이 개념은 합의를 이루지 못할 경우를 대비해 사전에 대처 방안을 연구해두자는 것이다. 이런 대안을 마련해둔다면, 상대의 최종제안을 거래가 성사되지 않았을 경우와 비교해서 현명하게 평가할 수 있다.

궁극적으로, 이런 상호작용의 목표는 단순히 어떤 가격에라도 거래를 성사시키는 것이 아니라, BATNA보다 나은 합의를 이끌어내는 것이다.

요약하자면, 인생에서 많은 일들이 할 수 있다는 자신감에서 결정되므로 언제나 자신에게 힘과 선택권이 있다는 믿음을 가져야 한다.

공식적인 힘

모든 진보는 인간의 잠재력을 제한하는 데 사용된
권위와 그 상징에 대한 의문이 요구된다.

사람들은 안정을 추구한다. 그로 인해 수 세기 동안 사회에 기
본 틀이 되는 상징들이 발달해왔다. 그러나 문제는 이런 힘을
나타내는 상징들이 인간의 정신을 억압하고, 때로는 권위에 대
한 무조건적인 복종을 강요한다는 것이다.

1956년 4월 8일, 사우스캐롤라이나의 패리스 아일랜드에서
해군 교관 매슈 맥컨 하사가 훈련병들에게 키가 넘는 물속으로
뛰어들라고 명령을 내렸다. 보도에 따르면 아무도 명령에 불복
하지 않았으며, 그중에는 수영을 하지 못해 익사한 병사도 있
었다. 이 사건이 군에서 일어났고, 극단적인 사례이기는 하지
만, 사람들이 권위에 복종하려는 성향이 어느 정도인지를 잘
보여준다.

이 경우 맥컨 하사는 계급과 훈련병에 대한 지위 덕분에 공식
적인 권한을 가지고 힘과 영향력을 행사했다. 실제로 군법회의

에서 변호사 에밀 졸라 버만은, 잘못된 판단이었고 비극적 결말을 초래했지만 분명 "정당한 권한"을 행사했다고 변론했다.

우리는 일상생활에서 공식적인 권한을 가진 사람들과 늘 만나게 된다.

조직 사회에서는 그런 권한을 가진 사람들이 상급자 혹은 상사인데, 이들의 권리와 특권은 그 사람이 조직도에서 차지하는 위치에서 비롯된다. 위치에 따른 이 힘은 영역과 함께 규범을 정하고 결정을 내릴 권한이 따르며, 당근과 채찍으로 이용될 수 있다. 그리고 이 힘은 기업이나 정부 조직 전반에 걸쳐 직함이나 사무실 크기 등 의미 있는 상징으로 나타난다.

공식적인 권한이 힘으로 나타나는 또 다른 예로 교통경찰을 들 수 있다. 그들은 자신의 위치 혹은 지위를 바탕으로 복종을 요구한다. 교통경찰이 교통정리를 하고 오토바이를 정지시킬 때, 사람들은 그에게 명령을 강제할 수단이 있다고 믿으며 순순히 지시를 따른다.

그러나 협상가의 시각에서 보면, 우리는 주로 표지판, 가격표, 서식, 공식적으로 보이는 문서에 나타나는 공식적인 힘에 신경을 쓴다. 이런 것은 사회 규범과 선례의 성격을 띠며, 우리 행동과 의사결정에 영향을 준다. 호텔 문에 붙어 있는 체크아웃 시간이나, 자동차 유리에 붙은 "가격표"를 보면 우리는 반사적으로 따르게 된다.

내가 로스쿨을 다니면서 손해사정인으로 일할 때 우리는 "부모 보상 동의서"라는 서식을 사용했다. 우리의 피보험자의 차량이 열 살짜리 아이를 쳤다는 사실을 알고 사건을 해결하기 위해 파견되었다. 피해자의 집을 찾아가 확인해보니 아이는 심하게 다친 게 아니었다. 찰과상과 타박상을 약간 입었을 뿐이고, 가족 주치의에게 진찰을 받은 후 학교로 돌아갔다.

사고 후 일주일이 지났을 때이고 아이 부모는 금전적 보상으로 문제를 해결하려고 했다. 협상 끝에 우리는 320달러에 합의를 보기로 동의했다.

이때 나는 이 금액에 해당하는 회사 수표를 작성해서 그들이 서명할 "부모 보상 동의서"와 함께 건넸다. 실제로 나는 "서명"이란 말을 한 번도 쓴 일이 없는데, 사람들은 조언 없이 어디에 서명하기를 꺼리기 때문이다. 그 대신 나는 "선생님 성함을 여기에 써주시겠습니까?"라고 말했다.

그들은 잠깐 서류를 보고는 '내 이름만 쓰면 되는군. 별 문제 없어' 하고 생각하는 것 같았다.

공식적으로 보이는 이 서류를 읽으려는 사람은 거의 없었다. 사람들은 그저 돈을 받았다는 영수증쯤으로 여기는 것 같았다. 그들 입장에서 이 건은 마무리되었다.

그러나 사실 그 서류에는, 나중에 합의가 충분치 않다거나 부상이 더 심하다고 밝혀져 사건을 재개하려 한다면, 320달러만 반환하면 된다는 조항이 명시되어 있었다.

보통 이런 일어날 확률이 5~10퍼센트쯤은 되리라 추측 하겠지만, 나는 일하면서 그런 일을 들어본 적이 없다.

이 이야기의 교훈은 우리는 선택권을 제한하는 상징 에 너무 쉽게 순응한다는 사실이다.

우리는 너무나 자주 사회 관습, 인쇄된 서식, 전통에 순종한다. 하지만 이런 것은 처음에 생길 때의 정당성이 현재는 유효하지 않으며 사람들 각각의 독특한 환경에 적용되지도 않는다.

하지만 놀랍게도, 우리는 이런 종잇조각이 우리의 생각을 바 꾸고 우리 선택을 지시하도록 허용한다.

협상가로서 우리는 아래와 같은 상징물을 마주한다면, 그 실 체를 제대로 인식해야 한다. 이런 상징물 역시 협상의 결과로 생겨난 것이므로 당연히 협상이 가능하다.

그 예는 다음과 같다.

- 공공 서식

  부동산 임대차계약서

  은행 대출계약서

  한정보증서

  소송의뢰서

  표준계약서

- 공식 절차 매뉴얼

  회사 가격규정 책자

  직원 급여등급표

  전근 및 퇴직 정책

  업무 지침서

- 인쇄된 안내 표지

  "개인수표 현금화 불가"

  "최소 변경 소요기간 7일"

  "출구 없음-경보 작동"

  "개인 물품 분실에 책임지지 않습니다"

  "전자감시장치 작동 중"

  "잔디에 들어가지 마시오"

  "매트리스에서 이 태그를 떼는 것은 불법입니다"

  "세일-단 7일간"

  "금연실"

그리고 내가 가장 좋아하는 "보는 것도 좋고 만지는 것도 좋습니다만, 깨지면 사셔야 합니다"도 있다.

내 친구 하나는 사업차 로스앤젤레스를 자주 여행한다. 그곳에 있는 동안 친구는 금연 호텔에 묵는다. 친구는 체크인할 때

프런트 직원이나 매니저에게 자신이 흡연자임을 밝히고 도움을 청한다. 그러면 호텔은 같은 가격에 테라스나 발코니가 딸린 방을 내주고, 친구는 담배를 피우는 욕구를 채운다.

내 말을 오해하지 않기를 바란다. 당겨야 하는 문을 밀라거나 출구를 입구로 사용하라는 이야기가 아니다. 내가 걱정하는 것은, 공식적인 힘에 얽매여 당신이 사회적 교류와 토론을 줄이고, 주도권을 억누르고, 설명하면 되는 일을 피해버리지 않을까 하는 것이다.

인간은 군집하는 동물이다. 그리고 몸보다 마음속에서 훨씬 더 그렇다. 혼자 산책하길 좋아할지 모르지만, 홀로 자기주장을 펴는 일은 싫어한다. _조지 산타야나

군중을 따라야 한다는 무의식적인 충동 역시 공식적인 힘에서 비롯된다. 이런 성향은 인간의 본성에 단단히 자리 잡고 있는 것 같다.

인류학자들은 군집성은 인간의 생존에 필요했다고 말한다. 그러나 다른 사람의 반응을 민감하게 의식하는 이런 성향은 부작용을 낳았다. 군집성으로 인해 우리는 연대의식, 또래집단의 압력, 군중심리에 쉽게 휩쓸리게 되었다고도 할 수 있다.

자일스 세인트 오빈은 이렇게 말했다.

"활자에는 행동에 영향을 주는 부가적인 힘이 있다. 공식적으로 보이는 그 모양새가 군중이 승인했다는 느낌을 주기 때문이다. 상품을 팔거나 의견을 피력하는 사람들은 인쇄된 글자에 대한 사람들의 한심한 신뢰를 이용한다."

사회 규범이나 관습, 전통을 어기는 사람들은 사회의 반감, 그리고 외면까지도 감수한다. 우리는 근본적으로 새로운 생각을 받아들이기를 주저한다. 그런 생각이 편안한 관습과 사고방식을 위협하기 때문이다.

따라서 새로운 개념을 도입하거나 기존의 용인된 관행을 바꾸려고 한다면 조금씩 서서히 진행해야 하며, 이런 변화를 이를테면 선례와 같은 정당성의 형태로 뒷받침해야 한다. 그러지 않으면, 군중은 놀라 달아날 것이다.

역사에는 시대를 앞선 사상가들이 비극적인 운명을 맞은 사례가 많다. 그들은 "새로운 생각을 받아들이는 데는 시간이 필요하다"는 사실을 무시하고 차근차근 진행하지 않아서 결국 조롱과 경멸을 당하고, 때로는 쫓겨나기까지 했다. 진정한 독창성이 불운한 독이 되는 일이 너무나 많다.

사회는 행동에 영향을 주는 상징들이 상호작용을 하며 존재한다. 우리는 표준 서식에 아무런 의문도 제기하지 않고 빨간 신호등에는 무조건 서는 것처럼, 이런 상징들에 무의식적으로 반응하도록 길들여져 있다.

빨간 신호에 길 건너기

30년 전쯤 유명한 〈몰래 카메라Candid Camera〉TV 프로그램을 제작한 앨런 펀트는 맨해튼의 한 거리에 진짜처럼 보이는 신호등을 설치했다. 내 기억으로 신호등은 현재 트럼프 타워 근처에 있는, 56번가와 57번가를 가로지르는 5번가에 설치되었다.

펀트는 진행요원 5명과 함께 보행자를 가장해, 57번가에서 출발해 남쪽 5번가로 향했다. 그들은 블록 중간에 파란불이 켜진 가짜 신호등 쪽으로 나란히 걸어갔다.

그리고 이 신호등에서 25미터 정도 떨어진 곳에서 속도를 늦춰, 군중이 그들을 뒤따르게 되었다.

펀트 일행이 신호등에 10미터 정도까지 가까워졌을 때, 신호등이 갑자기 빨간색으로 바뀌었다. 일행은 걸음을 멈추고 서성대며 기다렸다.

놀랍게도 뒤따라오던 보행자들도 신호등이 녹색으로 바뀌기를 기다렸다. 다시 한번 말하지만 이들은 참을성이 없고 항상 바쁜 뉴요커들이다.

펀트 일행 뒤에 서 있는 보행자들의 얼굴이 카메라에 잡혔다. 그중 몇몇은 뜻하지 않은 기다림에 짜증이 난 듯 걱정스럽게 시계를 들여다보고 있었다.

30초가 지나자, 점점 불어나는 군중 뒤쪽에 있던 한 남자가 행동에 나섰다. 약속에 늦었는지 그는 신호를 무시하고 달리는 자동차 사이를 헤치며 5번가를 빠르게 가로질러 건넜다. 나머지 사람들은 초조하고 짜증스러워 보였지만 움직이지 않았다.

그리고 나서 30초가 지나자, "젊고 안절부절못하는" 남자 하나가 옆쪽 길로 펀트 일행이 서 있는 앞쪽으로 다가왔다.

일단 거기서 멈춘 그는 보도 앞에서 좌우를 살피더니, 빨간불에도 길을 빠르게 건넜다. 그러자 다른 사람도 이를 따라 똑같이 좌우를 두리번거리며 길을 건넜다.

그렇다. 공식적인 힘은 우리 모두에게 어느 정도 영향을 준다. 그런 힘을 손에 넣으면 원하는 대로 사람들의 행동을 조정할 수 있다. 그러나 의문을 품고 따져보아야 하는 일을 무의식적으로 받아들이는 부정적인 면도 있음을 잊지 말아야 한다.

위험을 감수한다는 것

모험을 피하지 마라.
거기에 모든 열매가 있다!

마크 트웨인

삶이란 불확실성으로 가득 차 있다. 행복을 비롯해 우리가 가진 모든 것은 덧없이 사라진다. 영원한 것은 오로지 변화뿐이다.

절대적으로 안전한 삶이란 없다. 가만히 있는 것조차도 위험을 초래할 수 있다. 아무런 위험 없이 속 편히 지낼 수 있는 유일한 시간은 "저세상에 가서 얼린 잔에 차가운 맥주를 실컷 들이켤" 때일 것이다.

협상이 진전되려면 언제나 어느 정도 위험요소가 따른다. 그러므로 시도하는 것조차 겁을 내서야 되겠는가?

여기서 말하는 위험 감수는 합리적이고 신중해야 함은 물론이다. 어떤 일을 시작하면서 타이밍이나 가능성을 따져볼 때는 언제나 앞을 내다보고 지혜를 짜내야 한다.

하지만 어떤 이들에게는 인생은 포커게임과 같아서, 이들은 언제나 스트레이트를 노리는 마지막 한 장만 기다린다. 하지만 그렇게 무모하게 대충 게임을 하다가는 쌓아놓은 패가 순식간에 바닥나 버릴 것이다.

그러나 내가 말하는 모험은 신중하고 합리적인 것이다. 정말이지, 모험을 하지 않는다면, 오히려 무언가를 잃게 된다.

다음 장면을 생각해보자.

장면 1: 나는 '협조자 앨AI Accommodator'이라고 불리는 사람과 협상 중이다. 그는 협상이 교착 상태에 빠지는 것을 두려워하는 사람으로 유명하다. "마지막 결정적 순간"에 이르면 나는 완강히 버티며 절대 양보하지 않을 것이다. 왜일까? 나는 그가 막판에 포기한다는 것을 소문으로 알기 때문이다.

장면 2: 다른 상황은 모두 같지만, 이번에는 상대가 다르다. 협조자가 아니라 이탈자 윌Will Walkaway이다. 그는 신경을 쓰되, 지나치지 않는 타입이다. 사실 그는 이런 상황에서 가끔씩 교착 상태에 빠지는 것으로 소문이 나 있다.

자, 나는 어떻게 해야 할까?

꿋꿋하게 버텼던 이전 경우와는 달리 이번에 나는 좀 더 양보할 의향이 있다.

냉전이 한창이던 1956년 1월, 존 포스터 덜레스 국무장관은 의도치 않게 "벼랑 끝 전술brinkmanship"이라는 말을 만들어냈다.

당시 그는 미국이 군사적 충돌을 피하려면 위험을 감수해야 한다고 말했다. 그는 "전쟁에 휘말리지 않고 벼랑 끝까지 갈 수 있는 능력은 꼭 필요한 전략이다. 위험을 피하고 위험에서 달아나며 벼랑 끝에 가기를 두려워한다면 이미 패한 것이나 다름없다"라고 말했다.

핵 시대에 무모한 발언이라고 비난받았지만, 그 이후 벌어진 사건들은 위험을 꺼리는 것처럼 보이는 것에 내재된 지정학적 위험성을 드러냈다.

실제로 9.11 테러를 계획하고 주도한 이슬람 과격파들은 미국을 민간인, 또는 심지어 군인 사상자가 나오는 것을 기피하는 국가로 판단했다.

그들은 미국의 국가적 트라우마를 잘 알고 있었다. 베트남에서 시신이 담긴 자루가 집으로 돌아오고, 지미 카터가 헬리콥터 8대로 이란에서 인질 구조 작전을 펼쳤지만 실패했고, 사상자가 없도록 1만 5천 피트 상공에서 78일간 코소보를 폭격했으며, 빌 클린턴이 백만 달러짜리 순항미사일을 사용해 텅 빈 기지를 파괴한 일 등에서, 미국의 두려움을 간파하고 있었다.

이슬람 과격파들은 미국에 상당한 인명 피해를 입히고 충분히 공포를 준다면, 시간이 흐르면서 미국이 사기를 잃고 단념할 것이라고 생각했다.

무고한 사람들을 살해하러 나선 테러리스트의 눈에는, 미국이 과거에 공격이나 도발(미 해병 막사 폭파사건, 미 해군 구축함 콜호 폭파 사건 등)에 대응하지 못한 것이 미국의 위험 회피, 즉 사상자가 나오는 걸 두려워하고 무력 사용에 의지가 없는 것으로 보였다.

강대국의 엄청난 힘의 시연에서도 같은 원칙이 적용되지만, 여기서 이에 대해 논의하는 건 적절치 않다. 어쨌든 요점을 말하면, 개인이건 국가건, 중요한 가치나 신념을 지키기 위해서라면 언제나 위험을 감수할 준비가 되어 있다는 사실을 상대가 인식하도록 해야 한다.

만일 어려운 일을 견디지 못하는 사람이라는 인식이 굳어진다면, 상대의 장단에 놀아나는 꼴을 면하긴 어려울 것이다.

이 모든 것을 고려해볼 때, 상황이 확실히 유리한 경우에도 사람들이 모험을 꺼리는 이유는 뭘까? 상황이 어떻든 간에 우리는 항상 최악의 상황, 즉 실패에 집중하기 때문이다.

이런 괜한 걱정을 극복하는 길은 위험을 통합 또는 분산하는 방법을 찾는 것이다. 파트너를 찾고 다른 사람을 참여시켜라. 이런 분산 전략은 더 큰 수익을 얻을 수 있도록 몸집을 키워 더 큰 위험을 감당할 수 있게 한다.

우리는 수십 년 동안 비즈니스 세계에서 소규모 회사가 큰 기업과 자발적으로 결합하는 이른바 "인수합병 바람"을 지켜봤다. 이런 제휴를 통해 소규모 회사들은 전에는 엄두도 내지 못했던 사업을 추진할 수 있었다. 게다가 재정적 손실이 생기더라도 더 커진 몸집을 바탕으로 그 손실을 분산할 수 있었다.

소규모 회사들은 "돈이 돈을 번다"는 이치를 잘 알고 있다.

사업이든 포커 게임이든 자본금이 상대보다 월등히 많다면 더 유리한 위치에 서게 된다.

지금까지 우리는 힘을 분석하며 3가지 주요 구성요소를 검토해보았다. 그러나 강력한 힘의 비법을 구성하는 다른 요소도 있다,

올리버 트위스트가 "제발 조금만 더 주세요"라고 했을 때, 그가 바로 이 힘을 두고 한 말은 아니었을 것이다. 어쨌든 다음 장에서 계속해서 **힘의 비법**에 대한 공식을 살펴보자.

지지와 결의

로빈슨 크루소나 영화 〈캐스트 어웨이〉에 나오는 톰 행크스와는 달리, 협상가로서 우리는 복잡한 인간관계 속에 얽혀 살아간다. 그러므로 협상에 성공하려면 우리 자신과 상대의 필요와 관심사, 이해관계를 고려해야 한다.

그런데 우리는 알게 모르게 다음 3가지 요소에 제한을 받는다.

첫째, 인간으로서 우리는 각자의 가치관, 기호, 감정, 기질, 약점, 버릇, 야망, 기대를 갖고 있다.

우리에게는 디저트를 조금 더 먹고 싶다거나 당장 일을 해치워야겠다는 식의 충동적인 욕구가 있다. 그리고 이런 급박한 열망은 장기적인 이해나 행복과 충돌하는 경우가 많다. 그러므로 이런 충돌에 앞서 내부의 의견차를 조율하기 위한 자신과의 협상이 필요하다.

이 단계를 무시하면 만화 〈월트 켈러Walt Kelly〉에서 "적을 만

났는데, 바로 우리였어"라고 말하는 포고Pogo〔만화 속 캐릭터〕와
같은 처지가 된다.

둘째, 마크 트웨인의 조언을 한 단계 발전시키자면, 열매를
따려 할 때 그 위험을 혼자 감수하려고 해서는 안 된다. 사전에
다른 사람을 참여시켜 이런 모험에 지지를 보태도록 해야 한다.

사실상 모든 협상에는 "지지층"이 있어서, 그들의 지지는 우
리 말의 영향력을 증폭하고 "단합된 힘E Pluribus Unum"을 전달
하게 한다. 반대로, 협상 입지를 돕는 지지층의 지지가 없다면
협상은 무산되고 말 것이다.

가족과 함께 새 차를 구입하러 가본 적이 있는가? 한번은 뷰
익 딜러에게 가격을 더 낮추지 않으면 다른 매장을 알아보겠다
고 으름장을 놓은 적이 있다. 그런데 딜러가 대꾸할 새도 없이
아내가 얼굴에 함박웃음을 지으며 달려오더니 말했다.

"여보, 정말 잘됐어요. 내가 찾던 정확한 색상 조합이에요."

아내에게 이 자동차가 마음에 들었다는 티를 내면 협상에 도
움이 안 된다고 신호를 보내고 있는데, 아들이 어슬렁거리며 다
가오더니 말했다. "아빠, 돈 좀 주세요. 길 건너가서 우리 새 차
오디오에 틀어보게 CD 좀 사 와야겠어요."

마찬가지로 집을 살 때 값을 깎아보려 하는데, 방해를 놓는
일이 생기기도 한다. 몇 년 전 글렌코에 사는 한 이웃이 자기가
집을 살 때 썼던 협상 전략을 내게 이야기한 적이 있다.

"부동산 중개인 두 명을 통해 집주인한테 제가 그 집 말고도 보고 있는 집이 하나 더 있다는 사실을 알렸어요. 일단 우리한 테 다른 대안이 있다는 것을 상대 쪽이 알게 한 후, 남편과 저는 중개업자 둘을 대동하고 집주인을 만나러 갔지요.

집주인은 분명 우리가 다른 집을 보러 갈 수도 있겠다고 생각 했나 봐요. 두 번이나 쉽게 양보를 했거든요. 그래서 가격을 5만 달러에서 무려 2만 달러까지 낮췄어요.

그런데 갑자기, 줄곧 조바심 내던 남편이 일어서더니 서재에 가구 배치할 곳을 정해야 한다면서 평면도를 그리기 시작하는 거예요. 그것도 부족했는지, 자까지 빌려달라고 했어요. 커튼을 달아야 하니 창문을 재야겠다고요. 아니나 다를까, 방금 전까지 안달하던 집주인이 태도를 싹 바꿨고, 결국 남편이 방해하는 바 람에 2만 달러를 그대로 내줘야 했어요."

미국 대통령(외교정책의 CEO)이 국가적 의도나 결정을 상대국 에 전달하려 할 때에도 국제 관계에서 유사한 일이 생긴다. 자 유사회에서는 커뮤니케이션이 광범위하게 이루어지기 때문에, 대통령은 대중 매체나 의회, 유명인사, 대중 집회 등에 의해 협 상 카드와 주도권을 뺏길 수 있다.

요컨대, 상대와 협상하기 전에 팀과 지지층, 모든 구성원의 전폭적인 지지를 약속받아야 한다. 그래야 상대에게 전달하는 메시지가 일관성과 논리를 잃지 않는다.

셋째, 무엇보다도 명백한 것으로, 나와 다른 역할을 맡고 다른 이해를 대표하는 상대가 내게 행사하는 압력이다.

이런 전제 아래, 지지의 힘은 2가지 방식으로 끌어낼 수 있다.

내 편으로 만들기

지지와 관련해 중요한 한 가지는 거래 조건과 가격을 협상하고 있는 상대가 최종 사용자가 아닌 경우가 많다는 사실을 인식하는 것이다. 상대는 구매 대리인으로, 거래가 성사되면 바로 다른 거래를 찾아 떠난다.

이런 거래에서는 가격이나 조건은 훌륭하지만 상품이나 서비스는 기대에 못 미칠 수 있다.

구매한 것을 설치하고 사용하는 데 경험이 많은 사람은 값싸게 얻은 것에 종종 오히려 추가 비용이 많이 들어간다는 사실을 너무나 잘 알고 있다.

따라서 발주 전, 준비 단계에서 당신이 판매하려는 것에 대한 상대의 지지를 얻을 수 있다면, 상대는 당신을 위해 기꺼이 실제 구매자에게 영향력을 행사할 것이다.

신뢰 높이기

지지를 얻는 중요한 또 한 가지 방법은 당신이 진심이라는 것을 상대에게 확신시키는 행동이다. 이것은 커뮤니케이션의 신뢰성을 강화하고 결의를 표현하는 데 쓰이는 공공연한 힘의 전략이다.

가령 내가 절대로 물러서거나 타협하지 않겠다고 하면, 내 말은 허풍으로 비칠 수도 있다. 하지만 내가 실제로 모두가 보는 앞에서 내 뒤에 놓인 다리를 태워 없앤다면 어떨까? 이 경우, 내 의지는 이제 꼭 실현해야 할 일로 바뀌게 된다.

스페인의 에르난도 코르테스의 군대는 멕시코의 베라 크루즈 해변에 상륙하자, 대서양을 건널 때 타고 온 배를 불살랐다. 후퇴하거나 본국으로 돌아갈 길이 없다는 것을 보여줌으로써, 원주민에게 그들이 어떤 자세로 싸우러 왔는지 확실하게 전달한 셈이었다.

좀 더 최근의 예를 들자면, 나토가 제2차 세계대전 후에 서독에 군대를 주둔하고, 미군이 한국과 일본에 주둔하면서 적의 침략을 억제하는 일 역시 비슷한 개념일 것이다.

그런 배치는 적이 루비콘강을 건널 경우, 우리에게 분명한 행동 방침을 지시하는 돌이킬 수 없는 조치였다. 이런 방법은 스스로 다른 대안을 제한함으로써 적의 기대를 바꾸기 위함이었다. 전쟁 억제 이론이 바로 이런 것이 아닌가? 침략을 방지하고 세계 분쟁을 최소화하기 위해 언제라도 사용할 수 있는 핵 능력을 축적한 일도 같은 맥락이다.

그러므로 이런 형태의 결의는 만약의 경우 어떻게 하겠다는 약속이나 서약과 다름없다. 이것은 적이 협박으로 해석할 수 있는 고위험 전략이다. 간단히 말해, 상대가 응하지 않을 경우에는 반드시 좋지 않은 결과가 뒤따른다.

 냉전이 절정에 달했던 1953년에서 1955년 사이, 나는 서독 풀다 가프에 주둔한 제14기갑수색연대 소속의 전차병으로 복무했다. 그곳은 나토 전략가들이 소련이 서유럽을 침공할 경우 이용할 것으로 예상한 경로였다.

브리핑에서 우리는 우리가 "단순히 전초 부대"이며 적이 공격해오면 적진의 후방에 놓여 본진과는 차단될 거라는 설명을 들었다. 그럼에도, 우리는 "여러분의 희생은 헛되지 않을 것입니다. 그로 인해 제3차 세계대전이 촉발될 테니까요"라는 소리를 들었다. 아마도 이런 말로 우리를 안심시키려 했던 모양이다!

이것은 협상을 포지티브섬에서 제로섬으로 바꾸는 강도 높고 융통성 없는 전략이므로, 일상적인 거래에서는 잘 사용되지 않는다고 생각할 수도 있다. 그러나 꼭 그렇지만은 않다.

다음과 같은 일상적인 예를 살펴보자.

1. 노조 대표가 언론에 "6퍼센트의 일괄 임금인상 안이 관철되지 않으면

내일 자정에 피켓 시위를 하겠다"라고 공언한다.

2. 프로 축구 구단주가 총 수익의 2퍼센트를 "파업기금" 조성에 사용하고 있다고 공식적으로 인정한다.

3. 계약 협상타결 "데드라인"이 가까워지자 경영진이 대낮에 침대와 침구, 조리도구, 음식 등을 공장 안으로 들여간다.

4. 이스라엘의 리쿠드 당은 집권 시절, 10만여 명의 주민을 웨스트 뱅크 (유대와 사마리아)와 가자 지구로 이주하도록 독려했는데, 그렇게 되면 팔레스타인이 그 땅을 되찾기가 더욱 어려워질 것을 알기 때문이었다.

5. 유명 콜라 제조업체가 슈퍼마켓 점장에게 "최소한 3.5미터의 진열대에 우리 콜라를 진열하지 않을 거면 다른 회사를 알아보시오"라고 말한다.

6. 한 메이저리그 야구 구단주가 기자회견에서, 시와 주 정부가 새 경기장을 지어주지 않으면 구단을 다른 도시로 옮기겠다고 발표한다.

7. 일반 직원들 사이에서 열띤 선거 끝에 온건파가 근소한 차로 강경파를 이기고 노조위원장이 되었는데, 그는 최초의 노사협상에서 사측에 유급 휴가를 두 번 더 주지 않는다면 자기는 사임하겠으니 강경파하고 상대해야 할 거라고 엄포를 놓는다.

이런 결의는 협상자를 특정 위치에 서게 한다. 그러므로 뜻을 이루지 못할 경우에는, 단호한 결의를 보여주려다 융통성, 그리고 어쩌면 평판까지 잃게 된다. 이 방법은 어느 정도까지 "거절할 수 없는 제안"으로서 사용된다.

결의인가, 협박인가?

앞에서 살펴본 대로, 결의를 보임으로써 신뢰성을 강화하려는 의도는 상대에게 종종 직접적인 위협으로 받아들여진다. 사람들은 위협을 받으면 분노하기 때문에, 이런 일이 실제로 일어나면 협상 분위기는 싸늘해지고 협력자가 되어야 할 상대는 적으로 돌아서게 된다. 게다가 이 경우 상대는 대개 더욱 완강히 버티며 같은 전략으로 나오는 경향이 있다.

그러므로 일상적인 협상에서 **나는 직접적인 위협은 권하지 않는다. 이런 방법은 얇고 성숙하지 못한 성품을 드러내는 일일 뿐이다.** 위협은 야망이 좌절된 사람이나 자존심을 다친 사람, 혹은 자존감에 문제가 있는 사람이 주로 쓰는 방법이다. 실제로 내 경험상, 강한 사람은 품위와 도량을 보이고, 오히려 약한 사람이 잔인한 수법이나 협박을 사용한다.

위협에 대처하는 법

나는 직접적인 위협을 받는 경우 변함없는 태도로 상대의 말이 대수롭지 않다는 듯이 행동한다. 이런 식으로 내가 눈치가 없는 사람이라는 인식을 심어주었으므로, "글쎄요, 무슨 말인지 모르겠어요"라거나 "뭐라고 말씀하셨죠?"라고 말하기도 쉽다.

그러면 상대는 대게 다시 한번 말하면서 자신이 위협한 내용을 설명하게 된다. 하지만 나는 여전히 침착하고 무심한 태도를 보인다. 때로는 상대의 말을 지나가는 농담쯤으로 여기며 씩 웃고 만다. 어떤 때는 웃음을 보이며 "말씀 재밌게 하시네요. 한 번 더 해주시겠어요?"라고 대꾸하기도 한다.

이쯤 되면 상대는 보통 이 위험한 전략을 버리고, 다시 당면한 문제로 돌아와 해결 방안을 찾으려고 한다. 상대의 위협을 대수롭지 않게 받아넘기면, 상대 역시 체면을 구기지 않고 물러서기가 한결 쉬워진다.

그런데 상대가 여전히 완강하게 나온다면, 나는 이 의외의 행위에 어떤 숨은 이유가 있는지 조사해본다. 그런 다음, 다른 방법도 통하지 않을 경우에는 내게는 권한이 없다거나 법에 저촉된다거나, 또는 선례가 없다는 등의 이유로 상대의 요구를 들어줄 능력이 없음을 밝힌다.

실제로 나는 과거에 이렇게 자주 대답했다. "저도 그러고 싶은데, 안타깝지만 그럴 수가 없습니다. 죄송합니다."

"손 들어!"

이제 직접적인 위협에 적절하게 대응한 생생하고 극적인 예를 하나 소개하겠다.

영화 〈돈을 갖고 튀어라〉에서 우디 앨런은 운이 없는 어수룩한 범죄자 버질 스타크웰로 나온다. 크게 한탕 해서 인생 역전을 노리는 버질은 은행을 털어 5만 달러를 챙기려고 한다. 버질이 손으로 쓴 쪽지를 창구 직원에게 내보인 후, 둘은 다음과 같은 대화를 주고받는다.

은행원: 이거 뭐라 쓴 거죠?

버질: 어, 못 읽겠어요?

은행원: 뭐라 쓴 건지 모르겠어요. 이 글자는 겁GUB이라고 쓴 것 같은데, G, U, B. 무슨 말이죠? '5만 달러를 자루에 담고 자연스럽게 AFT해라. 나는 겁GUB을 겨누고 있다?

버질: 아니 그건 B가 아니라 N이에요.

은행원: (동료 은행원 쪽으로 몸을 돌리며) 조지, 잠깐 이리 와봐. 이게 B로 보여, 아니면 N으로 보여?

버질: N이라고요.

은행원: (공식적인 힘을 이용해) 죄송하지만 돈을 내주려면 쪽지에 우리 부행장 서명이 있어야 해요. 은행 규정입니다.

다음 장면에서 여러 은행직원과 부행장 밀러가 쪽지에 쓰인 글자가 GUB인지 GUN인지를 두고 논쟁을 벌인다. 결국 버질은 체포되어 철창 신세를 진다.

이 짤막한 장면에서 배워야 할 점은, 강도당하는 줄도 모르는 사람에게서 돈을 뺏을 수는 없다는 사실이다.

수년 전 위스콘신주 상원의원 윌리엄 프록스마이어가 워싱턴의 국회의사당 주변에서 조깅을 하는데, 무장 괴한이 다가와 돈을 요구했다.

의원은 순간적인 재치를 발휘해 이렇게 말했다. "어디 한번 해보시지. 마침 잘됐네. 말기 암이라 자살이라도 할 판인데, 그랬다간 아내가 생명보험을 탈 수가 없거든. 당신이 나를 죽이면 우리 가족을 도울 수 있어."

살인까지는 할 생각은 없었던 강도는 냅다 도망쳤다!

물론 이 영화는 우디 앨런의 희극적 아이디어에서 나온 영화 설정이다. 하지만 실제로 피해자가 아주 둔한 경우거나 혹은 전혀 엉뚱한 반응을 보인 덕분에 강도를 면한 일이 있다.

콴티코의 FBI 아카데미에 있을 때 강도를 막은 몇몇 은행원의 이야기를 들었는데, 그들이 보였던 반응은 다음과 같다.

- "봐주세요. 저는 연수생입니다. 권한이 없어요."
- "옆 창구로 가주세요. 이쪽은 마감입니다."
- "죄송합니다. 점심시간이라서 도와드릴 수 없군요."
- "지금 자루가 없는데, 가져올 때까지 여기서 기다리세요."
- "농담하지 마세요!"

설득의 비결

내 마음은 이미 정해졌으니,
사실을 가지고 귀찮게 하지 마시오.

새뮤얼 골드윈

우리는 가족, 상인, 고객, 동료, 고용인이나 상사, 그리고 때로 고집 센 관료와 교류하며 살아간다. 이런 상호작용에서 우리는 합리적인 주장이나 상식을 이용해 그들의 행동에 영향을 주려고 하지만, 대개는 소용이 없어 실망한다.

왜 우리는 흠잡을 데 없이 논리적인 설득으로도 상대의 행동을 의도한 방향으로 바꾸지 못할까? 본질적으로 인간은 이성적이거나 합리적이지 않다는 말도 있다.

우리는 모두 어느 정도 새로운 것을 싫어하는 "네오포비아 neophobia"를 갖고 있어서 새롭거나 다른 것을 접하면 거부감을 느낀다. 그래서 새로운 아이디어에는 언제나 저항이 뒤따르고 이 아이디어는 현재 상태를 정당화하려는 논쟁을 불러온다.

한 현자는 말했다. "이런 논쟁은 술 취한 사람이 가로등을 그 불빛으로 길을 찾으려고 하기보다 몸을 가누려는 용도로 쓰는 것과 같다." 변화가 두려워 본질을 피하려고 한다는 뜻이다.

유진 오닐의 고전《얼음장수 오다The Iceman Cometh》에 나오는 해리 호프 살롱의 단골손님들은 모두 한심한 환상에 매달려 사는 사람들이다. 저마다 내일의 허황된 희망에 매달리면서 어제의 실패를 합리화하는 데 명수다. 이 작품은 인간은 자신의 환상이 처참하게 깨지더라도 그런 환상을 간직해야 할 필요에 대해 이야기한다.

마찬가지로 우리는 협상에서 때로는 공상(비현실적인 기대)에 사로잡혀 현실을 부정하는 사람들을 만난다. 그런 경우, 상대가 자신의 행동에 따른 결과를 이해하도록 세심하게 도와주어야 한다. 그리고 그 과정에서, 현실에 적응하고 변화하려는 상대의 의지를 가로막는 장벽이 무엇인지 알아내는 것이 중요하다.

변화의 걸림돌

분명 협상은 생각을 변화시키기 위한 의사소통 과정이므로, 상대가 "아니요"에서 "예"로 혹은 주저하는 태도에서 수락하는 태도로 바뀌는 것을 막는 몇 가지 걸림돌을 살펴보자.

1. 기존 방식을 선호하는 경향

기존의 상황이나 관계에 문제나 어려움이 있다고 해도, 우리는 그 일상과 속성을 알고 거기에 길들여져 있다. 그런 익숙함과 이미 투자한 것 때문에 우리는 모든 것을 원래대로 지속하려고 한다. 이것이 **확실성의 원칙**이 아닐까?

대표적인 예로는, 언제나 입장 고수나 분배를 목적으로 진행해온 협상(경쟁적 협상)을 창의적인 문제 해결 과정으로 전환하려는 시도가 어렵다는 점을 꼽을 수 있다.

2. 위험 감수에 따른 불안

진보에는 위험이 수반된다는 말을 인정하지만, 우리 대부분은 실용적이고 천성적으로 보수적이다. 생소하고 불확실한 곳에 자발적으로 뛰어드는 일은 장담할 수 없는 커다란 위험이 숨어 있기 때문이다.

3. 기득권에 대한 위협

'다 그런 거지 뭐'라는 생각 때문에 사람들은 변화를 꺼린다. 더욱이 이런 전통을 세우거나 적어도 지켜온 상류층이 반감을 갖고 분노할 것이라는 두려움도 한몫한다.

4. 군중을 따르려는 성향

다른 사람에게 묻어가려는 뿌리 깊은 본능으로 우리는 오랫동안 되풀이된 의견과 절차를 받아들인다. 관습과 일반 관행을 따르면서 우리는 대부분 편안함을 느낀다.

특히 또래 집단에서 이런 편승 효과가 나타나는데, 나는 이 때문에 패션 스타일과 음악에 유행이 생겨나는 게 아닌가 한다.

5. 질서를 중시하는 성향

삶 자체가 예측할 수 없으므로 우리는 일에서 안정과 평온함을 주는 공간과 시간을 좋아한다. 그리고 우리는 A를 하면 B가 뒤따르게 되는지 알고 싶어 한다. 그러나 변화는 예기치 못한 결과를 낳을 수 있다. 간단히 말해, A라는 행동은 X라는 원치 않는 부작용을 불러올 수 있다는 이야기다.

우리가 협상가로서 설득력을 발휘해 상대의 행동에 영향을 주려고 할 때는, 이런 일반적인 저항을 극복해야 함은 두말할 나위가 없다.

영업과 실무 협상에서의 내 경험을 바탕으로, 여러분에게 **설득 능력**을 줄 수 있는 대화형 접근법이나 모델을 살펴보자.

읽다 보면 과장된 말이나 교묘한 술수를 강조하지는 않는다는 것을 알 것이다. 상대의 태도와 시각을 바꾸어야만 상대의 입장도 바꿀 수 있기 때문이다.

> 케네디 대통령은 취임 후 첫 기자회견에서 "대통령께서는 어떻게 제2차 세계대전의 영웅이 되셨나요?"라는 질문을 받았다. 케네디는 "원해서 그런 게 아니었습니다. 적들이 내 배를 침몰시켰거든요"라고 대답했다.

설득력의 비결

처음부터 상대의 분위기와 기대를 가늠해본다. 자신을 낮추는 농담으로 긴장감을 풀고 속도에 변화를 주는 것도 좋다. 또한 자신에 관한 우스개나 재미난 것을 찾아본다. 분위기를 바꾼다는 것은 언제나 자신을 낮추어야 한다는 의미다.

1. 가드를 내리기

상대에게 관심을 보일 때는 따듯함과 친근감을 나타낸다. 당신이 믿을 만하고 진실하며 꾸밈없는 사람임을 보여준다. 그러므로 지각을 하는 등의 실수를 하게 되면 토를 달지 말고 충분히 사과해야 한다. 잘못을 인정하면 사람들의 호감을 산다는 사실을 명심한다.

중요한 것은, **상호 존중과 신뢰의 분위기를 만드는 것이다.**

여기에는 다음과 같은 방법이 있다.

첫째, 자기주장만 앞세우며 상대와 대립하면서 상대를 불쾌하게 하는 행동을 삼간다. 조금은 망설이는 듯 부드러운 어조로 자신의 관점을 이야기한다. 지나치게 자기주장을 내세우고 개인 혹은 집단의 가치를 위협하는 제안을 한다면, 아주 조그만 일에도 저항과 반감이 뒤따를 것이다.

둘째, 태도나 말로 상대의 기를 꺾으려고 들지 않는다. 지식이나 경험을 과시하는 일이 그렇다. 시인 오그덴 내시는 시에서 이렇게 꼬집는다. "경험상 최고의 법칙은, 너무 똑똑하면 바보라는 것."

내가 최고 영업 실적을 올린 사람들(IBM의 골든 서클, GE의 인센티브 앤드 리워드 크루즈)을 대상으로 기조연설을 하던 시절, 이 영업의 대가들이 공통으로 갖고 있는 한 가지 분명한 특징은 쉽게 다가갈 수 있는 친근하고 겸손한 태도였다.

실제로 이런 태도를 예술의 경지로 끌어올린 이도 있다. 이들은 일상적인 편안한 말투를 쓰고 의도적으로 말을 더듬기도 해서 평범한 사람으로 보이려고 했다.

그런 태도나 스타일이라면 로스앤젤레스 경찰국에서 가장 유능한 형사를 빼놓을 수 없다. 내가 말하는 그 형사는 피터 포크의 TV 시리즈에 나오는 엉성하고 촌스러운 콜롬보다.

셋째, 눈을 마주치고 메모를 함으로써 경청하고 있음을 보인다. 상대의 근본적인 관심사와 이해관계, 필요를 파악하려고 할 때는 예의를 갖추고 공감을 표시해야 하며, 존중하고 이해해야 한다.

반응을 하기 전에 항상 잠시 망설이는 모습을 보인다. 이렇게 잠시 뜸을 들이면 상대의 말을 신중하게 고려하고 있다는 의미가 전달된다. 그리고 상대는 긴장하면서 당신의 말에 귀를 기울이게 된다.

넷째, 당신의 반응이 상대의 성향과 비슷할 때 가장 효과가 크다는 것을 명심한다. **따라서 상대가 듣기 좋아할 만한 것으로 시작한다.**

설득력 있는 사람들은 항상 이런 식으로 시작했다. 실제로 역사와 문학은 이 접근법의 효과를 증명하는 사례로 가득하다. 안토니우스의 방법이 그중 하나다.

암살당한 율리우스 카이사르의 장례식에서 성난 군중을 향해 열변을 토한 안토니우스 연설은 너무도 유명한데, 그 정수는 셰익스피어의 역사극에도 나온다. 연극은 카이사르가 또 한 번의 승리를 거두고 로마로 개선하는 장면으로 시작한다. 그가 거리를 지날 때 군중은 열광하며 그를 맞는다.

한편 이런 카이사르를 시기한 정적 카시우스는 그를 살해하려고 음모를 꾸민다. 카시우스는 카이사르의 친구인 브루투스를 음모에 가담시키려고 그에게 카이사르가 받는 찬사가 공화국에 큰 위협이 된다고 이야기한다. 결과적으로 로마에 대한

브루투스의 사랑은 그가 카이사르를 존경하는 마음보다 커야
했다.

다음 날인 3월 15일, 의사당 계단에서 민중에게 연설하던 카
이사르는 공모자들의 칼을 맞고 죽는다. 마지막으로 칼을 휘두
른 자는 브루투스였고 카이사르는 쓰러지면서 이렇게 말한다.

"브루투스, 너마저Et tu Brute?"

이를 본 로마인들이 충격으로 전율했고, 브루투스는 곧바로
장례식을 준비하여 그 자리에서 암살을 정당화하고 대중을 진
정시키려 한다.

장례식에서 브루투스는 애도하는 대중 앞에서 이것은 "원칙
에 따른 살해"이며, 자신은 로마를 독재로부터 구하기 위해 이
살해 모의에 가담할 수밖에 없었다고 해명한다. (카이사르를 덜
사랑해서가 아니라, 로마를 더 사랑했기 때문입니다.")

연설이 끝나고 브루투스는 진심 어린 호소로 대중의 마음을
돌려놓을 수 있었다.

그러나 그때, 브루투스는 어리석게도 카이사르의 부하이자
절친한 친구였던 안토니우스에게 연설을 청했다.

안토니우스가 일어섰을 때, 대중은 공모자들 편에 서서 브루
투스의 정당성을 인정하고 있었다. 안토니우스로서는 정말 쉽
지 않은 일이었지만, 그가 썼던 설득력의 기술은 대중이 처음에
그에게 갖고 있던 적의를 지지로 바꾸어놓았다. 결국 크게 감동

한 청중은 그들의 분노를 브루투스에게 돌리고 그들 일당을 로마에서 추방한다.

안토니우스의 이 유명한 연설에서 가장 주목할 점은, 그가 청중의 생각과 감정에 공감하면서 연설을 시작했다는 것이다. 이 글에 내가 말하려는 요지가 잘 나타나 있으므로, 그 도입부를 소개한다.

친애하는 로마 시민, 그리고 동포 여러분, 내 말에 귀 기울여주십시오.

나는 카이사르를 찬양하기 위해서가 아니라

그를 묻기 위해 이 자리에 왔습니다.

사람들이 저지른 악행은 그들이 떠난 뒤에도 남지만

선행은 종종 유골과 함께 묻혀버립니다.

카이사르의 경우도 그렇습니다. 고귀하신 브루투스는

카이사르가 야심을 품었다고 말했습니다.

만일 그랬다면, 통탄할 잘못이었습니다.

카이사르는 그로 인해 통탄할 대가를 치렀습니다.

이제 브루투스와 다른 분들의 허락으로

브루투스는 고결하신 분이니,

그리고 그들 모두 고결하신 분들이니….

이제 연극이 아닌 현실에서, 당신이 어떤 말로 이런 공감을 전달할 수 있는지 몇 가지 예를 살펴보자.

- "하신 말씀에 기본적으로 동의합니다."
- "솔직하게 말씀해주셔서 감사합니다."
- "맞습니다, 일리 있는 말씀입니다. 사실, 저라도 비슷한 이야기를 할 겁니다."
- "무슨 말씀인지 알겠습니다. 제 생각과 다를 바 없습니다."
- "지당하신 말씀입니다. 그러면 이것을 고려하시면….'

2. 공감할 수 있는 영역을 찾기

신뢰도를 높이려면 자신이 말하려는 바를 상대의 관심사나 문제와 연관시킨다.

이를 위해서는 **상대**의 상황과 관련되는 실례와 이야기, 비유, 비교를 활용한다. 이런 방법은 당신의 논리를 살려주므로 상대의 주의를 집중시킬 수 있다.

주의할 점은 양동작전을 펴야 한다는 것이다. 하나는 친숙한 사례를 들면서 논리와 이성에 호소하는 것이고, 다른 하나는 인간의 기본 욕구(자존감, 지위, 자부심, 두려움, 안전, 소속감)를 이용하는 것이다. 그런 욕구는 신뢰가 높은 수준에서만 드러난다.

물론 상대의 행동을 이끌어내려고 할 때는, 상대의 기본적인 동기와 바람, 야망, 관심과 관련해 이야기해야 한다.

3. 새로운 제안 소개하기

상대와 공통점을 찾고 신뢰를 쌓으며 시간을 보냈다면, 이제는 새로운 아이디어나 제안을 시도할 분위기가 조성되었을 것이다.

하지만 시작하기에 앞서 신뢰를 유지하며 협상 게임을 하는 3가지 기본 원칙을 알아보자.

첫째, 항상 융통성을 보여야 한다.

둘째, 양보는 어떤 형태로든 보상이 따라야 한다. 굳이 빠를 필요는 없다. 양보의 정도가 똑같아야 한다는 의미는 아니다. 경우에 따라 상대의 아이디어를 검토하겠다는 약속만으로도 충분하다.

셋째, 누구의 동기도 공격해선 안 된다. 상대의 체면을 훼손하는 일은 금물이다. 이것은 제3자가 있을 경우 특히 말을 조심해야 한다는 의미다.

그리고 필요한 한 가지는 '윈윈' 결과를 이루어낼 수 있도록 **창의적인 문제 해결** 방법(통합적 협상)을 사용하는 것이다. 이 방법은 보다 경쟁적인 접근법인 **입장고수 협상**과 그로 인해 패자가 나오는 것을 막을 수 있게 한다. 그리고 협상 관계가 지속될 경우, 양쪽 모두에게 이익이 됨은 물론이다.

새로운 정보를 알아내려고 할 때는, 다음과 같은 **상식적인 원칙을 고려해야 한다.**

1. 새로운 제안에 대해 상대가 거부감을 느끼는 것은 제안 내용 자체보다는 그 제안이 언제 어떻게 시작하느냐에 대한 우려에서 비롯되는 경우가 많다.

2. 새로운 제안을 시작할 때는, 일부 조정이 필요할 수 있다는 것을 공개적으로 인정한다.

3. 제안 사항을 세분화하여 장기간에 걸쳐 점진적인 시행이 이루어지도록 한다. (노조가 사용하는 일반적인 단체교섭 기법은 논의 중인 계약에서 경영진이 아무런 비용도 들지 않는 새로운 제안을 그들이 수용하도록 교섭하는 것이다. 그러고 나서 3년 후. 다음 협상에서 이 휴면 조항을 활성화하도록 흥정하는 것이다.)

4. 일반적인 기준을 벗어나거나 상대가 예상치 못할 아이디어를 갑자기 제시하는 일은 없어야 한다.

5. 당신이 가지고 있는 대안을 무심코 내보이기 전에 질문을 던져서 상대에게 그와 비슷한 대안이 있는지 찾아본다(가령 "음, 제 생각인데, 혹시 이런 건 어떨까요?"라는 식으로 물어볼 수 있다).

6. 심한 반대에 부딪쳤을 때는 일시적으로 후퇴한다. 프랑스 출신으로 전쟁 통에 결혼한 나의 숙모 헬렌은 "전진하기 위해서는 때로는 후퇴도 필요하다"라는 말을 하곤 했다.

7. 알려지지 않은 새로운 정보나 사실, 배경 등은 상대가 시각을 바꾸는 데 윤활유 역할을 한다.

8. 상대가 "아니요"라고 말하는 진짜 이유를 파악한다. 항상 상대의 감정을 존중하고 새로운 제안을 수정해서 상대의 근본적인 우려사항을 해결하도록 노력해야 한다.

9. 사람들이 자신의 생각을 정리하고 조직으로 돌아가는 데는 시간이 필요하다. 조직 역시 새로운 현실에 적응하고 타협해야 하기 때문이다.

4. 참여 유도하기

새로운 사실이나 아이디어를 내고 검증하는 데 적극적으로 참여한 사람들은 최종적으로 이끌어낸 새로운 결론을 지지할 가능성이 높다. 말하자면, 주인의식을 갖는 셈이다.

그러므로 가령 어떤 계산을 하고 있다면, 상대에게 도움을 요청해야 한다. 총액을 상대에게 알려주기보다는 상대를 이 계산 과정에 참여시켜야 한다.

수년 전, 스탠드업 코미디언들은 청중에게 거주 지역을 묻고 그들이 손을 들게 했다. 청중은 이런 식으로 쇼에 동참하게 된다. 이런 전통을 이어받아 제이 리노는 NBC의 〈투나잇 쇼〉를 시작할 때 커튼 뒤에서 등장하면서 이와 비슷한 행동을 하며 팬들에게 인사했다.

알다시피, **사람들을 바꾸는 일은, 그 변화가 그들에게 이롭다 하더라도 쉬운 일이 아니다.** 게다가 상대가 이미 공개적으로 반대 입장을 표명한 경우에는 훨씬 더 어렵다. 그러므로 처음에 성공하지 못하더라도, 발을 헛디뎠다고 넘어진 것이 아니듯, 실패가 아님을 스스로 되뇌어라. 설득에서 **핵심은 인내와 마음가짐이다.**

그러면 다음 주제로 게임하는 자세의 힘에 대해 알아보자.

게임하는 자세

게임에서 이기는 자세는
육체는 긴장을 풀고 정신은 바짝 차리는 것이다.

아서 애시

지금쯤은 협상을 하나의 게임으로 생각하는 것이 상대의 공격으로부터 자신의 자존감을 보호하는 심리적 방패가 된다는 사실을 깨달았기를 바란다. 그리고 이런 자세라면 방관자로서의 시각과 초연함이 생길 것이다.

이런 게임 정신을 갖는다면 거래를 성사시키려고 도가 지나칠 정도로 노력하는 일은 없을 것이다. 조금 여유를 갖는다면 여러 일들이 자연스럽게 풀려나갈 것이다. 왜일까? 지나친 걱정으로 과도하게 몰아붙이면, 사람들은 반발하기 쉽기 때문이다.

〈톰 소여의 모험〉에서 톰에게 속아 넘어간 소년들이 담장 페인트칠을 하게 되는 이야기를 기억하는가? 처음에 톰이 너무 조급하게 나오자 아이들은 페인트칠을 일이라고 생각했다. 톰이 한 걸음 물러서서 분위기를 가볍게 바꾸고 나서야 아이들은 그 일을 놀이로 받아들이고 기꺼이 페인트칠을 시작했다.

알다시피, 상인을 상대로 값을 깎을 수 있는 최선의 방법은 상품에 관심을 갖되 지나치지 않는 것이다. 앞서 나는 이런 태도를 의식적인 무관심이라고 했다.

수십 년 전 처음 일본에 갔을 때, 나는 소매점에 금전 등록기가 거의 없는 것을 보고 놀랐다.

그 대신에 점원들은 고대 계산 도구인 주판을 사용했다. 이들은 정확한 합계가 나올 때까지 주판알을 빠르게 튕기면서 아무런 생각도 없는 듯 보여서, 마치 노련한 궁수가 화살에 혼을 불어넣는 것 같았다.

내가 말하려는 것은, 성공적인 협상 결과를 이루어낼 수 있는 가장 중요한 결정요인 중 하나가 태도라는 것이다. **인생도 마찬가지여서, 성공보다는 어떤 태도로 살아가느냐가 더 중요하다.** 그러므로 살아가며 겪는 거의 모든 사회적 교류와 상호관계, 삶의 상황을 게임으로 생각하는 자세를 배워야 한다. 한 걸음 물러서서 순간순간을 즐기며 재밌게 보내야 한다.

모든 것이 끝장날 것처럼 보이거나 아이들 때문에 미칠 지경이라도 스스로 이렇게 물어보자.

"20년 뒤에도 이 순간을 기억할까?"

답이 "아니요"나 "그럴 것 같지 않다"라면 더 이상 신경 쓰지 말자!

누구에게나 인생은 롤러코스터와 같아서, 끊임없이 오르고 내리며 요동친다. 아랍 속담에 "개가 짖어도 카라반은 계속해서 나아간다"라는 말이 있다.

혹자는 이것이 고대 중국의 음양철학을 내 방식대로 해석한 것이라고 말한다. 중국 음양철학에서는 처음에 반대 요소로 보이는 것도 실제로는 보완적인 요소다. 남자가 없다면 여자도 없을 것이고, 그 반대도 마찬가지일 것이다. 실패를 경험하지 않으면 성공을 즐기지 못할 것이고, 죽음이 우리 모두를 기다린다는 사실을 모른다면 삶을 소중히 여길 수 없다.

어쨌거나 나는 인생에서 영원히 절대적인 것은 없다고 믿는다.

분명 우리 모두는 사랑하는 사람을 잃거나 고통과 질병에 시달리고, 절망에 빠지는 등 우리를 좌절하게 만드는 나쁜 일들을 알고 있다. 하나같이 더하고 덜함이 없이, 우울하고 부정적인 것들이다.

그러나 다른 모든 것은 대개 음과 양이 함께 존재하며, 굳이 좋거나 나쁘지 않는 일시적인 것이다. 그리고 모두 어떻게 생각하느냐에 달렸다.

우리와 늘 함께하는 돈을 예로 들어보자. 돈은 그저 이 주머니에서 저 주머니로 옮겨 다닐 뿐이다.

그런데 가진 것으로 사람을 평가하는 어떤 사람들에게는, 돈이란 꼭 필요한 마약과도 같다.

그들은 돈을 얻기 위해 일생을 바치며, 그 때문에 좋아하지 않는 사람들에게 잘 보이려고 필요 없는 물건을 사기도 한다.

한편 또 어떤 이들에게 돈은 의무와 책임을 다하기 위한 수단이나 필수품이다.

실제로 돈 자체가 좋고 나쁜 건 아니다. 신이 돈을 어떻게 생각하는지 알고 싶다면, 억세게 돈복을 타고난 짐승 같은 사람들을 보자!

나는 10대 후반에 맨해튼에 있는 '버드랜드'라는 재즈클럽을 드나들었다. 당시 내 친구 밥 벤튼은 클럽 사장 딸과 사귀고 있었다. 하루는 한 뮤지션이 우리 테이블에 와 앉더니 이런 철학적인 말을 던졌다.

"이봐, 사람은 자신이 누군지, 어디에 있느냐에 따라 시각이 달라져."

여러 해가 지나고 우리가 일리노이주 리버티빌에서 글렌코로 이사하면서 아내 엘렌이 새 집을 보러 다닐 때 나는 그 뮤지션이 했던 지혜로운 말이 생각났다.

이 이야기는 앞에서도 언급했지만, 체면 때문에 일부러 빠트린 부분이 있다. 이야기의 요점은 엘렌이 마음에 드는 집을 찾았고 내가 미처 둘러보기도 전에 우리 "조직", 즉 가족에게 동의를 받아두었다는 것이다. 나는 내게 중요한 사람들이 이미 결정해놓은 기정사실을 그저 승인만 했을 뿐이다.

그러나 매매가 13만 5천 달러의 계약서에 우리 부부가 서명을 하기 전까지 내가 전혀 모르고 있던 사실이 드러났다. 나는 지나가는 말로 아내에게 물었다.

"그런데 처음에 내놓은 가격은 얼마였죠?"

"똑같아요." 아내가 대답했다.

"아니, 엘렌. 내 말은, 저쪽에서 집값을 얼마 불렀냐고요."

"그래요. 13만 5천 달러예요."

"그럴 리가. 그건 우리가 지불할 금액이잖아."

"그래요 여보. 그 금액 맞아요."

나는 가슴을 움켜쥐고 씩씩대며 말했다. "믿을 수 없어요. 부르는 대로 다 주다니? 아무도 그렇게는 안 해요!"

"글쎄요. 우리가 지금 그랬네요."

나는 흥분을 가라앉히려 애쓰며 다시 물었다. "뭔가 이유가 있었겠지, 내가 모르는 어떤 이유 말이에요, 그렇죠?"

"그래요. 이유가 있었죠. 집이 비었잖아요."

"뭐라고? 엘렌, 뭘 모르나 본데, 빈집은 항상 더 낮은 가격에 팔린단 말이에요."

"이번엔 아닌가 봐요."

도무지 이해할 수 없었던 나는 마음을 가라앉히고 아내에게 자세히 설명해달라고 했다.

"알았어요. 이야기해줄게요. 저 집에 주인이 살았으면 우리는 그 사람들이 이사할 때까지 기다려야 해요. 시간이 걸릴 테고 새 학기가 두 달이 지나서야 학군 거주자가 되는 거예요. 그렇게 되면 우리 애들은 학기 중에 전학을 해야 해요.

새로운 환경에 적응하기 어려울 테고 수업 진도도 따라가기 힘들어져요. 당연히 자존감도 줄고 성적도 떨어질 테고, 학교생활이 힘들어질 거예요. 애들이 친구도 사귀고 진도도 쫓아가야 하는데, 그렇게 고생하면서 대학에 갈 수나 있겠어요?

하지만 아이들이 동기들과 똑같이 시작해서 친구도 사귀고 학습 환경도 좋다면 자신감이 붙을 거예요. 이제 대학이나 직업학교에 진학할 수도 있고, 직장도 구하고 행복하게 살 희망이 생겼잖아요. 자, 협상가 양반, 아이들한테 행복한 미래를 선사하자는데 그깟 1만 달러가 대수예요?"

실제로 나는 그렇게까지 생각해보지는 않았다. 아내 생각이 틀린 게 아니었다. 사실, 아내가 옳았다.

어떤 사람에게 짐이었던 것(빈집)이 상황에 따라 다른 사람에게는 유용한 자산이 될 수 있는 것이다. 결국 "사람의 시각은 자신이 누군지, 어디에 있느냐에 따라 달라진다."

그러면 이제는 마지막 남은 힘의 요소들을 살펴보자. 대부분 앞에서 이미 다루었으므로 중요한 핵심만 짚어보겠다. 굳이 이렇게 목록로 추가하는 이유는 당신에게 자신감을 주기 위해서다. 당신은 스스로 생각하는 것보다 더 큰 힘을 가지고 있다.

전문가를 의심해라

안타깝지만, 우리는 대부분 전문적이거나 난해한 지식을 갖고 있다고 **생각되는** 사람들의 견해나 말에 아무런 의심을 품지 않는다. 자동차 정비사든 변호사든 주식 중개인이든, 혹은 TV에 출연하는 심리학자나 세무사, 심지어 의사든 상관없이, 이들의 견해가 절대적으로 옳은 건 아니다.

중요한 것은 이들이 내세우는 석·박사 학위나 인증서를 지나치게 신뢰해서는 안 된다는 것이다. 그러므로 주저하지 말고 질문하고, 설명을 요구하고, 또 필요하다면 "무슨 말씀인지 모르겠습니다. 쉽게 설명해주시겠어요?"라고 말해보자.

좀 더 용기가 필요하다면, 전문가에 대한 존경심은 마법사나 마술사, 주술사에서 시작되었음을 상기해보자. 더구나 전문지식을 대가로 돈을 받는 사람들이라면, 당연히 중립적인 시각을 유지하기 어려울 것이 아닌가?

상대방의 관심사를 파악해라

이 책 전반에 걸쳐 우리는 표명된 입장(요구 사항)과 그 저변에 깔린 관심사(실제 필요 사항)의 차이에 대해 논의했다.

거래를 성사시키기 위해서 진정 필요한 것이 무엇인지를 알아보는 데는 2가지 방법이 있다.

하나는 상대를 만나러 나서기 전에 그 사람과 이미 거래했던 사람을 만나서 정보를 수집하는 것이다. 물론 스스로 경험하는 것이 최고겠지만, 다른 사람의 경험을 활용하는 것이 비용 면에서 더 효율적이다.

그리고 다른 하나는 상대와 대화할 때 질문하고 경청하며 탐색하는 것이다. 조금만 주의를 기울이면 거래가 성사되도록 자신의 제안을 조정하고 재구성할 수 있는 방법을 터득할 것이다.

투자는 의지를 부른다

이미 충분히 설명한 바와 같이, 투자는 가장 결정적인 힘의 요소 중 하나다. 분쟁 또는 문제를 해결하는 데 상대가 시간과 돈, 에너지를 쓰게 하면 거래 성사의 바탕이 형성된다.

노련한 협상가라면 누구나 투자의 정도와 협상 의지 사이에 직접적인 상관관계가 있음을 안다.

다른 특별한 이유가 없다면, 그렇기 때문에 각각의 협상 과정에서 언제나 협조적인 자세로 시작해야 하고 논쟁을 일으키거나 감정적인, 또 제로섬이 되는 문제는 나중으로 미루어야 한다.

보상과 처벌

힘을 생각하면 우리는 보상 또는 강요하는 능력을 떠올리게 마련이다.

어떤 잠재적 목표물이 자신이 해를 입거나 도움이 필요할 처지가 될 수 있다고 믿는다면, 그런 일을 초래할 수 있는 능력을 지닌 이들은 그런 사람, 조직, 혹은 국가에 대해 힘을 갖는다.

다시 말해, 힘이란 상관적인 개념이므로 한 개인이나 집단의 속성이 아니라 사회관계에 뿌리를 두고 있다. 그러므로 내가 딱딱한 빵 한 조각을 갖고 있다면, 굶주린 이에게는 양식이 되겠지만 방금 배불리 먹은 부자에게는 커다란 빵 부스러기일 뿐이다.

우리는 보상을 이야기할 때 심리적인 뿌듯함에서 금전적 보상에 이르기까지, 모든 종류의 당근을 떠올린다. 마찬가지로 채찍이라고 하면 물리적 위험이나 출세를 막는 일, 벌금 등 원치 않는 것들을 떠올린다.

사람의 행동은 명시적이거나 암묵적인 보상과 처벌 제도에 의해 형성되는 경향이 있다. 예를 들어, 정부의 주요 방위 산업체들은 예전부터 막대한 비용 초과에 허덕였다. 왜일까? 제도적으로 이런 결과를 징계하거나 처벌하지 않았기 때문이다.

당근과 채찍 방법이 가장 잘 묘사된 예 중에 하나는 아마도 1984년 퓰리처상 수상작인 데이비드 마멧의 희곡 〈글렌게리 글렌 로스Glengarry Glen Ross〉일 것이다.

연극이 시작되면 부동산을 사람들에게 억지로 팔아넘기는 세일즈맨 4명이 경쟁을 벌이는 장면이 나온다. 땅을 가장 많이 판 1등은 캐딜락을 받고 2등은 부엌칼 세트를 가져간다. 그리고 3등은 자리를 보존하고 꼴찌는 해고된다.

치열한 경쟁 속에서 등장인물 4명은 서로 앞서기 위해 속이고, 공모하고, 흥정 또는 위협하는 등 온갖 수법을 동원한다. 이들의 성적은 언제나 "막상막하"다. 어쨌거나 일자리와 금전적 보상, 가족, 모두가 이 경쟁에 달려 있다.

여기서 중요한 사실은 사람의 행동은 그가 속해 있는 제도에 의해 변화될 수 있다는 것이다.

동질감을 유발해라

흔히 "준거력referent power"이라고 불리는, 타인을 당신이나 당신의 상황과 동일시하도록 만드는 힘은 타인이 당신의 감정과 열망을 공유하는 것처럼 느끼도록 동질감을 전달한다.

이 준거력은 후천적 능력으로, 스타일이나 태도에 확연히 드러난다. 이 능력은 하나의 행동 양식으로 협조와 존경심을 유발한다.

중요한 사회적인 교류를 시작하기에 앞서 자신에게 다음과 같은 질문을 던져보자.

- "신뢰관계를 쌓으려면 처음에 어떤 행동과 말을 해야 할까?"
- "상대가 나 혹은 내 입장과 감정적으로 동일시하도록 만들려면 상대에게 어떻게 접근하는 것이 가장 좋을까?"

"공정하게 처리해주세요"

가치관과 윤리 기준이 비슷한 사람들을 상대할 때, 마지막으로 쓰는 대비책은 언제나 그들에게 공정하게 처리해달라고 간청하는 것이다. 변명이나 가식 없이 겸허하게 공정한 일처리를 부탁하면, 사람들은 대개 긍정적인 반응을 보인다.

다른 이야기지만, 동물 세계에서는 생존을 위한 방법으로 항복 전략surrender tactic을 써왔다. 늑대 두 마리가 사투를 벌이다가 한 마리가 죽을 지경에 이르면 상대에게 목을 드러낸다. 그러면 의기양양해진 상대는 대부분 죽이지 않고 놔준다.

몇 년 전 내가 처음으로 어느 정부기관에 고용되었을 때, 그들은 내게 보수를 어느 정도 원하는지를 물었다. 당시 나는 그 일이 정말 필요했지만, 나나 그쪽이나 정부기관이 내가 평소 받는 수준의 보수를 지급할 능력이 없다는 것을 알고 있었다.

나중에 그들과 다시 대면한 자리에서 나는 이렇게 말했다.

"솔직히 이 문제를 같이 잘 해결했으면 합니다. 저는 그쪽을 100퍼센트 믿으니까 줄 수 있는 만큼 주리라 생각합니다. 그 금액이 얼마든 일을 맡지요."

두 달 후 내가 그들 본사를 찾아갔을 때, 계약 담당자가 내 보수를 올려주기 위해 백방으로 뛰어다녔다는 이야기를 후문으로 들었다. 결국 그는 내년도 예산까지 동원해 필요한 추가 자금을 마련했다.

선례는 무시해라

이전에 했던 어떤 행동이나 말이 하나의 본보기가 되거나 정당성을 부여받을 경우, 그 행동이나 말에는 무게가 실린다. 관습과 전통, 관행을 중요하게 생각하는 곳에서는, 이런 것을 선례로 내세우면 상당한 설득력을 갖는다.

미국, 영국, 오스트레일리아, 캐나다에서는 정가제 판매가 관행이다. "정가제 상점"에서 흥정을 해본 적 없는 사람이 흥정이 가능하리란 생각을 할 수 있을까? 시도조차 하지 않으니 성공할 일도 없다. 결국 "정가제 상점"에서 흥정할 수 없다는 믿음만 더 굳어진다. 요컨대, 사람들의 개인적인 경험은 미래에도 답습되는 자기실현적 예언이 된다.

노력한다면 장벽을 극복할 수 있다. 당신의 현재 상황이 처음 선례가 생겨나게 된 상황과 다르다는 것을 보여주기만 하면 된다. **세상에 협상하지 못할 일은 없다!**라는 사실을 명심하자.

절대 포기하지 마라

절대, 절대로 포기하지 마라.
중요하든 하찮든, 크건 작건, 명예와 양식이 걸린
경우가 아니면 절대 포기하지 마라.

윈스턴 처칠

첫 시도가 보상받지 못했음에도 계속해서 노력할 때는 우리가 얻으려고 하는 것이 그런 희생을 감수할 만큼 가치가 있어야 한다. 윈스턴 처칠이 제2차 세계대전에서 보여준 성과 역시, 역사가 그의 목표가 죽음을 무릅쓸 가치가 있었음을 증명했다.

분명 오늘날 그런 숭고한 대의에 뛰어들려는 사람은 거의 없다. 그리고 사람들 대부분이 가치 있는 목표를 추구하는 데 끈기가 부족하다.

나는 협상에서 자기 제안이 거절당하자 곧바로 철회하고 넘어가려는 사람을 다수 목격했다. 그들은 "아니요"라는 대답은 협상의 출발점이며, 예상치 못한 무언가에 적응하려면 항상 시간이 걸린다는 사실을 잊은 것이다.

그러므로 좀 더 참을성 있게 끈기를 갖도록 자신을 채찍질해야 한다. 상대가 당신의 접근방식이나 제안에 냉담한 반응을 보인다면, 다시 다른 시간에 다른 방법으로 시도한다. "'아니요' 다음에는 '예'가 온다"라는 사실을 명심하자.

협상만이 아니라 일상생활에서도 그렇다. 끈기 있게 조금만 더 가면 좋은 길이 나타날 것이다.

반드시 끈기를 갖고 계속 노력해라!

누가 힘을 가지고 있는가

앞서 언급한 내용을 재차 강조하고자, 몇 년 전의 일화를 소개한다. 당시 나는 시카고의 노스 쇼어에 있는 몇몇 지역에서 유선방송 설치와 관련한 협상에 참여하고 있었다.

그중에 케닐워스는 미시간호에 인접한 아주 부유하고 고상한 동네였다. 마침 동네 사람들이 엘렌과 나를 조촐한 디너파티에 초대했다.

저녁 내내 나는 세련되고 호화로운 인테리어와 집주인 마거릿과 존 피츠제럴드 부부의 우아한 모습에 감명을 받았다. 부유한 집안 출신으로 그들은 완고한 면이 있긴 했지만 친절한 사람들이었다.

저녁식사를 마치고 서재에서 코냑을 마시며 대화를 나누던 중, 마거릿이 세 살짜리 아들 조니 때문에 어려움을 겪고 있다는 이야기를 했다.

내가 물었다.

"무슨 문제인가요?"

"글쎄, 나쁜 말을 써서요. 무슨 말인지 아시죠?"

"어떤 말을 말씀하시는 거죠?"

"글쎄요… 아시겠지만… 욕을 해서요."

"어떤 욕이죠?"

그녀는 주저하더니 더듬거리며 말을 이었다.

"글쎄요. 그게 좀… 말하자면… 성교를 뜻하는… 비슷한 말이에요. F로 시작하는데, 아시죠?"

당시 나는 '맙소사, 당연히 알고 있고 들어도 봤고, 여러 번 말하기도 했을 텐데'라고 생각했다.

사실 세 살짜리 아이들이 그런 저속한 단어를 내뱉는 것은 이상한 일이 아니다. 그 말소리가 재미있기 때문이다. 실제로 언어심리학자들은 수십 년간 이 욕설을 연구한 끝에, 이 단어가 발음해서 쾌감을 주는 단어 중에 3위 안에 든다고 밝혔다.

아이들은 단지 입술을 오므렸다가 이 단어를 뱉을 때 소리가 치경(치아 뿌리를 둘러싼 잇몸 부분)을 울리는 느낌을 좋아한다. 이 느낌이 재미있는 것이다. 이 "바보구나Goat you"라는 말보다 저속한 말을 쓰길 좋아하는 이유가 이 때문이다.

아이들이 "바보구나"라는 말을 잘 쓰지 않는 이유는 그 욕설을 할 때만큼 재미난 울림이 없기 때문이다. (참고로, 말이나 언어가 유행하는 이유는 사람들이 그 발음을 재미있게 생각하기 때문이다. 이디시어 Yiddish가 영어에 유입된 까닭도 이 때문일 것이다.)

미국인은 어떤 단어를 들으면 재미있어하는데, 특히 'sch' 나 'sh'로 시작하는 단어가 그렇다. 우리가 일상에서 사용하는 예를 잠깐 살펴보자, schlepp(느릿느릿 걷다), schlock(싸구려 물건), schmooze(잡담하다), 그리고 욕설로 쓰이는 schnook(멍청이), schnorer(거지), schmuck(얼간이) 등이 있다. 운이 나쁜 schlimazel(불운아)에게 수프를 엎지르는 실수를 잘하는 schlemiel(얼간이)이란 표현도 있다. 이 단어들은 모두 웹스터 사전에 실려 있다.

다시 아이 어머니 이야기로 돌아가서, 나는 아이가 나쁜 말을 쓸 때 어떻게 대응하는지 물었다.

그녀가 대답하려는 순간, 거실에서 시계가 자정을 알렸다. 그러자 갑자기 모든 시선이 위층 복도로 쏠렸고, 거기에는 어린 조니가 토끼 잠옷을 입고 계단 꼭대기에 서 있었다.

"조니, 지금이 몇 시인 줄 아니? 어서 들어가서 자!" 엄마가 소리쳤다.

조니는 엄마 말에는 아랑곳 않고 계단을 계속 내려왔다. 엄마 아빠가 다시 한번 잠자리에 들라고 애원하듯 말하자, 조니는 입술을 오므리고는 자기가 좋아하는 단어를 내뱉으려고 했다.

그때 갑자기 존 피츠제럴드 씨가 끼어들며 말했다.

"조니, 이리 와. 잘 왔다. 마실 것 좀 줄까? 인사해, 이분들은 코헨 씨 부부란다."

피츠제럴드 씨는 아이가 마티니를 달라고 해도 줄 것 같았다.

의도된 결과를 이루어내는 능력을 힘이라고 한다면, 이 집에서 그 힘을 가진 이는 누굴까? 세 살밖에 안 된 조니는 벌써부터 다음 순간 일어날 일을 결정할 권한을 가지고 있었다.

세월이 흘러 일리노이주에서 피츠제럴드라고 하는 노스 쇼어 출신이 상원의원에 선출됐는데, 그때 아주 잠깐이지만, '맙소사 그 아이야'라는 생각이 머리를 스쳤다.

알고 보니 그 아이는 아니었다. 하지만 분명 그 아이는 어딘가에서 사업을 하거나 아니면 정계의 거물이 되어 있을 것이다.

- 제품, 서비스, 아이디어, 또는 제안을 판매하는 경우, 당신이 가진 것에 대해 경쟁을 유발하자.
- 구매자나 소비자로서 명심해야 할 것은, 돈이 말을 하고 걷기도 한다는 사실을 판매자가 알고 있다는 사실이다. 그래서 돈이란 힘이 있지만 쉽게 사라지기도 한다. 돈이 말하지 않는 유일한 것은 언제 올 것인지 혹은 돌아올 것인지다.
- 진보를 위해서는 때때로 무리에서 벗어나 공식적인 힘의 상징들에 의문을 제기하자.
- 핵심 가치와 원칙을 위해서라면 기꺼이 위험을 감수하고 심지어 손실을 감내할 수 있는 사람이라는 평판을 쌓자.
- 상대의 행동에 긍정적인 영향을 주려면, 상대가 듣고 싶어 하는 말로 시작한 다음, 그들의 경험에서 나온 예를 이용해서 당신의 생각을 간단하게 표현하자.
- 직접적인 위협에 대처하는 가장 좋은 방법은 무시하거나, 엉뚱하게 반응하거나, 권한이 없다고 주장하거나, 또는 웃어넘기는 것이다.
- 그런 위협을 지켜보면서 분위기를 가볍게 하고 더 많이 웃으면서 신경을 쓰되, 지나치지 않는 '게임 정신'을 개발하자.
- 무력감을 느낄 때는 이 책을 읽음으로써 활력을 보충하자.

제11장

특수한 협상:
테러리즘과 자녀 양육

사람들 사이의 거의 모든 거래(가령 섹스, 결혼, 정치 등),
그리고 심지어 인간과 신 사이의 접촉(종교)도 협상이다.
이것은 보상이 주어지는 끊임없는 짝짓기 춤과 같다.

랜스 모로우, 〈타임〉

이 책 전반에 걸쳐 나는 흥미로운 사례와 일화, 이야기를 소개함으로써 협상 과정을 설명하려고 노력했다. 그러나 이 과정에서 내가 직접 다루지 못한 주제가 있으므로, 이번 장에서는 그것을 몇 가지 다루어보겠다.

폭력으로 위협할 때

1970년대 후반, 나는 서구 민주주의 국가에 대한 국제 테러리즘의 위협에 관심을 갖게 되었다. "전쟁은 또 다른 형태의 정치다"라는 프로이센의 군사 전략가 클라우제비츠의 말처럼, 테러리즘 또한 극단적이며 불합리한 형태의 협상이라는 생각이 들었다.

테러리즘이란 무엇인가?

테러리즘은 대중 매체를 최대한 이용해서, 대중에게 충격과 공포를 주기 위해 무고한 사람들을 대상으로 연출된 폭력 행위다. 이렇게 공포를 확산하려는 의도는 당국에 압력을 가해 테러리스트의 요구를 수락하도록 하기 위해서다.

간단히 말해, 테러리즘이 발생하면 대중은 스스로를 탓하게 된다("왜 그들은 우리를 증오하는가? 우리 잘못은 무엇인가? 그들의 분노와 좌절의 원인은 무엇인가?"). 그 때문에 유감스럽지만, 수십 년 동안 그리고 지금도 이런 수법에 굴복하는 사람들이 있다.

테러리즘은 명분을 앞세운 비대칭전, 즉 상대적으로 약한 쪽에서 훨씬 강한 정부로부터 양보를 얻어내려고 민간인을 대상으로 고의로 만행을 저지르는 일이다. 시간과 정보, 힘을 이용해 타인의 행동에 영향을 주려는 게 아니라, 민간인을 살상하는 방법을 통해 원하는 바를 얻으려 하는 것이다.

정확히 말하면 테러리즘은 정치적 목적을 위해 무고한 시민을 표적으로 삼는 의도적 행위다. 그 때문에 나는 TV에서 누가 조지 워싱턴을 아무런 도전도 받지 않은 "테러리스트이자 자유의 전사"라고 말하는 걸 들었을 때, 소름이 돋을 정도로 분노가 솟았다. 사실 내가 좋아하는 인물은 아니지만 체 게바라나 피델 카스트로조차도 테러리즘 행위를 동원할 정도로 야비하지 않았다.

1985년 TWA 847기가 공중 납치되었을 때와 비번이던 해군 건설대원 로버트 스테뎀이 살해되었을 때, 나는 CIA 국장으로부터 연락을 받았다. 이로 인해 빌 케이시와 레이건 대통령과의 만남이 이루어졌고, 1985년 7월 10일 자 〈국제 테러리즘의 재앙〉이라는 글도 쓰게 되었다. (부록 4에 실려 있으며, 이 글에 당시 내 생각과 추천 사항이 담겨 있다.)

이 문서를 읽어보면, 내가 당시 서구의 대중매체와 미국 정부가 초국가적 테러리즘의 잠재적 위협을 방치하고 있다고 생각하고 있음을 알게 될 것이다. 실제로 한 달 뒤인 1986년 8월, 나는 〈뉴욕타임스〉에 '테러리즘과 대중매체'(부록 5)라는 논평을 기고했다. 비록 발표되지는 않았지만 흥미로운 글이므로 참조하기 바란다.

다른 오해는 없길 바란다. 나는 자유 언론 문제에 관한 한 제퍼슨을 지지하는 민주주의자다. 더욱이 대중매체가 담합을 한다거나 의도적인 편견을 갖고 있다는 의견에도 동의하지 않는다. 다만 TV 방송 관계자들과 연출자들의 역사적 시각이 부족하거나, 어쩌면 그들이 시청률에 지나치게 연연하는 것이 아닌가 하는 생각은 든다.

그렇지 않다면 과연 TV 프로그램들이 인터넷 유괴, 상어 공격, 도로 위의 질주, 차량 탈취 등에 엄청난 시간을 할애하고 있는 것을 어떻게 설명할 수 있을까? O. J. 심슨과 게리 콘딧, 수전 스미스 사건은 또 뭐란 말인가? 물론 이런 사건도 보도되어야 하겠지만, 방송 관계자들은 국가의 안녕과 번영에 무엇이 더 중요한지를 생각해야 한다는 말이다.

9.11 테러

그러나 2001년 9월, 뉴욕 쌍둥이 빌딩과 펜타곤의 대참사는 테러리즘에 대한 반감을 불러왔다. 물론 이 정도까지는 아니지만 여러 국가들도 적어도 지난 30년 동안 이런 테러의 공포에 시달렸다. 하지만 미국인들은 스스로 안전하다고 믿었다.

돌이켜보면, 미국을 공포와 영웅주의로 물들인 이 참사의 책임을 정부기관과 대중매체로 몰아가기는 쉬운 일이었다. 그러나 사실 이번 공격의 악랄성은 서구의 이성적인 사고방식으로는 도저히 상상할 수 없는 것이었다.

습관적으로 우리는 다른 사람, 심지어 우리에게 해를 끼칠 수 있는 악인도 우리와 똑같은 가치관과 신념을 갖고 있으리라고 생각한다. 그런 점에서 작가 리치 코헨(내 아들)의 소설 〈복수자들The Avengers〉에 나오는 조지프 겐스가 떠오른다.

1941년 독일이 리투아니아를 침공한 이후, 겐스는 빌나 게토〔유대인 강제 거주지〕의 책임자가 된다. 그곳으로 끌려온 사람들이 살해되고 있다는 증거가 있었지만 그는 믿을 수가 없었다. 문명인으로서 그는 나치가 자기들의 이익이 되는 일을 하리라고 생각했다. 그러니까 강제 이송된 유대인을 승전에 필요한 노동력으로 이용할 것으로 생각했다.

그러므로 9.11 테러를 일으킨 자들의 시각에서 보면, 이 범행은 특수한 수단을 사용하는 일종의 협상이었다. 그들의 목표는 미국으로부터 대외 정책상의 양보를 이끌어내는 것이었다. 그들은 이 테러를 미국에서 무사히 벌일 수 있다고 생각했을 뿐아니라, 미국에게 상당한 인명 손실을 입히고 충분한 공포를 심어주면, 미국인들의 자신감과 목표 의식을 서서히 꺾을 수 있다고 판단했다.

나는 미국인이 정말로 위험한 일이 무엇인지를 깨닫기를 바란다. 테러리스트들의 요구에 응하면 그들은 오히려 더 대담해지고 더 많은 민간인을 죽음으로 몰아갈 것이다.

이것은 미국이 때때로 오랜 동맹국 중 일부와 불화를 초래할 수도 있음을 의미한다. 역사적으로 보면, 세계 여론은 너무나도 빈번하게 상업적 이해관계나 유화 정책, 또는 공포에 영향을 받아왔다. 그러나 1939년의 윈스턴 처칠이 깨달았던 것처럼, 때때로 옳은 일을 하려면 홀로 서야 한다.

테러리즘이라는 큰 주제는 여기까지 살펴보기로 하고, 이제 좀 더 익숙하고 가까운 주제인 자녀 양육 문제로 넘어가자.

자녀가 나의 기대와 다르게 행동할 때

내게는 4만 2천 명의 자식이 있지만,
아무도 찾아오지 않는다.

멜 브룩스의 〈2천 살 먹은 노인〉

톨스토이의 소설 〈안나 카레니나〉의 첫 문장은 "행복한 가정은
모두 비슷하고, 불행한 가족은 불행한 이유가 제각기 다르다"
다. 부모 입장에서 자녀의 **질풍노도의** 시기를 겪는 동안, 나는
종종 톨스토이를 떠올리며 하워드 베이커가 톨스토이에게 이
런 질문을 던졌더라면 좋았을 것이라고 생각했다. "당신은 무
엇을 알았고 언제 그것을 알았는가?"(워터게이트 청문회에서 하워
드 베이커가 던진 유명한 질문)

정규 교육은 필요 없지만 중요한 일 2가지만 꼽으라면 분명
정치와 자녀 양육일 것이다. 아마도 그 때문에 진정으로 행복한
가정이 시애틀의 화창한 날만큼 드문 것인지도 모른다.

아버지의 교육

나와 엘렌은 결혼해서 아이 3명을 두었다. 당시에는 3명 정도

가 일반적이었다. 나는 자주 출장을 다녔지만, 집에 있을 때는 대부분 아이들, 특히 큰아이와 함께 보냈다.

큰아이 샤론은 고등학교에 입학하기 전까지는 아주 반듯한 소녀였다. 그런데 고등학교 1학년을 우수한 성적으로 마친 뒤에는 갑자기 주위 세상에 냉담하고 무관심해졌다. 그렇다고 나쁜 짓을 하는 것도 아니었다. 단지 아무것도 하지 않을 뿐이었다. 대부분의 시간을 멍하니 창밖을 내다보거나 손톱을 들여다보면서 지냈다.

내가 샤론 문제로 걱정하자 엘렌은 나를 안심시키려고 말했다. "무슨 말이에요? 담배를 피우거나 술을 마시는 것도 아니잖아요. 마약을 하거나 남자애들이랑 돌아다니는 것도 아니고요."

내가 말했다. "그게 문제예요. 그러기라도 하면 돌이킬 희망이라도 있지, 아무것도 하지 않는데 무슨 희망이 있겠어요?"

결국 아내도 샤론의 무기력함을 걱정했고, 답답한 마음에 내게 이렇게 말했다. "있잖아요. 아이 키우는 일은 팬케이크 굽는 것과 같은가 봐요. 처음에 구운 건 버릴 각오를 해야 해요."

나는 벽만 쳐다보는 샤론을 계속 지켜보다가, 엘렌의 철학적인 말을 곰곰이 생각해보았다. '음, 아내 말이 옳아. 처음 건 먹기 힘들지. 두 번째는 그럭저럭 괜찮고, 하지만 세 번째부터는 정말 맛나지.'

그렇다면 문제는 반죽이 아니라 그릴이다. 그러니까 아이가 문제가 아니라 우리, 바로 부모가 문제다.

어쩌면 우리가 샤론에게 지나치게 간섭하고 아이를 너무 가까이서 지켜보는 게 문제인지도 몰랐다. 샤론에게는 더 많은 자유가 필요해 보였다. 우리와 떨어져 홀로 설 기회 말이다. 분명 내가 너무 감정에 치우쳐 지나치게 신경을 썼던 것이다.

그래서 나는 여름 동안 샤론을 어디론가 떠나보낼 계획을 세웠다. 그리고 운명이었는지 우연이었는지, 마침 적당한 프로그램을 하나 찾아냈다. '국제생활체험'이라는 프로그램이었는데, 샤론은 적어도 두 달 동안 우리와 떨어져 지내야 했다. 나는 샤론을 프랑스로 보내기로 했다. 정말이지 프랑스와 샤론은 서로 어울린다는 생각이 들었다.

분명 내 인생에서 가장 기억에 남는 순간 중 하나는 비행기 문이 닫히고 샤론이 파리로 떠나는 순간이었다. 두 달 동안 속 썩을 일 없이 지낼 수 있다는 홀가분한 마음에 아내와 나는 팔짱을 끼고 오헤어공항을 빠져나왔다. 우리 부부가 서로를 그때처럼 가깝게 느낀 적은 없는 것 같다.

정확히 두 달 후 샤론이 돌아왔고, 나와 엘렌은 탑승구에서 샤론을 맞았다. 샤론의 기분은 좋아 보였고, 우리는 아래층에 짐 찾는 데로 내려가 짐이 나오기를 기다렸다. 마침내 모든 짐이 나오고 컨베이어도 멈췄다.

내가 짐을 찾는 동안 샤론은 멍하니 허공을 바라보고 서 있

허브 코헨의 협상의 기술 2

었다. 내가 물었다. "네 가방은 어디 있니? 갈 때 가방이 두 개였고, 파리에서 지냈으니까 세 개는 될 텐데?"

"아니에요."

"그래, 그럼 원래 가방 두 개는 어디 갔어?"

"아무래도 여기 없는 것 같아요."

"항공사에서 잃어버린 건가? 일을 어떻게 하는 거야?"

"아녜요, 그렇진 않을 거예요."

"무슨 일이 있었던 거야? 도둑맞았니? 아니지, 누가 애들 여행 가방을 훔쳐가겠어? 설마, 강도를 당했구나! 파리에서 강도를 당했어?"

"저기, 파리에서 있기는 했어요. 샹젤리제를 걷다가 **너무** 힘들고 가방이 **너무** 무겁고 팔도 **너무** 아파서 짐을 그냥 인도에 놔두고 왔어요."

샤론이 불안한 10대를 다 보낼 때까지 상황은 그리 나아지지 않았다. 내 생각에는 샤론이 뭔가 생산적인 일도 하지 않고 책임감도 없었기에, 나는 샤론의 삶에 지나치게 간섭했다. 숙제를 확인하고 아르바이트를 시키고 규칙도 정해주었던 것이다.

대부분 샤론은 내 비위를 맞추며 말을 잘 따랐는데, 나중에 나는 그것을 "악의적 복종"이라고 이름 붙였다. 샤론이 어디선가 "Se obedece pero no se cumple(복종하되 마음으로 따르지는 않는다)"라는 스페인 속담을 읽고 자기 나름대로 처신한 것이다.

그 덕분에 우리는 대체로 아무런 문제없이 지냈다.

시간은 빠르게 흘러, 고등학생이었던 샤론이 대학을 선택할 때가 왔다. 대학 선택이 얼마나 중요한 일인지 샤론이 잘 모른다고 생각한 나는 이번에도 대신 결정하기로 했다. 상당한 조사와 연구 끝에 나는 미국에서 가장 좋은 여자 대학 몇 군데를 골라 샤론에게 지원하도록 시켰다. 그뿐만 아니라 샤론을 데리고 웰슬리, 윌리엄스, 마운트 홀요크, 바사, 스미스, 래드클리프, 브린 모어 등 여러 대학을 방문하여 면접을 보게 했다. 믿을지 모르겠지만, 샤론은 이 유명 대학 중 3곳에 합격했다. 내 전략이 맞아떨어졌다!

이 3곳 중에서 최종적으로 하나를 선택할 때가 되어, 우리는 식탁에 모여 앉았다. 샤론이 어디를 선택할 것인지 기다리는 가운데 긴장감이 감돌았다.

이윽고 샤론이 입을 열었다. "엄마 아빠, 결정했어요."

"그래, 어느 대학이지?"

"저는 뉴콤으로 갈 거예요."

"뉴콤? 우리 목록에는 뉴콤이 없잖아? 아니 뉴콤은 학교 이름도 아니야. 야구 선수 이름이잖아. 다저스의 돈 뉴콤."

"아니에요. 튤레인 대학에 속한 단과대예요. 뉴올리언스에 있어요."

이쯤 되자 나는 샤론의 필요와 나의 필요가 다른 것을 깨달았고, 샤론이 **스스로** 선택한 대학에 다닌다면, 더 열심히 노력하리라는 생각이 들었다. 어차피 샤론의 고집을 꺾으려면 애를 먹을 테고, 내게는 관심이 필요한 아이가 둘이나 더 있었다. 이 두 아이의 입장에서는 아마도 그때까지 내가 그들에게 소홀했던 것이 고마웠을 것이다.

4년이 지나 샤론은 뉴콤 대학을 졸업했고, 온 가족이 졸업을 축하하기 위해 뉴올리언스에서 저녁식사를 했다. 비록 축제 분위기로 식탁에 둘러앉았지만 중요한 질문이 빠질 수 없었다.

"그래 샤론, 이제는 어떻게 할 생각이야?"

"무슨 뜻이에요?"

나는 끼어들었다. "직장을 잡을 생각이야?"

"아니에요. 직장에 들어갈 준비가 안 됐어요. 생각할 시간이 필요해요."

"그래서 어쩔 생각이야?"

샤론은 망설이지 않고 바로 대답했다. "로스쿨에 갈 거예요."

"변호사가 되고 싶어 하는지 몰랐구나." 아내가 한마디했다.

"음, 사실 그렇지는 않아요. 단지 앞으로 어떻게 살지 생각할 시간이 많이 필요해서요. MBA를 딸까도 생각해봤지만 그건 2년밖에 안 걸리고, 변호사 과정AJD은 3년이나 걸리잖아요. 그래서 로스쿨로 가려고요."

나는 샤론의 경솔한 태도에 서서히 속이 타들어 갔지만 아무렇지도 않은 듯 물었다. "그럼 생각해둔 로스쿨이 있어?"

"그럼요. 샌디에이고 대학교 로스쿨에 갈 거예요."

나는 화가 나서 쏘아 붙였다. "정말이야? 그 대학에 로스쿨이 있는 줄도 몰랐는데. 캘리포니아에서 로스쿨에 가려면 볼트, 헤이스팅스, 스탠퍼드, USC, 아니면 UCLA에 가는 게 어때? 이런 데라면 나도 들어봤으니까."

이에 그녀가 답했다. "제게 중요한 건 한 가지뿐이에요."

그러자 엘렌이 물었다. "그게 뭐니?"

우리는 모두 몸을 기울이고 초조하게 샤론의 유일한 기준인 그 "한 가지"가 무엇인지 기다렸다.

샤론은 잠깐 멈췄다가 대답했다. "날씨예요."

샤론은 샌디에이고 로스쿨을 졸업하고 미 법무부의 상급 과정Honors Program에 들어가, 민사 부문의 법정 변호사를 지냈다. 그 후에는 연방 검사가 되었으며, 현재는 꽤 높은 위치에서 그 능력을 십분 발휘하고 있다.

그러는 동안 샤론은 빌과 결혼해서 아이를 4명 키우고 있다. 둘은 애정이 넘치는 부모일 뿐 아니라 각종 자선단체와 프로그램, 특히 10대를 지도하는 일에 적극 참여하고 있다.

왜 내가 이런 이야기를 시시콜콜 늘어놓는 걸까?

첫째, 돌이켜보면, 내가 부모로서 느꼈던 잠깐의 실망감이 사실 샤론보다는 나에 관한 것이라는 사실을 깨달았던 것이다. 정작 샤론은 세월 탓인지 이런 이야기를 전혀 기억하지 못한다.

분명 당시 나는 아빠로서 지나치게 감정적인 모습을 보이면 서 사소한 것에까지 너무 신경을 썼다. 하지만 이제는 아이들과 협상을 할 때면 "비이성적 과열irrational exuberance"과 완전한 체 념 사이에서 적절한 균형을 유지하는 방법을 터득하고 있다.

둘째, 당신도 10대 아이를 키우면서 자주 분통 터지는 일을 겪을 텐데, 그때는 "샤론의 방황기"를 떠올리길 바란다. 실망하 고 낙담할 때는 다 잘될 거라는 생각으로 힘을 내보자. 자녀에 대한 사랑이 결실을 맺기까지는 시간이 필요한 법이다.

마지막으로, 내가 아이를 키운 이야기는 내가 자녀교육 전문 가와는 거리가 멀다는 사실을 보여준다. 내가 아는 지식이라고 는 큰아이 샤론과 그 아래로 두 명의 동생 스티브, 리치와 협상 을 벌이면서 배운 것이 거의 전부다.

그러나 어쨌든 나는 이런 과정을 거쳤으므로, 내가 얻은 지식 을 당신과 나누고자 한다.

젊은이들의 기쁨은 반항하는 데 있다.
– 제임스 M. 배리

10대 아이들이 기존 질서를 두고 불평할 때면 1954년 영화 〈위험한 질주The Wild One〉가 떠오른다. 영화의 한 장면에서 오토바이족을 끌고 다니는 터프한 말런 브랜도는 미 중부의 작은 마을에 들어선다. 그곳에서 한 마을 소녀가 브랜도에게 다가와 묻는다. "무엇에 반항하는 거야?" 그러자 브랜도는 이렇게 대답한다. "네 생각은 어때?"

수십 년 동안 미국 광고업계와 대중 매체는 베이비 붐 세대, X세대, 밀레니얼 세대 등 각각의 세대를 분류하는 데 열을 올렸다. 이 때문에 언제 태어났느냐에 따라 운명도 달라질 것 같은 생각이 들기도 한다.

분명 급변하는 시대에 살고 있는 오늘날 젊은이들은 부모 세대, 특히 할아버지 세대와는 다르다. 하지만 이건 언제나 그래왔던 게 아닌가?

우리 부모님 세대는 아이들이 더 나은 삶을 살게 하려고 고생과 희생을 감내하고 살아왔다. 하지만 오늘날 더욱더 빠르게 변화하는 세상 속에서 상대적인 번영을 누리며 자란 아이들은 지금 여기에만 신경을 곤두세우고 자신의 행복과 즉각적인 욕망에 집중한다. 하지만 이 아이들은 부모 세대보다는 훨씬 열린 마음으로 개인의 차이를 인정하고, 다른 인종, 종교, 성적 취향에 대해서도 관대하다.

부모의 관점에서 가장 주목할 만한 것은, 이 아이들 세대 역시 이전 세대들과 마찬가지로 옷, 음악, 언어에서 자기만의 스타일이 있다는 사실이다. 실제로 이 세대는 다음과 같은 유행어로 미국에서 일상 표현을 다양하게 만들었다. "don't go there(그 이야기는 그만)", "talk to the hand(너랑 말하고 싶지 않아)", "hello?(안녕?)", "whatever(그러든 말든)", "yadda, yadda, yadda(등등등)", "Yeah, Yeah, Sure, Sure(그럼 그럼, 물론이야)".

하지만 인격 형성의 책임이 가족에서 대중매체에 등장하는 또래 유명인사로 옮겨간 경우가 허다한다.

우리는 아이의 생애 첫 10년이 자존감과 자신감, 그리고 가치관이 형성되는 시기임을 알고 있다. 믿기지 않으면 정신과 의사들에게 물어보자. 정신과를 찾는 환자들은 대개 어렸을 적에 들었던 다음과 같은 말이 아직도 머리에서 맴돈다고 말한다. "부끄러운 줄 알아", "당황스럽게 할래?", "정말 멍청하구나", "너는 못 해", "섹스는 더러운 거야", "언니가 너보다 훨씬 예뻐", "정말 뚱뚱해" 등등.

어린아이들도 협상을 한다. 걸음마를 배울 때부터 엄마와 아빠를 서로 경쟁시키고, 좋아하는 감정을 숨기고, 잘 때가 되면 뭔가를 요구한다.
고집이 아주 센 아이의 경우에는. 침대 밑에 괴물이 있다고 칭얼대고, 마지막 수단으로 억지로 토하기도 한다.

이런 이야기를 하는 이유는 인격 형성기에 아이에게 베푸는 무조건적인 사랑이 평생 아이와 함께한다는 사실을 보여주기 위해서다. 혼란스러운 10대 때는 종종 그런 사랑이 사라진 것처럼 보이기도 하지만, 언제나 다시 나타난다.

부모와 자식 사이의 협상 팁

그러면 이제 아이와의 상호작용에서 내가 알고 있는 유용한 팁을 소개하고자 한다.

여기에 소개하는 내 원칙과 아이디어 중에는 부분적으로 **하임 기너트**의 지혜에서 영향을 받은 것도 있을 것이다.

원칙 1: 도덕과 예절을 구분하기

사람은 행동 면에서 저마다 선호 사항과 취향이 다르다. 누구나 좋아하는 것과 싫어하는 것이 있다.

내 경우, 우리 아이들이 어떻게 행동하고 처신해야 하는지에 대해 적어도 100가지 이상의 원칙을 세웠다. 이것들은 옷차림에서 먹는 것에 이르기까지 다양하다.

그러나 나는 내가 정한 원칙들을 아이들에게 강요하려 들면 신뢰감만 잃으리란 사실을 일찍 깨달았다.

그래서 나는 내가 선호하는 많은 행동 원칙 중에 몇 가지를 추려냈다. 이렇게 고른 핵심 원칙들은 아이의 건강과 행복, 그리고 남에 대한 배려에 관한 것이므로 절대 협상이 불가능했다. 여기에는 마약과 음주 운전 금지, 인간 존엄성 존중 등이 포함되어 있다.

이런 몇 가지 핵심 원칙들 외에도 나는 어떤 행동이 올바르고 적절한지에 대해 적어도 100가지 원칙을 갖고 있었다. 이런 원칙들과 관련해, 나는 아이에게 필요한 조언을 하고 아이가 내 경험과 확신을 참작하도록 했다. 그러고 나서 아이는 이 모든 것을 평가하고 그 결과에 대해 생각한 후에, 무엇이건 자신이 원하는 것을 선택할 수 있었다.

그래서 어떤 결과가 나왔을까? 우리 아들 리치는 수년 동안 찢어진 청바지를 입고 다녔는데, 양 무릎에, 때로는 가랑이 근처에도 구멍이 나 있었다. 물론 나는 마음에 들지 않았지만 리치에게는 자신의 창의성을 표현하고 통기성을 좋게 하려는 의도가 있었다.

의견이 다른 또 하나는 음악이었다. 세대가 다르니 그렇겠지만, 나는 프랭크 시나트라와 페리 코모, 딘 마틴을 좋아했지만, 스티브는 시끄러운 하드록만 들었다. 나는 도대체 가사를 알아들을 수 없었다.

요컨대, 이런 식으로 절대적인 원칙과 권고 사항을 나누어놓으면 10대 아이들은 자유를 느낄 수 있다는 것이다. 이것은 교도소에 수감된 죄수와 스스로 수도원에 들어간 수도사가 마음가짐이 다른 것과 비슷하다.

원칙 2: 또래 집단의 압력을 최소화하기

앞서 말했듯이, 많은 아이가 가족보다는 또래에게서 동질감을 느낀다. 이런 위험스러운 경향을 줄이기 위해 우리는 가족 규칙을 정했다. 아이가 어리석은 행동을 하고 나서 "다른 애들도 다 그래요"라고 핑계를 대면 잘못한 만큼의 처벌을 내리는 것이었다.

반면 아이가 잘못된 결정을 했더라도 사전에 그 위험과 결과를 충분히 생각했고 다른 아이들의 선동이나 강압에 의한 것이 아니었다면 처벌을 줄여주었다.

결국 우리는 다른 사람이 다 한다고 무조건 따르지 않는 스스로 생각할 줄 아는 아이로 키워야 한다.

원칙 3: 시의적절한 정보를 얻기

아이에게 일어나는 일은 부모가 가장 먼저 알아야 한다. 아이에게 나쁜 일이 생기면 즉시 부모에게 알리도록 시킨다. 당연히 그런 경우에는 처벌은 최소한으로 줄여주거나 면해주어야 한다.

반면 부모가 나쁜 소식을 다른 사람을 통해서 듣거나 스스로 알게 되면 처벌은 그만큼 중해져야 한다.

예를 들어, 아이가 부모의 차를 빌렸다가 가벼운 사고를 내고 들어와서는 "아빠, 주차하다가 차를 조금 긁었어요"라고 말한다고 해보자. 이런 경우라면 나는 물론 "차만 긁었으니 정말 다행이다. 넌 괜찮니?"라고 말할 것이다.

이렇게 한다면 정직과 솔직한 대화를 독려하는 상벌 체계를 굳혀갈 수 있다.

원칙 4: "나"를 기준으로 설명하기

앞서 상대의 말에 편견을 갖거나 과잉반응을 보이지 말아야 한다고 말했다. 당연히 이 말은 아이에게도 적용된다.

침착하게 냉정함을 유지하면서(비난조가 아닌) "너" 대신에 "나"를 기준으로 말해보라.

가령 아이가 TV를 아주 크게 틀었거나 거실 벽에 공을 튀기고 있다고 해보자. 그럴 때면, "너는 TV를 너무 크게 틀었잖아"라거나 "너 정신이 있는 거니? 집 안에서 공을 던지고 놀면 되겠어?"라고 말하는 대신 나를 기준으로 내가 짜증 난 이유를 설명해보자.

"TV 소리 때문에 견디기 힘들구나." 또는 "두통이 생길 것 같다. 정말 참기 힘들어. 그래선 안 되겠지만 화가 나려고 한다."

이쯤 되면 영리한 아이는 말뜻을 알아채고는 하던 짓을 그만둘 것이다.

원칙 5: 형제간의 경쟁의식을 줄이기

아이들이 의견 충돌로 다툴 때는 중재자 역할을 하거나 솔로 몬처럼 행동해서는 안 된다. 이때는 아이들 스스로 갈등을 해결하도록 놔두어야 한다.

우리 딸 샤론은 10대 때 가끔 내게 달려와 "스티븐이 나를 때렸어요"라고 이르곤 했다. 그러면 내가 어떤 반응을 보이기도 전에 스티븐이 나타나서 반박했다. "누나를 때린 게 아니에요. 그냥 주먹만 쥐었는데 그걸 보고 그러는 거예요."

나는 아이들을 갈라놓거나 판결을 내리지 않았다. 반대로 둘을 불러다 무슨 문제인지 끝까지 들어주었다.

먼저 샤론에게 5분을 주고 무슨 일이 있었고 왜 그랬는지를 전부 이야기하도록 했다. 그러고 나서 스티브에게도 자기 이야기를 하고 누나 말에 반박할 수 있도록 5분을 주었다.

그런 다음 다시 샤론에게 동생 이야기에 반박할 수 있는 기회를 준다. 그리고 다시 기회는 스티븐에게 돌아간다. 이쯤 되면 둘 사이에는 공감이 생기기 시작한다. 둘은 나와 이런 과정이 짜증 나는 것이다.

그러다 둘은 동시에 일어나 문을 향해 걸어간다. 그리고 으레 하나가 "그만두세요. 엄마는 어디 있지?"라고 말한다.

이런 방법을 쓰면 뭐가 좋을까? 당연히 앞으로 아이들이 싸우다가 찾아와 시간을 뺏는 일이 줄어든다. 하지만 더 중요한 것은 아이들이 자신의 문제를 스스로 해결함으로써 자립심을 가질 수 있게 한다는 점이다.

물론 우연이겠지만, 사론과 스티븐은 변호사가 되었다.

원칙 6: 처벌은 스스로 결정하게 하기

아이들이 실수하거나 잘못을 저지르는 것은 당연한 일이다. 이런 일이 생기면 아이들은 잘못을 깨닫고 벌을 받으리라 예상한다.

이런 경우, 우리 부부는 아이를 거실로 불러 평소에 아내나 내가 앉는 자리에 앉히고 이렇게 말한다.

"좋아. 네가 엄마와 아빠가 되는 거야. 어떤 처벌을 받아야 한다고 생각하지?"

놀랍게도 아이는 대개 아주 중한 처벌을 이야기한다. 그러면 아내와 나는 상의해서 아이가 말한 처벌은 당연히 내리지 않는다.

이 방법은 부모를 이해심이 많고 자애롭게 보이도록 하는 장점이 있다. 게다가 아이는 자신이 참여한 만큼 결과에 좀 더 순응하게 된다.

원칙 7: 용서, 특히 자신을 용서하는 법을 배우기

아이를 반듯하게 키우려면 우연과 행운이 함께 따라야 한다고 생각하는 부모가 더러 있는데, 다행히도 그리 많지는 않은 편이다.

그러나 대부분의 부모는 아이를 키우는 일을 지나치게 심각하게 받아들인다. 이런 헌신적인 엄마와 아빠는 늑장을 부리고 일을 어렵게 만들고 화를 돋우는 아이를 키우면서 때로 좌절과 실망을 느낀다.

나 역시 아이의 행동 때문에 너무 당황하고 실망해서 슬픔에 빠진 적이 있었다. 너무나 가슴이 아파 제리 허먼의 브로드웨이 뮤지컬 〈메임Mame〉에 나오는 음악을 반복해서 들었다. 나는 13번 곡 〈오늘 그가 내 삶에 들어온다면If He Walked Into My Life Today〉을 계속해서 틀었는데, 자식을 키우면서 갖는 죄책감과 의문을 다루는 내용이었다. 하지만 곡을 들으면서 더 우울해지기만 했다.

그러나 아이가 성장하고 발전하려면 실수와 실패가 필요하다는 것은 불변의 진리다. 오히려 아이는 실수와 실패를 통해 배우면서 자신의 길을 찾아간다. 내가 이런 생각을 하는 데는 우리 아들 스티브의 도움이 컸다. 스티브는 이른바 중간에 끼어 찬밥 신세라는 둘째인데, 내가 이 주제에 대해 알아갈수록 모르는 게 더 많다는 사실을 일깨워주었다.

한번은 내가 스티브에게 성적표에서 A를 많이 받아야 하는 이유를 설명하고 있었다. 그때 스티브는 공손하게 메모까지 해가면서 (뭘 좀 아는 녀석이다) 내 말을 듣더니, 자신의 생각을 말했다.

"아빠, 학교에서는 좋은 성적을 받으라고 심하게 경쟁을 부추기지만, 저는 이 시기에는 발견과 탐구를 하며 보내야 한다고 생각해요." 이 말을 어떻게 반박할 수 있을까?

또 하나 놓치지 말아야 할 것은, 아이에게 관심을 많이 쏟는 부모는 일이 잘못되면 자신을 탓한다는 것이다. 정말이지, 우리는 이 요지경 세상에서 모든 일을 제 맘대로 할 수 없다는 것을 명심해야 한다. 예상치 못한 일이 언제든 생긴다! 우리는 그저 최선을 다하면 되는 것이다.

게다가 엄마와 아빠는 언제나 자신들의 노력을 너무 앞서 평가한다. 하지만 자녀 양육 과정이 본 궤도에 오르려면 시간이 필요하다. 실제로 조건 없이 주는 사랑은 반드시 결실을 맺는다.

저명한 심리학자 브루노 베틀하임은 말했다. "자녀교육의 성공 여부는 자녀가 자신의 아이를 키우는 모습에서 나타난다."

무엇보다도 연민, 용서, 자비는 강한 자에게서 나오는 반면, 약한 자만이 냉담하고 잔인하며 무관심하다는 것을 기억하자.

- 테러리즘은 불합리한 형태의 협상이며, 강한 정부의 행동에 영향을 주려는 의도로 무고한 민간인을 대상으로 폭력을 행사하는 계획된 연출 행위다.

- 오늘날 아이들은 또래 집단의 압력에 영향을 받는다. 하지만 때로는 친구들끼리만 똑같이 옷을 입는 등, 다른 아이들과 차별화하려는 욕구를 보이기도 한다.

- 아이를 키우는 일이 팬케이크를 굽는 일과 비슷하기는 하지만, 처음 구운 팬케이크를 굳이 버릴 필요는 없다.

- 부모로서 우리에게 주어진 가장 큰 과제는 아이들과의 협상에서 윈윈 결과를 이끌어내는 것이다.

제12장

다시,
게임을 즐겨라

진정한 탐험은 새로운 풍경을 찾는 것이 아니라
새로운 눈을 갖는 것이다.

마르셀 프루스트

NEGOTIATE THIS!

지금까지 나와 함께한 여정이 유익하고 즐거웠기를 바란다. 더 중요한 것은, 아마도 이제는 협상이라는 게임을 조금은 다른 시각에서 바라보게 되었을 것이란 점이다. 나는 언제나 세상일이 대개는 바뀌지 않는다고 믿었지만, 시각은 바뀔 수 있다.

우리 모두에게는 가능성과 선택의 자유가 있다. 그러나 그것들을 깨닫고 꿈을 현실로 바꾸는 능력은 우리 자신에게 달려 있다.

이방인의 본보기

북미 역사상 목표 달성에 가장 뛰어난 그룹 가운데 하나는, 이주자라고 불리는 사람들이다. 오늘날에도 캐나다인은 6명당 1명, 미국인은 14명당 1명이 이주자이다.

대체로 이 이주자들은 아주 적은 유형 자산(돈, 교육)만을 가지고 아메리카 대륙에 건너왔다. 하지만 대다수가 목표를 이루었다. 그리고 많은 경우에서 원주민보다 뛰어났다. 과연 이 이방인들은 어떻게 한 걸까? 이들은 말끔하게 옷을 차려입고 당당하게 이 땅을 밟으며 크게 성공하겠다고 선언한 사람들이 아니었다.

이들은 목에 꼬리표를 달고 배의 맨 아래 칸에 빽빽이 몸을 싣고 바다를 건넜다. 대부분이 영어를 하지 못했으며, 설령 한다고 해도 사투리와 억양, 센 발음으로 자연스럽지 않았다.

종교학자 및 일반 학자들은 세계 역사상 가장 영향력 있는 인물인 예수에 관해 흥미로운 이야기를 들려준다. 그는 할리우드 액션 영웅처럼 멋진 외모를 가진 사람이 아니었다고 말한다.

성경에 따르면, 예수는 초라한 옷을 입고 턱수염을 기르고 있었다. 하지만 더 중요한 것은 예수가 억양이 달라 쉽게 눈에 띄는 나사렛 출신의 이방인이었다는 사실이다.

그러므로 새로 온 이주자들은 자신의 무지를 잘 알고 있었다. 이런 생각은 지식 습득에 꼭 필요한 태도다. 이들은 질문을 하고 열심히 들었으며 "도와주세요"라는 말을 겁내지 않았다.

새로운 언어를 모르는 이주자들은 "의미는 말보다는 사람들에게 있다"라는 사실을 알고 뉘앙스와 신호를 읽으려고 노력했다. 하지만 오히려 좋았던 것은, 이주자들이 커다란, 어쩌면 현실적으로 불가능한 꿈을 안고 이곳에 왔다는 것이다. 사람들은 이들에게 너무 많은 것을 기대한다고 말했다. 그러나 어쨌든 이들은 앞으로 나아갔다. 생각해보자. 이들은 사람들이 무슨 말을 하는지 완전히 이해하지도 못했고, 단지 이곳이 불가능을 가능으로 바꿀 수 있는 미국이라고 생각했을 뿐이다.

급변하는 시대에 우리는 한때 익숙한 세상이었지만, 이제는 모두가 이방인이다. 이런 시각에서 자신을 보게 된다면 우리는 터무니없는 일을 곧이곧대로 받아들이는 일이 적을 것이다. 이것은 우리가 때로는 권위와 현실에 의문을 품고, 다른 가능성을 고려하고, 자신의 판단력을 더 많이 사용해야 한다는 뜻이다.

에리히 프롬은 이렇게 말했다. "과거에는 인간이 노예가 되는 위험에 처해 있었지만, 미래에는 인간이 로봇이 되는 위험에 처할지 모른다."

이주자들의 자세와 노력을 본받는다면 우리는 정보를 더 많이 얻고, 목표를 더 높게 설정하며, 위험에 계획적으로 도전할 수 있다. 이것은 협상자로서뿐만 아니라 관리자, 리더, 부모, 소비자, 그리고 심지어 친구로서의 우리의 능력과 효율성을 높일 수 있을 것이다.

롤러코스터 모델

인생을 계단을 오르는 경주처럼 승패를 가르는 게임으로 여기는 사람들이 있다. 그들의 목표는 남을 꺾고 꼭대기에 제일 먼저 오르는 것이다.

그러나 보다 현실적인 패러다임은 롤러코스터를 타는 것으로, 우리는 오르고 내리지만 언제나 앞으로 나아간다. 이 여정을 최대한 활용하려면 삶의 의미를 부여하는 가치관이나 윤리의 체계가 필요하다. 도스토옙스키가 말했듯이, "자신의 존재할 **이유가** 있다면, **어떻게든** 살아갈 수 있다."

제임스 스톡데일은 북베트남에 포로로 잡혀 있는 동안, 최악의 조건에서도 저항하며 존엄성을 유지할 수 있다는 사실을 보여주었다. 그의 위대한 정신 승리는 우리 모두에게 잊지 못할 본보기가 되었다.

우리 앞에 어떤 운명이 기다리는지 아무도 알 수 없지만, 한 가지는 분명하다. "우리 중 누구도 살아서 이 세상을 빠져나갈 수 없다."

이런 사실을 알기에, 인생이란 게임을 풀어나가는 데 유용한 몇 가지 제안으로 결론을 내리고자 한다. 이 책에서 이런저런 형태로 이미 언급되었지만, 다시 한번 반복할 가치가 있는 것들이다.

신경을 쓰되, 지나치게 쓰지는 말 것

개를 제외하고 책은 인간의 가장 좋은 친구다.
개에 푹 빠져 있으면 독서를 할 수 없다.

그루초 마르크스

책 전반에 걸쳐 내가 말하고자 했던 분명한 주제는 즉각적인 욕구에서 한 걸음 물러서서 바라보는 자세의 중요성이었다. 자신의 필요를 지나칠 정도로 강렬하게 내보여서는 협상을 유리하게 이끌어갈 수 없다. 알렉시스 드 토크빌은 이렇게 경고했다. "순간의 열정을 충족하기 위해 신중한 계획을 포기하지 마라."

이스탄불 시장에서 상인에게 값을 깎는 최선의 방법은 물건에 관심이 없는 척하는 것이다. 관심이 없는 것처럼 보이거나 다른 선택권이 있는 것처럼 보이면, 당신에게서 무엇을 바라는 사람들에게 상당한 영향력을 행사할 수 있다.

예를 하나 들어보자. 나와 아내는 식사 후에 디저트를 보상으로 주는 방법으로 첫째와 둘째 아이에게서 원하는 행동을 이끌어낼 수 있었다. 그리고 막내 리치 차례가 왔는데, 리치에게는 케이크나 과자, 아이스크림이 전혀 통하지 않았다. 어쩔 수 없이 우리는 다른 상을 찾아야 했다.

신경을 쓰되, 지나치지 않아야 한다는 원칙은 추상적인 개념에도 적용된다. 자유라는 개념을 예로 들어보자. 자발적으로 인정하는 경계가 있을 때에만 비로소 자유는 그 진정한 의미를 갖는다. 아이들 역시 마찬가지다. 아이들을 가까이 두려면 일정한 거리를 두어야 한다.

우리가 세상에 머무는 시간은 길지 않다. 그러므로 위에서 언급한 지나치지 않는 균형의 원칙에 입각해 말하자면, 전능하신 분께서 당신을 좋아하시되, 너무 빨리 데려가시지는 않기를 바란다.

힘은 당신 안에 있다

힘의 유일한 제약은 믿음의 한계뿐이다.

해럴드 윌슨

분명 당신은 스스로 생각하는 것보다 많은 힘을 지니고 있다. 그러니 도전을 겁내지 말자. 한 번도 실패한 경험이 없다면, 목표를 너무 낮게 잡았기 때문일 것이다.

우리가 더 많이 시도해보지 못하는 가장 큰 원인은 우리 마음속에 보이지 않는 장벽이 있기 때문이다. 나는 이것을 '4F에 집착하는 경향'이라고 한다. 내가 말하는 4F란 잘못fault, 결점flaw, 흠foible, 실패failure를 의미한다. 이런 장벽을 앞에 두고 있다면, 우리가 싸워야 할 전장은 밖이 아니라 안이다. 자신의 잠재력을 제한하는 장벽을 만들어놓은 사람은 당신 자신이다.

삶의 의미가 그 의미를 찾는 거라면, 오직 행동만이 내 존재의 의미다. 그리고 그러려면 가치 있는 명분을 위해 있는 힘을 아끼지 않아야 한다.

자신을 차별화해라

미친 짓이란 똑같은 일을 되풀이하면서
다른 결과를 기대하는 것이다.

리타 매이 브라운

환태평양 문화권(한국, 중국, 일본)에서는 순종을 교육받고 당연시한다. 아이들은 물 위에 솟은 바위가 물살에 깎이듯, 모난 돌이 정 맞는다는 말을 듣고 자란다.

반면 미국에서는 독특한 사람과 특이한 일이 사람들 마음속 깊이 기억된다. 일례로 존 F. 케네디 대통령은 미국인의 기억 속에 살아 있지만, 캘빈 쿨리지 대통령은 망각 속으로 사라졌다. 캘빈 쿨리지 대통령이 사망했다는 소식을 들은 작가 앨리스 롱워스 루스벨트는 이렇게 말했다고 한다. "어떻게 알았대요?"

어려움 속에서도 옳은 일을 하려고 노력할 때, 비록 처음에 성공하지 못하더라도, 그런 실패에는 고귀함, 그리고 위엄마저 따른다. 어쨌거나 우리는 누군가 이루어놓은 일을 똑같이 하려고 세상에 나온 게 아니다.

팽창하는 세계에서는 비정통적이고 이상주의적인 이방인이

인내와 끈기에 대한 보상을 받는다. 급변하는 세상은 무엇보다
도 옛 가치관을 고수하며 변방에 머물던 사람들을 하루아침에
주류로 만들어놓기도 한다.

매일을 축제처럼 즐겨라

내게 어제란 없다.
시간이 어제를 앗아갔고 내일은 오지 않을 수도 있지만
내게는 오늘이 있다.

펄 아돈 맥기니스

이 책에서 은근히 전하는 메시지 가운데 하나는 날마다 일어나는 전략적 상호작용인 협상 속에서 더 많은 기쁨과 즐거움, 웃음을 찾으라는 것이다. 그러면 근심과 걱정이 줄고 뭔가 깨닫게 될 것이다.

수년 전에 사업차 런던에 갔을 때 일인데, 특히 세인트제임스 클럽에 갔었기 때문에 기억에 남는다. 회원제 클럽에 들어간 것은 그때가 처음이었다.

귀국하기 전날 밤, 나는 새벽 3시쯤 잠자리에 들면서 전화 교환원에게 3시간 뒤에 모닝콜을 해달라고 부탁했다. 돌아오는 비행기에서 조금 더 잘 생각이었다.

미국에서 올 때 나는 모닝콜에 대한 어떤 기대감이 있었다. 내가 아는 모닝콜은 대개 형식적으로 녹음된 메시지였다. 아니면 보통 시간을 알려주고 "좋은 하루 보내세요"라고 말하는 사무적인 여성 목소리였다.

전화벨이 울리자 나는 깜짝 놀라 단잠에서 깨어났다. 순간 나는 여기가 어딘지조차 알지 못했다. 무의식적으로 수화기를 들자, 마치 하늘에서 울려 퍼지는 듯 위엄 있는 목소리가 들려 왔다. 영국인 특유의 억양으로 권위 있게 울리는 목소리는 "허브 코헨 씨, 오늘이 마지막 날입니다. 체크아웃하십시오"라고 말했다.

나는 처음에 '이런, 오늘이 세상에서 체크아웃하는 날이란 말인가? 아직은 준비가 안됐는데'라는 생각이 들었다. 어찌나 놀랐던지 여기가 어디고 무슨 일이 있었는지 깨닫는 데 5초는 걸린 것 같다.

그날 아침 어쨌거나 히스로공항으로 출발할 수 있었지만, 하늘에서 울려오는 듯한 6시 모닝콜 목소리가 머릿속을 떠나지 않았다. 혹시 세상을 떠난 사람들이 마지막에 듣는 목소리가 이런 게 아닐까? 오늘이 내 마지막 날이라면 어쩌지?

택시가 공항으로 가던 중 갑자기 차가 막히기 시작했다. 정체가 너무 심해서 적어도 5분 동안은 꿈쩍도 못 했다.

평소 같으면 비행기를 놓칠까 봐 기사에게 "이 길 말고 다른 길로 갈 수 없나요?"라거나 "갓길로 가면 안 돼요?"라고 재촉했을 것이다. 어쩌면 택시 지붕에 올라가 도대체 뭐가 문제인지 사방을 둘러봤을지도 모른다.

하지만 "하느님의 체크아웃"을 경험한 나는 그 순간을 그냥 즐기기로 결심했다.

나는 그냥 앉아 있는 대신 차에서 내려 다른 운전자와 승객들에게 나를 소개했다. 한 여자가 라디오를 아주 크게 틀고 있었고, 나는 여자에게 "춤 한번 추실까요?" 하고 물었다. 그러자 그녀의 친구가 웃으며 맞장구를 쳤다. "그래 나가봐. 같이 춤 한번 춰보라고." 우리는 고속도로에서 한바탕 지르박을 췄고 다른 사람들까지 끼어들었다.

아쉽지만 흥겨운 춤판은 10분을 넘지 못했고 마침내 정체가 풀리기 시작했다. 아마도 그때 거기 있던 사람들은 이 일을 잊지 못할 것이다.

다시 택시에 올라 방금 전 일을 생각해봤다. **우리가 인생에서 가장 후회하는 일은 우리가 했던 일이 아니라 하지 않았던 일은 아닐까?** 삶이란 오래 살아가는 것보다 폭넓게 살아야 한다는 가르침이었는지도 모른다.

자 그럼, 내가 기억하는 레오 버스카글리아의 충고를 끝으로 책을 마친다. "하루하루를 마지막 날처럼 살아라. 오늘이 그날인지도 모르니까."

- 현재 상황에 집착하지 않으면 객관적인 시각을 가질 수 있다. 정보를 더 많이 얻고, 목표를 더 높이 설정하고, 위험에 계획적으로 도전하자.
- 책으로만 배우는 협상은 이메일로 연애하는 것과 다름없다. 그러니 밖으로 나가 직접 부딪치자.

부록

—

NEGOTIATE THIS!

협상 '전문가'를 배제하며
모든 논리를 위배한 카터

카터 정부는 이란에 억류된 인질들의 귀환을 돕기 위해 세계적으로 존경받는 협상가인 허브 코헨을 불렀다. 코헨은 카터 측 관계자들에게 그들이 무엇을 잘못하고 있는지 짚어주었을 뿐 아니라 인질들의 석방과 관련해 시간까지 거의 정확하게 예측했다.

문제는 딱 하나였다. 카터의 전략가들이 코헨의 말을 귓등으로 들었다는 것이다. 그들은 코헨의 전문가적 견해를 구한 뒤에 심사숙고 과정에서 그를 제외했다. 아이러니하게도, 로널드 레이건의 참모들은 코헨의 조언을 청할 때까지 아무도 그의 말에 귀를 기울이지 않았다.

• 1979년 이란 인질 사태에 대한 칼럼니스트 잭 앤더슨의 1981년 2월 12일 자 사설.

코헨은 선거 열흘 전인 10월 25일에 레이건의 선거사무장 윌리엄 케이시에게, 자신이 내린 결론을 서면으로 제출했다. 코헨은 "호메이니Khomeini와 이슬람 종교 지도자들은 자신들이 간절한 구매자와 이야기하고 있다는 걸 알고 있다"라고 조언했다. "따라서 그들이 현 정부를 상대로 최고 가격을 뽑아낼 수 있는 때는 선거 직전일 것이다."

"솔직히 말해 노련한 협상가나 상인이라면 누구라도 이란인이 그들이 '불법적으로 획득한 상품'을 11월 5일에는 싸게 내놓아야 한다는 것을 알고 있다."

코헨은 속이 탄 카터가 최고가를 수용하려 해도 선거 전에는 합의할 시간이 없을 것이라고 내다봤다. 따라서 카터를 곤경에서 구하려다가는 인질 석방이 너무 늦어질 것이다. 코헨은 이렇게 썼다. "그러므로 11월 5일에 레이건 주지사가 대통령 당선자가 될 것으로 보인다."

레이건이 대선에서 승리하면 카터는 권력 이양 전에 "구미에 맞는 협상을 하기에 굉장히 유리한 입장"에 설 것이다. 코헨은 "대통령 당선자와 대변인들이 이란 정부가 후원하는 테러리즘과 관련하여 기존 정책에 급격한 변화가 있을 것임을 분명히 밝힌다면 이란인은 대통령 취임일을 데드라인으로 여길 것이다"라고 조언했다. 그리고 "따라서 그들은 미지의 사탄인 레이건보다 알려진 사탄인 카터와 상대하는 옵션을 선택할 것이다"라는 예측을 덧붙였다. "대부분의 양보와 모든 합의는 데드라인에 이루어진다는 것이 협상의 이치다."

레이건은 자신에 대한 이란인들의 불안을 이용하려는 계산이 깔린 성명을 발표했다. 코헨은 이란인들이 레이건을 "빈말을 하지 않는 사람a person who means what he says"이라고 여기기 때문에 그 성명이 이란인에게 깊은 인상을 줄 것이라고 정확하게 예측했다. 그리하여 레이건은 코헨의 권고대로 대응했고 이란인은 코헨의 예측대로 반응했다. 그가 예상한 정확한 데드라인에.

코헨은 아야톨라 호메이니의 행동에 대한 단서를 찾기 위해 처음부터 코란을 연구했다. 또 법무부와 FBI의 자문가로서 다른 인질극들을 다루었을 때의 경험을 이번 인질 사태에 적용했다.

코헨은 카터 측 관계자들에게 "소극적 정책"을 버리고 공격적 태도를 취하라고 조언했다. 코헨의 계획은 단순했다. 그는 식품과 약품 통상 금지, 위성통신망에서 이란 퇴출, 민간항공 운항 전면 금지, 밀수범을 막기 위한 국경 봉쇄 등 이란에 가할 24개의 신규 제재조치 목록을 작성했다.

코헨의 생각은 이 불이익 조치들을 닷새 간격을 두고 한 번에 하나씩 부과하자는 것이었다. 그는 이렇게 하면 미국이 수동적 대응이 아니라 행동하는 입장이 되어 이란인이 다음 조치는 무엇일지 궁금해하며 평정을 잃을 것이라고 주장했다.

검토되었는지는 모르지만, 이 계획은 거부당했다. 그리고 공화당원들이 카터가 인질들을 구해내서 대선에서 재당선되는 "10월의 이변"을 일으킬지 모른다고 아직 초조하게 기대하고 있던 10월 23일, 레이건의 선거사무장이 뉴욕으로 날아가 다음 날 새벽 2시까지 5시간 동안 코헨과 대화를 나누었다.

케이시는 코헨에게 의견을 글로 써달라고 요청했고, 이틀 뒤 코헨은 다음과 같은 분석을 내놓았다. "1월 이후 카터 행정부는 이상한 나라로 '이란 인질 사태'를 몰고 갔다. 그 나라에서는 붉은 여왕은 역겹고 노망든 호메이니이고, 졸린 겨울잠쥐가 미국 대통령이다. 이성적 인물인 앨리스는 커피를 마시러 오랫동안 나가 있었다."

코헨은 카터 정부가 인질 억류의 핵심을 이해하고 이용하는 데 실패했다고 지적했다. 그는 "이런 확신 없는 태도와 무능함이 서툰 정부의 이름에 먹칠을 했다"라고 언급하며 카터의 "일관성 없고 지속적이지 않은 전략"을 비난했다.

이란 인질 사태에서의
미흡한 대처

지미 카터 대통령은 거의 1년 동안 "이란 인질 사태"라는 난제에 휩쓸려 분노했다. 이 시기 동안, 널리 알려진 조치들과 상당한 활동 및 노력에도 불구하고 카터는 이 비극적 사건을 성공적으로 매듭짓지 못했다. 언론에서 수천 명이 구호를 외치면서 시위하는 모습을 비추며 아무런 진전도 없고 희망과 계획이 좌절되었다고 떠들어대는 걸 보면 끝날 것 같지 않다. 이 사건은 한 편의 연극과도 같았다. 그래서 우리는 여전히 〈이상한 나라의 앨리스〉와 같은 지경에 빠져 있다. 붉은 여왕은 역겹고 노망든 호메이니이고, 졸린 겨울잠쥐가 미국 대통령이다. 이성적 인물

• 1980년 10월 25일에 로널드 레이건 주지사와 윌리엄 케이시에게 제출된 기밀 보고서로, 이 문서에서 허브 코헨은 인질로 잡혀 있는 미국인들의 석방을 용이하게 하기 위한 배경을 분석하고 전략적 접근방식을 제시했다. 이 책의 '부록 1'에서 잭 앤더슨이 이 문서를 언급했다.

인 앨리스는 "커피를 마시러" 오랫동안 나가 있었다.

처음부터 우리는 불법적으로 억류된 우리 외교관들의 귀환에 대해 터무니없는 대가를 뜯어내려 애쓰는 거칠고 냉소적인 범죄자와 협상해왔다. 협상 무대는 국제외교이고 실패에 대한 대가는 인간의 목숨이다. 하지만 호메이니와 이슬람 종교 지도자들은 전통적인 페르시아 융단 시장의 상인처럼 움직였다. 그들에게 이 무고한 미국인들은 상품이나 "팔려고 내놓은 융단"이고, 그들은 최고 판매가를 확보하기 위해 우리의 언론, 우리의 감정, 그리고 더 중요하게는 미국의 대통령을 끊임없이 조종해왔다.

1월 이후로 카터 정부는 포로들의 석방을 위한 어떤 일관되거나 지속적인 전략 없이 머뭇거리고 갈팡질팡해왔다. 정부는 알맹이보다는 상징적 언행을 더 많이 보여주고 사건의 흐름에 대처하지 못하는 당혹스러운 무능력을 드러내면서 기량 부족이란 비난까지 받았다.

대통령 자신도 우유부단의 전형으로, 이란 혁명 정권 측의 책임감 있고 상식적인 행위를 끌어내는 데 필요한 주도권을 행사하고 유지할 능력도, 의지도 없는 것처럼 보인다. 더 신랄하게 말하자면, 이 잔인무도한 짓에 대한 그의 대응이 너무도 일관성이 없고 부적절해서 그가 재선을 위해 국가의 가치와 원칙, 이익도 저버릴지 모른다는 대중의 의혹만 키웠다.

현재 대통령이 처한 곤경을 충분히 이해하려면 지속적 위기를 일으킨 근본적 역학관계를 다시 살펴볼 필요가 있다.

1979년 10월, 호메이니와 그를 따르는 혁명평의회Revolution-ary Council의 이슬람 근본주의자들에게 그들의 "신성한 사명"인 "시아파 황금시대"로의 복귀가 목표를 달성하지 못한 채 성공을 위협받고 있다는 것이 분명해졌다.

이맘Imams(이슬람의 지도자)의 입장에서 보면 혁명이 흔들리기 시작했다. 기존 사고방식과 생활방식의 재등장에 발목이 묶여 종교적 열정과 급진적 열의가 점점 약해지고 있었다. 부실한 경제정책으로 인해 비종교적 부류 사이에 불만이 일어나고, 지배층인 성직자들은 여러 방면에서 분리주의자와 민족 집단들의 도전을 받고 있었다.

갑자기 호메이니와 그의 신봉자들은 도저히 받아들일 수 없는 가능성에 직면했다. 그들은 친이슬람 운동이 본질적으로는 반反국왕 봉기일 수 있다고 믿었다.

따라서 그들은 떨어지는 국민의 사기를 북돋우고 화합과 혁명에 대한 목적의식을 회복하는 데 이용할 수 있는 이슈를 찾고 있었다. 그들이 생각하기에 혁명은 아직 갈 길이 멀었다.

그런데 운 좋게도 국왕이 치료를 위해 미국에 입국하면서 이 근본적인 관심사와 이해관계, 필요를 충족하는 데 편리하게 이용할 수 있는 중요한 사건이 발생했다.

분명 국왕은 악의 화신으로 받아들여지고 이용될 수 있는 취약한 표적이었다. 따라서 그에게 모든 주의를 집중하는 것이 종교 지도자들의 전략이었다.

그들의 초기 실행 전술은 테헤란의 미 대사관과 뉴욕항의 자유의 여신상을 동시에 점거하는 것이었다. "학생들의 자발적 행위"로 보도되었지만 이 사건은 정부가 후원하고 대리 군인들이 일으킨 테러리즘, 면밀하게 계획되고 조율된 작전이라는 것이 처음부터 분명했다.

사실상 그들의 불만을 토로할 수 있는 국제적 관중을 형성하고 양보를 끌어내기 위한 "영화 〈뜨거운 오후〉〔은행 강도 인질극을 다룬 시드니 루멧 감독의 영화〕의 페르시아 버전"이었다.

대체로 호메이니와 중세시대의 사고방식을 지닌 종교 지도자들은 다음 목표들을 추구하며 (그들의 사고방식을 감안하면) 꽤 논리적으로 행동하고 있었다.

1. 국왕과 대사관에 붙잡혀 있는 그의 "대리인"들에 대한 공통의 증오를 부채질하여 분열된 나라를 통합하고 더 큰 개인적 희생을 독려한다.

2. 이란에서 서구의(미국의) 모든 문화적 영향을 몰아낸다. 현대식 생활방식과 물질적 편리는 종교 지도자가 주도하는 이슬람 국가의 회복에 중요한 장애물로 보이기 때문이다.

3. 혁명을 더욱 급진적으로 추진하고 그 과정에서 비종교적 부류와 온건

파들을 제거하여 이슬람 헌법의 통과를 보장한다.

4. 향후 과도한 혁명 활동, 경제적 박탈, 심한 인권 침해를 정당화하는 데 이용될 수 있는, 국왕에 대한 과장된 불만을 널리 알린다.

5. 호메이니의 혁명과 이슬람 근본주의 시아파로 중동지역을 점화한다.

이 극악무도한 사건에 대한 카터 대통령의 초기 대응은 존경스러울 정도로 자제력과 인내심을 발휘하는 것이었다. 이런 도발에 직면해 즉각적인 대응을 하지 않는 데는 용기가 필요하다.

하지만 12월 중순에 이란의 휴일이 지나 인질들의 신체적 안전이 거의 확실시되었을 때는 대통령이 국익을 타협하지 않은 채 인질 석방을 위해 사건들을 관리할 수 있었다. 그런데 카터로서는 놀랍게도 인질 억류 사건이 정치적으로 유리하게 작용하여 민주당 후보 지명전에서 에드워드 케네디를 물리치는 데 도움이 되었다.

카터는 국민의 걱정을 이용하여 자신도 모르는 사이에 인질 사건을 그의 정부의 "핵심 사안"으로 만들었다. 이 점은 최고지휘관이 구금된 외교관들과 억류자들을 위해 밤낮으로 기도하며 이 문제에 열중하고 있다고 밝힌 전례 없이 엄청난 언론의 관심에 의해 부각되었다.

하지만 이런 근시안적인 초점은 백악관을 떠나 선거운동을 벌이거나 케네디 상원의원과 토론하길 꺼리는 "로즈가든 정책"과 결합하여 이 문제의 중요성과 인질의 가치를 더욱더 강조했다.

이런 접근방식으로 카터 대통령의 국내 인기가 일시적으로 치솟고 미국 동맹국들이 충격에 빠졌지만 더 심각한 점은 요구가 늘어났다는 것이다. 우리는 예나 지금이나 우리 외교관들을 대가를 받고 되팔 가치 있는 상품으로 보는 "시장 사고방식"을 가진 사람들을 상대하고 있다는 점을 명심해야 한다. 따라서 우리의 "구매 책임자"가 사로잡힌 이 욕구는 이란의 종교 지도자들과 대리 학생-테러리스트들이 보는 "융단"의 가치를 높여주었을 뿐이다.

카터는 미국 국민의 걱정과 자신의 상승하는 정치적 운을 이용해 이 상황에서 우리에게는 선택권이 없다고 발표했다. 1월 중순까지 우리는 "감시대기" 정책을 통해 무능을 드러내며 아무 일도 하지 않고 있었고 이를 자랑스러워했다. 본질적으로 우리는 이란인이 우리와 협상할 수밖에 없게 만들었을 모든 동기 (긍정적인 것이건 부정적인 것이건)를 제거하여 긴급 상황이 영구적 상황으로 흘러가게 했다.

이슬람 종교 지도자들의 입장에서 보면 이제 인질을 계속 억류할 때의 손해는 최소화된 반면 이점은 상당히 커졌다. 따라서 거의 위험부담이 없는 억류가 그들의 많은 목적을 성취하는 데 이용될 수 있었다.

그 결과 비종교 부류들이 정부에서 제거되었고 이슬람 헌법이 압도적 지지를 받아 비준되었다. 인질들은 때마침 이라크 침공이 일어나기 전까지 그들에게 국가적 화합을 위한 결집 지정으로서의 역할을 톡톡히 했다.

그들은 국왕에 대한 불만을 국내외 언론에 널리 알리는 데 성공했고 인질 억류가 전 세계적으로 이렇다 할 저항 없이 일상으로 정착했다.

따라서 인질은 이란 혁명집단들 사이에 벌어진 권력 투쟁에서 중요한 볼모가 되었다. 경쟁 파벌들과 인물들이 지배적 영향력을 차지하기 위해 교묘히 움직였고 저마다 국가 최고 권력자인 호메이니의 관심을 얻으려 애썼다. 그리고 유엔 위원회의 중재가 실패하면서 호메이니가 혼란을 지속시키려는 사람들과 정상으로 돌아가려 애쓰는 사람들과의 대립에서 전자를 밀어주고 있다는 것이 분명해졌다.

인질을 억류하고 있는 사람들과 그들의 지지자들은 자신들이 미국 정부를 궁지에 몰아넣었다고 믿게 되었다. 카터 대통령의 정책이 완화됨에 따라 그들은 인질 석방을 위한 입찰 때마다 가격을 올리는 오랜 "융단 판매상의 협상 책략"을 이용하여 한층 강경한 입장을 취했다.

학생-테러리스트들과 구호를 외치는 지지자들에게 이 위기는 책임과 권위로부터 임시 휴교일이자 완전한 휴가가 되었다.

바니 사드르Bani Sadr를 포함한 몇몇 사람이 알아차렸듯이, 이 지속적인 축제는 사실은 진짜 임무에서의 우회로였고 국가 건설에 필요한 희생이었다.

우리는 근본주의 시아파 신도들에게 우리의 가치 체계를 통해 호소하는 게 거의 불가능하다는 것을 알았어야 했다. 호메이니의 코란에는 긴장 완화나 타협이나 이성에 관한 이야기가 없다. 우리는 방어적이고 변명조이고 관대했던 반면 그는 공격적이고 자신만만하고 완강했다.

호메이나나 이슬람 종교지도자에게서 호의와 연민을 기대할 때 우리는 "내가 절대 보지 못한 3가지가 있다. 개미의 눈, 뱀의 발, 성직자의 자비심이다"라는 페르시아의 옛 속담을 기억해야 했다. 근본적으로 우리는 "다른 찬송가를 읽고" 있었다.

이란인의 반감에는 근거가 있고, 또 그들은 결국 스스로 만들어낸 이 딜레마에서 품위 있게 벗어날 방법이 필요하다는 것을 인정한다고 해도, 우리는 그들의 의사결정에 영향을 주는 힘의 행사 가능성을 배제하지 말았어야 했다. 이것은 처음부터 협상이었고, 계속해서 선택권을 없애고 정부가 후원한 테러리즘에 맞서 행동하길 주저하는 모습을 보여줌으로써 협상에서 우리의 위치를 불리하게 만들었다.

"예의 주시"한다는 전략은 국제 테러리즘의 정치에 변명만 제공할 뿐이다. 우리는 인질로 잡힌 사람들의 안전을 위해 인질 석방 협상이 인질 억류를 정당화할 수 없으며 전 세계 미국인을 위험에 빠뜨려서는 안 된다는 것을 항상 분명히 해야 한다.

범죄 행위에 대해 미국이 계속해서 보여준 소극적 모습은 무신경함으로 비쳤고 우리를 납치해도 처벌받지 않는다는 명백한 결론으로 이어졌다. 유엔과 국제재판소에서 우리가 옳다고 인증을 받은 상황에서도 행동하고 위험을 무릅쓰려 하지 않는다면 대체 무엇을 위해 행동할 것이라고 기대할 수 있겠는가?

당면한 문제는 국왕 혹은 이란 대 미국의 의지력 대결이 아니다. 그보다는 국제법 위반에 대한 이란 대 문명세계의 대결이다. 카터 대통령은 처음부터 이란인에게 우리의 망명 기준은 인질의 불법 나포에 영향을 받지 않을 것이라고 밝혔어야 했다. 우리가 존중받는 원칙들을 명확하게 따른다는 것을 보여줬어야 했다.

우리는 이란의 불법 행위에 초점을 맞추기는커녕 국왕의 행방과 건강 문제에 공공연하게 말려들었다. 우리는 처음에는 그를 받아들이지 않았다. 그러다 입국을 허락했다. 그 뒤 그는 미국을 떠나야 했고 우리는 그가 미국에 머물지 못하게 했다. 그 뒤에 우리는 그가 떠나면 돌아올 수 있다고 약속했다. 또 그 뒤에 우리는 그가 파나마를 떠나길 원하지 않았다.

우리는 이런 황당한 사건들의 연속에서 우리의 원칙들을 타협했고 이란과 세계의 여타 지역들에서 나약하다고 인식된 수용 정책을 보여주었다.

이 범죄자들에게 아무것도 얻지 못한 채 양보만 한 것은 그들의 구미를 돋우고 판돈을 올리게 만들었을 뿐이다. 우리는 램지 클라크Ramsey Clark를 파견하고 쿠르트 발트하임Kurt Waldheim에게 간청하는가 하면 힐러리언 카푸치Hilarion Cappuci를 받아들이다가 이후 온갖 종잡을 수 없고 위험한 제3자 아마추어들을 끌어들였다. 격분한 범법자들을 달래려는 헛된 시도로 수용하고 타협하며 지푸라기라도 잡으려고 해왔다.

유능한 협상가나 리더나 정치인이나 소비자라면 누구나 알고 있듯이, 누군가가 당신과 성실하게 협상하게 만들려면 그가 당신이 자신에게 도움이 되거나 해를 입힐 의도된 결과를 가져올 수 있고 가져올 사람이라고 믿어야 한다.

잠재적 판매자도, 이란의 현 정권도 우리가 그들이 원하는 것을 줄 수 있거나 **현재 혹은 나중에 그들의 이익과 목적에 유해하다고 생각되는 어떤 일을 할 수 있다**고 판단하지 않으면 협상 자세를 바꾸지 않을 것이다.

따라서 무력이나 심지어 보복 같은 선택권을 공개적으로 배제하는 것은 협상하려는 동기를 제거하는 것이었다. 교착 상태를 깨는 방법이 아니라 그 반대로 학생-테러리스트들이 포로들을 물고 늘어지면서, 그들이 얻어낼 수 있는 모든 것을 이루기 위해 상황을 최대한 이용하도록 자초했다. 그럴 게 아니라 적들로 하여금 협상에 성실하게 협상에 임하면 얻는 게 있고 그렇지 않으면 두려워해야 할 게 많다고 느끼게 만들었어야 했다.

이란의 실세는 항상 호메이니였고, 그는 "양보 행위"를 나약함의 표시라고 생각하는 강경한 협상자다. 우리는 선납을 해서는 안 되었다. 대신 이란에 압력을 가하고, 혁명위원회에 대한 현실주의자들의 영향력을 강화하고, 위기를 물리치기 위해 터무니없는 유인책이라도 내놓아야 했다.

미국이 현실주의자들과 진정한 혁명가들에게 우려를 불러일으킬 만한 방식으로 행동했다면 속도를 낼 수 있었다. 신중하고 잘 조정된 조치들을 통해 이란에 대한 압력을 점진적으로 강화했다면 군부와 진정한 정부임을 입증하길 원하는 신생 정부 사이에 대립을 일으켰을 것이다.

카터 대통령은 인질의 석방을 위한 포괄적인 "전략"과 일관성 있는 실행 전술을 보여준 적이 없다. 대통령이 난국을 타개하고 싶었다면 이란이 우리의 일관된 행동에서 교착 상태가 길어질수록 그들이 더 위험해진다는 메시지를 받아야 했다. 우리의 행동에 일관성이 있어야 했고 항상 끝까지 마무리를 지어야 했다. 또한 이란에게 점진적으로 압력을 강화하는 한편 카터 대통령이 신호를 오독하지 않기 위한 안전장치이자 성공적인 협상 기회를 놓치지 않기 위해 "비공식 소통 채널"을 유지하고 조성해야 했다.

이렇게 하지 않았기 때문에 우리의 최고 의사결정권자가 내리는 판단에 대해 의문이 생긴다. 카터 대통령이 인질이 돌아오길 원하는 건 분명하지만 거의 9개월 동안 한 일이 없다. 우리가 공개적으로 드러낸 무기력에서 유일하게 벗어난 조치가 서방 동맹의 의지를 약화하고 우리의 방위 체제에 대한 국민의 자신감을 뒤흔든 "지미 카터 데저트 클래식The Jimmy Carter Desert Classic"(실패한 구출 시도) 작전이었다.

앞서 언급했듯이, 호메이니와 종교 지도자들은 자신들이 간절한 구매자에게 인질을 팔고 있다는 것을 알고 있다. 이란인의 사고방식에서 보면 그들은 이 정부에서 갈취할 수 있는 최고 가격이 선거 직전에 나올 것임을 알고 있다. 정치적 야심이 큰 재임자가 재선을 보장받기 위해 그 타이밍에 최고가를 지불할 것이다. 솔직히 말하면 노련한 협상가나 시장 상인이라면 누구라도 11월 5일에는 이란인이 "불법적으로 획득한 상품"을 할인 가격에 내놓아야 한다는 것을 안다. 요컨대, 선거가 끝나면(결과에 상관없이) 협상의 주도권이 이동하여 인질이 40퍼센트 할인된 가격으로 시장에 나온다!

선거 전에 합의에 도달한다면 인질 52명이 자유를 얻는 대가가 높게 책정될 것이다. 이란의 지도자들은 테러리즘에서 되도록 최상의 보상을 얻을 것이다. 하지만 다음 주 내에 완전한 합의가 이루어지지 않으면 힘이 이동하여 우리가 범죄자들에게 갈취를 당하거나 몸값을 지불하는 수준이 아닌 비용으로 인질을 되찾을 수 있을 것이다.

카터 대통령이 이런 현실을 인식하고 더 유력한 입장에서 협상할 수 있도록 선거가 끝날 때까지 참을성 있게 기다리길 바란다. 대부분의 양해 행위와 모든 합의는 "데드라인"에 이루어진다는 것이 협상의 이치다.

따라서 이번 위기를 끝없이 질질 끈 이유 중 하나는 카터 정부의 수동적인 (사후대응적인) 정책 때문이다. 이런 정책은 인질을 억류하고 있는 상황을 그리 부담스럽지 않게 만들어 이란인들은 자신들이 데드라인을 정해야 한다고 느꼈다. 카터 대통령의 처리방식은 사실상 그들에게 인질을 계속 잡아두어도 어떤 위험도 없고 어떤 대가도 치르지 않을 것이라고 말한 셈이다. 그리하여 그들의 범죄 행위(그들의 내부 권력 투쟁의 볼모로, 그리고 국가적 화합과 혁명을 계속 진행하기 위한 결집 지점으로 인질을 이용하는)를 유지할 때의 가치나 이점이 항상 골칫거리나 불이익을 넘어섰다.

하지만 이제 이라크의 침공으로 인질을 잡아둘 때의 손해 (경화와 예비품 부족)가 증대되었을 뿐 아니라 종교 지도자들에게 "새로운 사탄"이 나타났다. 이제 근본주의자들은 혁명을 강화하고 안정화할 결집 포인트로 이 "성전"을 이용하는 동시에 부적절한 전쟁 행위에 대해 바니 사드르와 온건파에 몽둥이를 휘두를 수 있다. 물론 이 요인들은 우리의 선거가 끝난 뒤에도 여전히 존재할 것이고, 이때 현 정부가 마침내 이 위기를 해결할 수 있다.

집권층인 종교 지도자들의 머릿속에는 다른 시간표가 있다는 건 놀랄 만한 일이 아니다. 그들의 입장에서 보면 "인기 높은 52개의 융단"은 우리의 대선이 치러지기 전인 이번 주에 최고가를 찍을 것이다. 실제로 모든 징후는 아야톨라가 "4개항 조건"의 발표를 일부러 9월 12일까지 미루었을 때 이 타이밍을 염두에 두었다는 것을 보여준다.

이렇게 신중하게 계산된 날짜는 이란과 미국의 협상자들에게 6주라는 시간을 주어 판매자에게 더 유리한 시기에 매매 거래를 마무리 짓게 할 것이다. 따라서 어떤 "10월의 이변"(미국의 대선 직전에 판세를 바꿀 만한 사건)도 카터가 아니라 호메이니가 차지할 것이다. 유감스럽게도 우리의 "구매 대리인 대통령"은 호메이니의 드라마에서 자신이 어떤 역할을 맡고 있는지 깨닫지 못했다. 간단히 말해 지미 카터는 나머지 미국 국민과 함께 감정적 롤러코스터를 타고 있다. 다만 그가 제일 앞 차량에 타고 있을 뿐이다.

어느 모로 보나 호메이니의 계획은 자신의 협상 주도권이 가장 강할 때 "계약을 맺겠다는" 것이다. 예기치 못했던 사태가 벌어지지 않았다면 이 계획이 먹혔을 수 있다. 호메이니가 미국의 지원과 인질 52명을 맞바꾼 것은 이라크의 전면적인 이란 침공뿐 아니라 언론의 대대적인 관심을 받은 사담 후세인의 긴급 보도 때문이었다. "윤리 지향적인 아야톨라"가 "거대한 사탄"과 결탁하는 것으로 보여서는 안 되기 때문에 비공식적 접촉과 협상이 중단되었고, 그리하여 합의가 "진행되고 있다"거나 진행될 수 있다는 루머를 불식했다.

그러나 이라크의 긴급 보도를 무효화하기 위한 2~3주의 공백기가 호메이니가 주의 깊게 세웠던 계획을 사장시켰을 것이다. 남아 있는 짧은 협상 기간에 인질을 돌려보낼 구속력 있는 합의에 이르는 데 필요한 광범위하고 복잡한 협상이 가능하다고 생각하기는 어려워 보인다. 게다가 현재의 "비공식" 협상이 선거일인 1980년 11월 4일 이전에 결실을 맺을 가능성을 차단하는 다른 요인으로 적어도 다음 3가지를 생각할 수 있다.

첫째, 이란인의 자산에 대한 동결을 해제하면 다수의 금융기관과 정부기관들이 연루되어 해결에 시간이 걸리는 엄청나게 복잡한 문제들이 생긴다.

둘째, 호메이니가 미국과 공식적으로 협상할 의지가 있어 보이지는 않는다. 따라서 모든 편이 받아들일 수 있는 제3자인 중재자를 선정하고 이용하는 데 추가적인 지연이 발생할 것이 분명하다.

셋째, 분열된 학생-테러리스트, 이란 국회, 일반 대중은 호메이니의 정책이라고 듣고 믿어왔던 것들을 그렇게 급격하게 뒤집거나 벗어날 충분한 준비가 되어 있지 않다. 마키아벨리의 말처럼, "새로운 생각에 익숙해지는 데는 시간이 걸린다."

따라서 선거 결과에 영향을 미칠 수 있는 "10월의 이변"은 없을 것이고, 그러므로 11월 5일에 레이건 주지사가 대통령 당선자가 될 것으로 예측된다.

이 시나리오대로 된다면 카터의 "레임덕" 정부는 인질 52명을 석방하기 위해 "구미에 맞는 협상"을 하기에 굉장히 유리한 입장에 서게 될 것이다. 이란이 새로운 공화당 정부가 이 국제법 위반 행위에 대해 훨씬 더 강경한 접근방식을 취할 것이라고 믿게 되면 이러한 가능성이 현실이 될 것이다. 대통령 당선자와 그의 대변인들이 정부가 후원하는 테러리즘과 관련하여 기존 정책에 급격한 변화가 있을 것임을 분명히 밝히면 이란인들은 대통령 취임일을 데드라인으로 생각할 것이다. 그리하여 그들은 "미지의 사탄"인 레이건보다 "알려진 사탄"인 카터와 상대하는 옵션을 선택할 것이다.

이란 내부의 정치적 곡예를 절대적으로 확실히 예측할 수는 없지만, 만약 대통령 당선자 레이건이 강경하게 나갈 경우 이란의 성직자들은 "좋은 사람-나쁜 사람" 전략에 직면하게 될 것이고, 이 위기의 해결을 위해 스스로 데드라인을 1월 20일 오후 1시로 정할 것이다. 다음은 이날이 대단원의 날이라고 생각하는 근거다.

1. 호메이니와 종교 지도자들의 의도가 이라크와의 전쟁을 연장하는 것이라는 데는 의심의 여지가 없으며, 이는 그들이 이란 혁명수비대를 강화해야 하고 절실하게 부족한 경화를 확보해야 한다는 뜻이다.

2. 미국에 사과를 요구하는 조항이 빠진 호메이니의 4개항 조건은 조건의 완화와 더불어 이 문제를 해결하려는 의지를 보여준다.

3. 이란의 라자이Rajai 수상은 현재 스스로 결정을 내릴 만한 정치적 용기가 부족하지만 국회에 나가 이 위기에 공동 대처할 수 있는데, 그러려면 수개월이 걸릴 것이다.

4. 최고사령관으로서 이라크의 침략자들과 맞서 진전을 이루는 데 실패한 바니 사드르는 종교 지도자들에게 온건파들을 약화하는 데 이용할 수 있는 쟁점, 즉 인질들을 편리하게 대체할 수 있는 사안을 던져주었다.

5. 1980년 4월에는 (종교 지도자들이 통제하지 못하는) 무자헤딘Mujahadeen 조직이 대사관 밖에 대거 집결하여 바니 사드르가 인질들을 학생-테러리스트들로부터 정부에 넘기지 못하게 막았다. 이제 이런 저지 작전은 더 이상 불가능한데, 인질들이 알려지지 않은 장소로 분산되었기 때문이다.

6. 로널드 레이건에 대한 이란인들의 인식은 먼저 총부터 쏜 뒤 질문을 던지는, 즉 "총을 빨리 뽑는 카우보이 전통"을 따르는 사람이라는 것이다. 대통령 당선자로서 이런 이미지가 유지되고 심지어 강화된다고 가정하면(예를 들어 대사관 탈취를 용납할 수 없는 범죄 행위라고 언급함으로써), 호메이니는 레이건이 취임선서를 눈앞에 두었을 때 신속하게 상황에 대한 비용편익 분석을 하여 레이건과는 대조적으로 이성적이지만 이제 떠나가는 지미 카터의 제안을 받아들일 것이다. 그들의 입장에서 보면 미국의 현재 구매 책임자가 떠나면서 그의 제안들과 지금까지 그들이

관계에 투자해온 것들도 사라질 것이다. 최상의 경우라고 해도, 출발점으로 되돌아가 전투적인 새 대통령, 예측할 수 없고 잠재적으로 위험한 새로운 최고 구매 대리인을 상대로 처음부터 전부 다시 시작해야 할 것이다. 게다가 이란인들은 지미 카터 대통령을 겪으면서 그를 쉽게 파악하고 조종할 수 있는 우유부단한 '종이호랑이'로 보게 된 반면 로널드 레이건은 빈말을 하지 않는 사람으로 보게 되었다.

마지막으로, 이 위기에 대한 카터 정부의 질질 끄는 처리방식은 협상에서 우리의 위치를 꾸준히 약화하고 "외교관 사냥" 경기에 참여한 이란인들에게 추격할 사냥감뿐 아니라 잡은 사냥감까지 내주었다. 장기화된 '지켜보며 기다리기' 정책과 우리에게 선택권이 없다고 밝힌 공개 선언은 파탄적인 전략이다.

무고한 미국인 52명과 그 가족들의 건강과 안녕을 위해서는 처음부터 우리가 아마추어가 아니라 노련한 협상가로 작업해야 했다. 궁극적으로 "매매 거래"의 성공은 우리가 인질들의 안전한 석방을 보장하는지 여부에 따라 판단되지 않을 것이다.

역사만이 대답할 수 있는 아마도 더 중요한 다른 근본적 질문이 있다.

1. 우리의 소극적 태도가 앞으로 이런 성격의 범죄 행위를 조장하고 국제 테러리스트들을 대담하게 만들어줄 것인가?

2. 이 문제에 대한 우리의 처리방식이 우리의 동맹국들과 제3세계 국가들의 존중을 받았는가?

3. 위험을 무릅쓰거나 피해자들을 돕거나 힘을 발휘하길 주저하는 우리의 태도가 미래의 적대자들에게 어떻게 인식될 것인가?

4. 테러리스트의 이러한 강탈에 직면해 우리는 전통적인 영예와 원칙의 개념을 어느 정도까지 포기했는가?

5. 이란에게 해준 양보들이 우리와 아랍 국가들과의 관계 및 중동에서의 힘의 균형에 악영향을 미칠 것인가?

인정하건대, 대사관이 점거된 뒤 카터 대통령이 초기에 보여준 자제력은 칭찬할 만하다. 하지만 이후 10개월 동안 이런 인내심이 불필요하게 연장되었고 파행 정책으로 바뀌었다.

이 위기에 대한 대통령의 미흡한 대처는 미국 국민뿐 아니라 세계 각지에 있는 우리 동맹국들의 신뢰까지 흔들어놓았다. 이 지정학적 협상의 관리 실패에서 수혜를 얻은 쪽은 이란의 성직자들, 크렘린의 지도자들, 지미 카터의 일시적인 정치적 운뿐이었다. 본질적으로 카터는 압박을 가하지 않는 인내의 정책을 추구했고, 이는 테헤란에서 무능으로 인식되었다. 자국의 운명을 관리하기 위해 위험을 무릅쓸 의지가 없거나 그럴 능력이 되지 않는 국가가 필연적으로 자국에 불리하게 조종당할 것은 불 보듯 뻔한 일이다.

11월 5일이면, 이 비극적 위기를 현실적으로 검토하고 우리의 신념을 지지할 시간, 그리고 필요하다면 우리의 선을 위해 어느 정도 강력한 힘을 발휘할 시간이 있을 것이다. 무엇보다 우리는 무지하고 쓸모없는 자기 질책은 모두 멈추어야 한다. 자기 질책은 자신감과 의지력을 약화할 뿐이다.

"우리는 스스로 만든 사슬을 감고 산다"라는 디킨스의 말처럼, 단호한 결의가 일관된 협상 전략과 합쳐져 마침내 사슬을 끊고 인질들과 미국 전역을 자유롭게 해줄 수 있다.

적대적 협상의 현실

1993년 9월, 백악관 잔디밭에서 오슬로 협정이 체결되었을 때 많은 사람이 마침내 중동 평화를 위한 길을 찾았다고 믿었다. 이 협정에 대한 열기가 실로 드높아서 이스라엘의 이츠하크 라 빈Yitzak Rabin과 시몬 페레스Shimon Peres, 팔레스타인해방기구 의 야세르 아라파트Yasser Arafat가 노벨평화상을 받았다.

기본적으로 이 협정은 팔레스타인 주민에게 테러리즘을 포 기하고 유대국가의 합법성을 받아들일 것을 요구했다. 이에 대 한 보답으로 이스라엘은 영토를 반환해야 했고, 이 처방은 적대 적 분위기를 화합의 분위기로 바꿀 것으로 여겨졌다. 이 조항들 을 집행하기 위해 이스라엘 정부는 아라파트의 팔레스타인 자 치정부Palestinian Authority가 라이플총과 휴대무기를 지급받은

• 허브 코헨이 2001년 2월 1일에 국무부 장관 콜린 파월에게 제출한 보고서.

2만 4천 명의 경찰을 보유하도록 허가했다.

그 뒤 이스라엘이 영토에서 철수하는 동안 아라파트 의장은 여전히 "성전"에 대한 의지를 고수했지만 추종자들에게 아랍어로 이야기할 때만 그랬다. 그는 자신의 통치 지역이 이스라엘 시민들을 공격한 사람들의 피난처로 사용되도록 허락하고 자살 폭탄 테러범들을 "순교자"라고 칭하며 미화했다.

그뿐만 아니라 시간이 지나면서 아라파트의 "경찰력"은 밀반입된 중무기로 무장한 4만 명의 병력으로 늘어났다. 모든 조짐으로 미루어 그의 의도는 오슬로 조약이 이스라엘을 제거하기 위한 다단계 계획의 첫 단계가 되게 하는 것이었다.

이 메시지는 그들의 나라가 서안 지구, 가자 지구, 예루살렘, 그리고 1967년 이전의 이스라엘 전역으로 이루어졌음을 보여주는 팔레스타인 자치정부의 웹 사이트와 공식 지도, 학생들의 교과서 등에서 명백하게 전달되었다.

1999년의 이스라엘 총선은 이러한 현실을 배경으로 치러졌다. 에후드 바락Ehud Barak은 베냐민 네타냐후Benjamin Netanyahu와 맞붙은 선거운동 기간에 자신이 총리가 된다면 레바논 남부에서 국군을 철수시키고 아라파트 의장, 팔레스타인 해방주의자들과 최종적인 평화를 이루기 위해 노력할 것이라고 약속했다.

바락이 총리가 되었을 때 그의 최우선 과제는 공약을 이행하는 것이었다. 이스라엘은 22년 만에 어떤 대가도 없이 남부 레바논의 안전지대에서 병력을 철수했다.

이런 일방적 양보가 적들에게 어떻게 보였을까?

첫째, 시리아의 독재자 하페즈 알 아사드Haffez al Assad는 "1948년의 국가 수립 이후 이스라엘의 첫 군사적 패배다"라고 언급했다. 그 뒤 바락이 1967년 이후 점령해온 골란 고원Golan Heights의 거의 전체를 반환하겠다고 하자 그의 제안은 즉각 거부당했다.

그 뒤 헤즈볼라Hezbollah부터 하마스Hamas에 이르기까지 모든 테러리스트 집단은 인간의 생명을 대단히 중시하는 게 이스라엘의 약점이라고 믿게 되었다. 따라서 이런 믿음은 민간인을 불구로 만들고 살해하는 것이 이스라엘의 아킬레스건이라는 전략을 강화했다. 요컨대 선의로 보답받기 위한 선의의 조치인 영토 이양이 오히려 약함의 표시로 여겨졌다.

그리하여 2000년 7월, "레임덕" 상태의 빌 클린턴 대통령이 에후드 바락과 야세르 아라파트를 캠프 데이비드Camp David로 불렀다. 모니카 르윈스키와의 관계 문제와 탄핵 위기를 넘겼던 클린턴은 대미를 멋지게 장식하고 싶었다. 이 오랜 갈등을 해결하면 분명 노벨평화상을 받고 역사에서 그의 지위가 회복될 수 있을 것이다.

빌 클린턴이 이 협상에 들고 나온 건 그의 상당한 설득 기술이었다. 클린턴은 악수를 하는 짧은 시간에 진심 어린 관심과 온정을 전하는 능력을 지닌 특별한 사람 중 한 명이다.

스스로 "정직한 중재자" 역할을 맡은 대통령과 국무장관 매들린 올브라이트Madeleine Albright는 자신들이 P.A. 의장과 특별한 관계라고 믿었다. 어쨌거나 P.A. 의장은 여느 "국가 원수"보다 백악관을 더 많이 방문했고 전례 없이 국무장관의 자택에서 대접을 받았다. 전쟁의 참상을 알고 있는 군사 영웅 바락에 대해 말하자면, 그가 지금까지 했던 양보들은 최종적인 평화를 위한 거래를 간절히 원한다는 것을 보여주었다. 그뿐만 아니라 그들은 바락이 협상이 실패하더라도 자신에게 화살이 돌아오지 않도록 이스라엘의 가장 가까운 동맹국과의 충돌을 피하기로 결심한 것을 알고 있었다.

다른 많은 사람들이 실패한 부분에서 성공할 수 있다는 클린턴의 자신감에도 불구하고 처음부터 상황은 그에게 불리했다. 그의 근본적인 실수는 아라파트가 과거 보여준 비타협적 태도와 우유부단함이 신뢰 분위기를 조성함으로써 극복할 수 있는 심리적 문제라고 가정한 것이다. 또한 이스라엘의 전례 없는 영토 양보로 맘미암아 이런 태도 변화가 이루어질 수 있다고 생각했다.

그러나 사실 이 협상은 상이한 인식과 동기, 이해관계, 유권자들이 고려되어야 하는 매우 적대적인 협상이었다.

설명을 위해 다음 사항을 살펴보자.

1. 정상회담을 위한 시기가 무르익지 않았다

협상이 성공하기 위해서는 양측 모두 합의를 이룰 경우 각자의
상황이 지금보다 나아질 것이라고 인식해야 한다.

이는 "피해를 당한" 팔레스타인의 지도자라는, 스스로 선택
한 역할을 즐기는 아라파트에겐 해당되지 않는 이야기였다. 아
라파트는 이렇게 자신을 가장하여 서구의 지도자들, 서구의 경
제적 지원, 서구 매체들에 접근할 수 있었다. 그는 뉴욕, 런던,
파리, 워싱턴 D.C.의 사교계에서 유명인사가 되었다.

아라파트가 성실하게 협상에 임하게 하는 데 필요한 것은 그
의 비용-효과 계산에서의 변동이었다. 합의를 이루지 못했을
때의 손해가 교착 상태인 현재 상태의 이점보다 커야 한다는 뜻
이다.

2. 일방적 양보

신뢰가 없을 경우 비효과적이고 보답을 요구하지 않는 양보는
인정받지 못한다.

캠프 데이비드 회담에서 에후드 바락은 예상치 못한 관대한
양보를 했다. 아랍의 무장단체와 야세르 아라파트에게도 이런
양보는 분명 이스라엘의 나약함과 절박감의 징후로 비쳤을 것

이다. 그래서 P.A. 의장은 굳이 반대제안을 내놓으려 애쓰지 않았다.

3. 상이한 시간표

모든 협상에서 양보와 합의는 데드라인에 근접하여 이루어진다. 서로의 시간표가 다른 협상에서는 시간 제약이 더 촉박한 측이 불리하다.

클린턴 정부가 11월 선거 전에 혹은 적어도 퇴임 전에 거래를 해야 한다는 것은 누구나 아는 사실이었다. 바락 역시 이스라엘에서 총선을 코앞에 두고 있었다. 세 사람 가운데 아라파트 의장만이 시간에 구애를 받지 않았다.

유권자에게 평화협정 체결의 가능성에 대해 대비시키지 않은 데다 시간 압박도 없던 P.A. 의장은 어떤 제안도 받아들이지 않을 것이다. 그의 입장에서는 뭐든 차기 협상을 위한 출발점으로 여겨졌다.

4. 상이한 이해관계

협상은 대개 입장을 고수하는 것으로 시작되지만, 근본적인 관심사와 이해관계를 충족함으로써 합의가 성사된다.

호전적인 아랍인은 이스라엘을 영토의 크기와 상관없이 "신성한" 이슬람 땅의 침입자로 생각한다. 이 점을 고려하면 이 시점에서 영토 양보는 큰 의미가 없었다. 따라서 바락과 클린턴이 이례적일 정도로 관대하다고 생각했던 첫 제안(1967년 이전 영토의 94퍼센트)은 아라파트의 욕망을 자극할 뿐이었다.

5. 상이한 인식

지정학적 협상에서 안와르 사다트Anwar Sadat, 이츠하크 라빈 같은 용기 있는 지도자들은 불필요한 유혈 사태를 막기 위해 때때로 타협이 필요하다는 것을 알고 있었다. 분명 에후드 바락은 이런 전통을 따르려고 노력했다.

반면 야세르 아라파트는 "아랍의 거리"와 더 급진적인 이슬람 무장단체들을 보고 배우는 것 같다. 수년 동안 그는 부패하고 권위적인 통치자였고 자신의 정치적 목적을 위해 폭력을 교묘하게 조종했다. 아라파트의 전적을 보면, 그가 어린아이의 생명의 가치에 대해서는 11세기의 의식을, 홍보에 대해서는 21세기 감각을 지닌 사람임이 분명해진다. 유감스럽게도 이런 면에서 언론은 그의 손에 놀아났다.

아라파트는 팔레스타인의 운명을 세계적 의제로 올려놓은 인물로 여겨지지만, 그가 비행기 공중 납치와 미국 민간인 및 외교관의 살해를 통해 그것을 이루었다는 점을 잊지 말자. 수수께끼 같은 인물인 그는 항상 미래 대신 종교전쟁이 벌어졌던 과거를 선택했다.

모든 조짐으로 미루어 그는 지금 소규모의 게릴라전, 테러리즘, 국제적 언론 보도를 결합한 전략에 착수했다. 목적은 이스라엘의 사기를 떨어뜨리고 의지를 약화하는 것이다.

"사이공 철수와 비슷한" 이스라엘의 황급한 레바논 철수를 모델로 삼은 그의 계획은 명백하다.

A : 언론에 보도되는 폭력을 이용해 이스라엘에 대한 국제적 비판을 불러 일으킨다.

B : 서안 지구와 가자 지구에서 이스라엘군이 계속 사상자를 내게 한다.

C : 이스라엘이 자원을 소모하고 경제에 영향을 받고 의지와 결의가 저하될 군사동원을 계속하도록 한다.

D : 하마스, 이슬람 지하드, 헤즈볼라에게 1967년 이전의 이스라엘 영토 (텔아비브, 하이파, 서예루살렘, 하데라 등)까지 테러리즘을 확대하도록 독려한다.

E : 서유럽 국가들과 이른바 우리의 중동 동맹국들을 이용하여 미국을 압박한다. 그러면 미국이 취약하고 절망적 상태의 이스라엘이 협상 테이블로 돌아오도록 압박할 것이다.

이스라엘의 전략들이 항상 주변국과의 영구적인 평화에 더 가까이 다가가게 했다는 뜻은 아니다. 가령 오슬로 회담 이후 이스라엘은 군사적 필요성을 들어 서안지구에 계속 정착지를 구축하거나 확장했다. 어느 모로 보나 이런 행동은 국내 정치에 대한 고려에서 나온 결과다. 하지만 그렇게 많은 이스라엘인이 헤브론 등지에서 살고 있다는 사실은 관계 정상화와 신뢰 구축에 장애물이다. 기본적으로, 이스라엘인은 인명 손실 따위는 안중에도 없는 호전적인 파벌들의 장단에 놀아나고 있다.

그러나 아라파트가 2차 인티파다(팔레스타인인의 반反이스라엘 저항 운동)를 묵인함으로써 군을 풀어주어 통제하기 어렵게 되었다는 데는 의심의 여지가 거의 없다. 더 중요한 점은 이러한 무장 인타파다가 팔레스타인 대중을 더 과격하게 만들어 협정에 대한 이스라엘인의 합의를 사실상 무너뜨렸고 아리엘 샤론 Ariel Sharon의 당선을 야기했다는 것이다. 따라서 워싱턴에 새 정부가 출범할 즈음 평화 협상 과정은 끝장난 건 아니라고 해도 적어도 코마 상태였다.

6. 유권자의 지지

확실성을 원하고 모호성을 없애고 싶은 인간의 성향에도 불구하고 오랜 적개심이 존재하는 곳에서는 잠정 협정이 바람직한 선택이다.

캠프 데이비드 정상회담 동안 종전까지는 금기시되었던 주제들이 상세하게 논의되었다. 난민이 처한 곤경과 예루살렘의 지위 문제가 그것이다. 첫 번째 문제에 대해서는 약간의 진전이 이루어진 것처럼 보이지만 예루살렘 문제는 걸림돌이었다.

실제로, 감정이 고조된 이 종교적 문제를 다른 영토의 반환과 연결함으로써 협상이 범아랍 문제로 확장되었다. 이렇게 되자 아라파트는 좀 더 온건한 이슬람 정권(이집트나 사우디아라비아)의 지원과 엄호가 필요해졌다. 정상회담이 결렬되었을 때 실제로 그는 이 국가들을 방문했지만 어떤 도움도 끌어내지 못했다.

이런 상황은 예상되었어야 했다. 이집트와 사우디아라비아에서는 통치자들에 대한 모든 비난의 화살을 이스라엘 쪽으로 돌렸는데, 이스라엘은 최악의 말들로 묘사되기 때문이다. 어쩌면 더 놀라운 점은 호스니 무바라크Hosni Mubarak와 사우디 왕가 역시 경제 침체와 부패 정권에 대한 주의를 분산하기 위한 방편으로 자국 언론과 급진파들에게 미국을 맹렬히 비난하라고 조장한다는 것이다.

간단히 말해, 우리에게서 상당한 도움을 받는 사우디아라비아와 이집트는 현재 팔레스타인 문제를 해결하는 데 큰 관심이 없다. 그들은 편리한 희생양 역할을 할 적이자 국민의 불만을 해소할 배출구로서 이스라엘이 필요한 것이다.

이런 문제를 제기하면서, 새로운 부시 정부가 해야 하는 일을 제시하겠다.

첫째, 아라파트가 헤즈볼라, 이슬람 지하드, 하마스에 강경한 조치를 취할 때까지는 이전 정부처럼 그를 환영하거나 원조해서는 안 된다. 아라파트가 자신이 통치하는 영토에서 벌어지는 테러리즘을 직접 나서서 중단하게 만들어야 한다.

둘째, 아라파트는 유권자들에게 이스라엘과의 평화를 준비시켜야 한다. 이스라엘이 이곳에 남을 것이라고 팔레스타인인을 교육해야 한다는 뜻이다.

셋째, 아라파트가 성실하게 협상에 임할 때까지 서방 동맹국들이 그의 호화로운 생활에 더 이상 자금을 지원하지 않도록 더 많은 설득 작업을 해야 한다.

넷째, 지원금을 받아 자살폭탄 테러범과 국제 테러리스트의 가족에게 보내는 미국 내 자선단체들을 엄중 단속해야 한다.

다섯째, 초국가적 테러리스트를 길러내는 와하브파Wahhabi 이슬람교 학교들에 대한 자금 지원을 중단하도록 사우디아라비아에 압력을 가해야 한다.

여섯째, 새로운 이스라엘 정부와 우리의 밀접한 관계를 이용하여 그들이 진심으로 국민의 생활을 향상하기를 원하는 팔레스타인의 "침묵하는 다수"를 강화하는 정책을 택하고 조치를 취하도록 독려해야 한다.

마지막으로, 세계는 위험한 곳이라는 점을 인식할 때다. 지난 수십 년 동안 이슬람교의 호전성이 성장해온 중동지역은 특히 더 그러하다. 이 기간에 이슬람교도들은 해외에서 미국인들을 저격하고 우리 국민을 살해해도 처벌을 받지 않았다(리야드Riyad, 코바르 타워Khobar Towers, 아프리카의 대사관들, 미국 전함 콜Cole호 등).

우리가 미미한 보복을 하거나 아예 보복을 하지 않았기 때문에 그들은 우리가 위험을 피한다고 여긴다. 20년 동안 우리는 미국 시민을 살해한 이마드 무그니예Imad Mughniyeh와 오사마 빈 라덴Osama bin Laden 같은 자들이 법의 심판을 받게 할 어떤 일도 하지 않았다. 너무 늦기 전에 우리의 외교를 뒷받침하는 데 강력한 노력을 기울일 때다. 아랍 세계에서 존중받는 것은 힘과 그 힘을 발휘하려는 의지라는 점을 잊지 말자.

④

국제 테러리즘의 재앙:
국제 테러리즘이 미국에 가하는 위협

역사에는 "치고 빠지는 테러리즘" 사건, 지켜보는 사람들에게 계산된 영향을 미치려는 목적으로 벌어지는 연출된 상해 행위가 넘쳐난다. 이런 폭력 사건들은 비통하고 파괴적일 수 있지만, 지지자가 거의 없고 자원도 매우 제한적인 소규모 극단주의자 집단에 의해 뻔한 방식으로 자행되었다. 그 결과 이런 고전적인 테러는 시간과 지리적 제약으로, 표적이 된 사회의 정치적 활력과 안정성에 거의 영향을 미치지 않았다.

하지만 지난 20년 동안 더욱 치명적인 유형의 새로운 폭력이 등장했다. 더 이상 시간이나 장소에 구애받지 않는 유형의 폭력이 전염병 수준으로 광범위하게 전파되었다. 대리전의 무기로

• 허브 코헨이 '베이루트 여객기 납치 사건'에 관해 1985년 7월 10일에 로널드 레이건 대통령과 CIA 국장 윌리엄 케이시에게 제출한 기밀 견해서.

주권국들의 후원과 지원을 받는 현대의 국제 테러리즘이라는 종양은 어디에서건 민주제도의 안녕과 안정을 위협할 수 있을 정도로 커졌다.

다행히 미국에 있는 우리는 "전 세계적인 테러리즘의 시대"가 출현하면서 나타난 만행과 혼란을 많이 모면했다. 우리는 이런 국제적 전염병이 시작될 때 영향을 받지 않았고, 인식하지도 또 잘 알지도 못했기 때문에 이란 인질 사태라는 대하소설과 마찬가지로 베이루트에서 TWA 847기의 비극적인 미니드라마가 펼쳐졌을 때 미국인들이 이를 이해하지 못하고 좌절하고 심지어 매료되기기까지 한 것이 놀랍지는 않다.

분명 TV 시청률은 민주주의의 무능을 극적인 사건들로 가득 채워 재현한 점이 시청자를 사로잡은 비결이라는 것을 보여주지만 영화 〈카사블랑카여, 다시 한번Play It Again Sam〉의 레바논 시아파 버전 역시 상당한 동요와 분노, 그리고 아마 굴욕감까지 불러일으켰다고 생각할 만한 이유가 있다. 여기에는 세계 최대 강국을 조롱하고 위협하며 공포에 떨게 하는 "베이루트 테러범" 2명이 베갯잇을 뒤집어쓰고 비겁한 범죄를 저지르는 모습이 생생하게 묘사된다.

이런 도발에 우리는 어떻게 대응했을까? 대중의 시각에서 보면 우리는 즉각 대응하여 방송사 촬영 팀을 현장에 급파하고 톰 브로코Tom Brokaw와 레이건 대통령의 휴가를 차례로 취소했다.

그런 뒤 중동과 유럽 전역에서 4대 방송망의 인력 전부를 경계태세에 돌입하게 함으로써 고의로 사태를 키웠다. 그 뒤에는 밤낮을 가리지 않는 TV 인터뷰로 미국의 적인 나비 베리Nabhi Berri를 지치게 만들어 위기를 벼랑으로 몰고 갔다. 동틀 무렵 〈굿모닝 아메리카Good Morning America〉에서 협상을 시작해 〈나이트라인Nightline〉에서의 악명 높은 협상에 이르기까지 나비 베리는 결국 눈이 빠지도록 카메라 렌즈를 응시해야 했다. 결국 소설 "미디어 보복의 원칙Doctrine of Media Retaliation"은 "우리한테 까불면 낮에 브라이언트 검벨Bryant Gumbel을 상대해야 할 뿐 아니라 밤새 래리 킹Larry King을 상대해야 할 거야"라는 메시지를 전달했다.

이것은 과장되고 아마도 초현실적으로 사건을 나열한 것을 수도 있다. 그렇지만 이 과장된 서술 이면에는 중요한 인과관계가 존재한다.

미국의 보복 능력에 대한 신뢰가 NATO 동맹국에 대한 소련의 직접적 공격을 막아준다는 생각이 거의 40년 동안 사실상 교리처럼 받아들여져 왔다. 실제로, 만약 핵전쟁을 일으키면 그와 똑같은 감당할 수 없는 보복을 받을 수 있다고 믿을 경우 제정신인 정부라면 그런 행동을 하지 않을 것이라고 가정하는 상호 억제의 토대가 바로 이 개념적 전제다.

간단히 말하자면 크렘린의 지도부가 유리한 환율의 이점을 인식하지 않는 한 국부적인 선제공격을 할 동기가 존재하지 않는다. 따라서 모스크바의 결정은 우리가 표명한 정책이나 미사여구가 아니라 말과 행동을 일치시키겠다는 미국의 결의에 대한 그들의 평가에 더 영향을 받을 수 있다. 요컨대, 소련은 우리가 최근 테러리스트들의 도발에 직면하여 보여준 장기적인 소극적 태도를 결의가 약해진 징후로 해석할까?

대통령과 국무장관은 "신뢰성의 이월 효과"와 관련된 이 문제를 의회와 언론보다 앞서 예측한 것으로 보인다. "꽃 한 송이만 꺾어도 별들이 고통받는다"라는 중국 속담처럼 외교정책은 수많은 실이 엉켜 풀리지 않는 복잡한 양탄자다. 분명 레이건은 PATCO(미국항공관제사협회) 파업에 대한 발 빠른 대처와 그라나다에 대한 결단력 있는 침공이 전 세계적 반향을 불러일으켰음을 직접 경험으로 알고 있다.

유감스럽게도 현대 레바논이라는 미로에서 복잡한 유혈 사태는 즉각적이고 효과적인 보복에 도움이 되지 않는다. 반면 대응이 지체되면 항상 소통에 문제가 일어나고 의도에 대한 의심을 불러일으킨다.

소련의 SS20 미사일 설치에 대한 대응으로 퍼싱 II 미사일과 크루즈 미사일을 배치한다는 NATO의 결정을 예로 들어보자. 결정하고 난 뒤 5년이라는 공백이 있었던 탓에 실제 배치가 이루어졌을 때 많은 서유럽인 사이에서 이 조치는 미국이 핵무장 경쟁을 고조한다는 인상을 주었다.

따라서 공중 납치된 베이루트의 인질들과 최근 산살바도르에서 미국인 6명이 살해되고 테헤란에서 쿠웨이트 항공에 탑승한 미국인 2명이 살해된 사건이 공공 의제에서 점점 사라지기 전에 미국은 국내외 시민을 보호하기 위한 조치를 취해야 한다. 본질적으로, 내일 테러리즘에 희생되는 민간인들은 오늘 테러리즘에 무기력하게 대응한 결과일 것이다.

우리는 우리가 하는 말과 이런 범죄자들을 계획을 꺾고 처벌하는 능력을 일치시켜야 한다. 노란 리본을 묶는 것은 전쟁 억제 전략이 아니라 오히려 본질을 상징으로, 행동을 말로 대체하는 것, 대통령의 신뢰성이 파괴될 수 있는 올가미의 고리다.

수적인 면에서 엄밀히 따지면 테러리스트의 행위로 발생한 사상자의 규모는 레바논의 유혈 사태, 이란-이라크 전쟁에서 계속되는 대학살, 심지어 국내의 살인율에 비하면 미약하다.

하지만 확산되는 국제 테러리즘이라는 전염병은 단순히 통계가 나타내는 의미보다 훨씬 더 큰 위험의 전조다. 이 시대의 가장 가시적인 범죄임에도 불구하고 이 새로운 유형의 정치적 폭력의 본질과 중요성이 일반대중에게 인식되지 않았다.

테러리즘은 무엇인가? 테러리즘은 정치적 목적을 달성하기 위해 무고한 민간인을 계획적으로 위협하고 불구로 만들어 이를 지켜보는 사람들에게 공포와 불안을 일으키려는 행위다.

이 범죄자들은 공포를 통해 우리의 사고와 행동, 정책을 바꾸려고 노력함으로써 정신적 강간의 한 형태에 가담한다. 새로운 점은 그들의 과대망상증 레시피에 국가의 후원이라는 육수, 약간의 첨단기술, 다량의 과장된 양념이 추가되었다는 것이다. 실제로 오늘날 테러리즘은 구경거리, 공포, 흥분, 메시지를 결합한 쇼 비즈니스의 한 형태를 띤다.

그 결과 테러리스트 작전의 성공을 측정하는 기준은 거의 전적으로 그 행위에 쏟아지는 세상의 관심에 달려 있다. 이 기준에 따르면 만약 미국 방송망들의 관심을 얻을 수 있으면 미국인의 마음과 정신도 뒤따라올 것이다. 결국 향후 수년 혹은 수십 년 동안 테러리스트를 목격할 수 있는 가장 유력한 장소는 뉴욕, 런던, 올림픽 게임, 아카데미 시상식처럼 언론이 대거 존재하는 곳이 될 것이다.

고의든 고의가 아니든, 언론은 테러리스트의 메시지를 전하는 대변인, 전 세계 관객에게 그들의 흥미진진하고 극적인 행위들을 즉각적으로 알려주는 도구다.

이 사건들을 다루는 TV 방송국의 기자들과 논객들은 속담에 나오는 벽에 붙은 파리(몰래 관찰하는 사람)가 아니라 연극 같은 화려한 쇼의 공동연출자들이다. 좋든 싫든 간에 그들은 객관적 관찰자가 아니라 경기에서 뛰는 선수들이다.

테러리스트는 무고한 사람들을 무차별적으로 위협하거나 불구로 만들거나 살해함으로써 관객을 혼란스럽게 만들고 겁주려고 한다. 무작위적인 잔혹 행위로 보이는 짓들이 우리의 개인적 안전감에 너무도 위협적이어서 우리는 그 이면에 이해할 만한 이유나 동기나 설명이 존재할 것이라고 추측할 수밖에 없다. 요컨대 우리에게는 이미 "근원적인 불만"을 알고자 하는 성향이 있고 그렇게 길들여져 있으며, 이는 분명 겁을 먹게 하는 효과가 있다. 당연히 다음 단계는 피해자들을 비난하는 것이다.

지금까지 말한 것을 종합했을 때 제기되는 문제는 현재 추세라면 미래의 성장산업이 될 테러리즘이라는 악을 막기 위해 지금 우리가 무엇을 할 수 있는가다.

1. 시기적절한 보복

우리는 너무나 오랫동안 테러리즘에 대한 대응을 주저해왔다. 약 10년 전 미국에 실질적인 혹은 가상의 불만을 품은 사람들이 해외에서 미국인(군 인사나 외교관이나 민간인)을 저격하기 시작했을 때 우리는 소심하게 보복하거나 아예 아무 대응도 하지 않았다.

무고한 사람들에게 해를 입힐 위험을 감수하면서까지 반격하고 싶지 않다는 게 우리 입장이었지만, 이런 태도는 유명 테러리스트들을 숨겨주는 국가들에 그렇게 하라고 허가증을 내준 것에 지나지 않았다. 이런 후원 국가들(이라크, 시리아, 리비아, 예멘, 레바논 등)에 이 테러리스트들과 그들의 근거지를 제거하지 않으면 우리가 직접 실행할 것이라는 통보를 오래전에 했어야 했다.

누군가의 말처럼, "말라리아와의 싸움에서 이기려면 모기를 잡는 것만으로는 안 될 것이다. 모기들이 사는 늪에서 물을 빼야 한다."

2. 위협에 대해 언론을 교도한다

우리는 미국 전자 매체에서 기자들이 인질들의 처지를 호소하면서 테러리스트의 불만과 위협, 약속을 전하는 이른바 "자동 반사 보도"를 막기 위해 노력해야 한다. 그들이 약간의 자제력만 발휘해도 우리 정부의 의지력 마비를 피할 수 있다.

그뿐만 아니라 기자들이 테러리스트와 자유의 투사, 냉혹한 살인과 처형, 무고한 피해자와 범죄 가해자 사이의 차이를 이해하면 도움이 될 것이다. 테러리스트의 세계에서는 말과 인상이 총과 폭탄보다 더 현실적이고 때로는 더 치명적이다. 요컨대 "균형 추구"와 도덕상의 맹목적 태도가 이런 폭력배를 돕고 심지어 자신감을 북돋을 수도 있다.

3. 테러리즘을 금지하기 위해 외교적·경제적 수단을 사용한다

과거 미국은 유엔이 이런 제안을 통과시키도록 미온적인 시도를 했지만 이슬람 국가들에 의해 좌절되었다. 이슬람 국가들은 "테러리즘"이라는 용어를 전면 재정의해야 한다고 주장했다.

사실 이런 주장은 의사가 당신의 맹장이 당신의 딸로 재정의 되면 맹장을 제거하겠다고 말하는 것과 다름없다. 분명 우리는 이용할 수 있는 모든 "패"를 다 사용해야 하고 이 목표를 관철해야 한다.

4. 공항 보안을 강화한다

국내공항, 국제공항 할 것 없이 모든 비행기에 플라스틱 폭탄과 무기를 감지할 수 있는 3차원 스캐너를 포함한 첨단 수화물 탐지기를 설치해야 한다. 더 나아가서 시한폭탄이나 원격조종 폭탄에 대비하여 모든 탁송 화물에 엑스선 검사를 시행해야 한다.

여기에 더해 연방정부는 공항 보안요원의 역량과 자질 향상을 위해 항공사에 대한 보조금 지급을 고려해야 한다. 또 테러리스트의 쉬운 표적으로 알려진 해외 공항(카라치, 아테네, 마닐라 등)으로의 운항을 금지해야 한다.

5. 정보 수집을 확대하고 강화한다

분명 우리는 인력을 테러리스트 집단에 침투시키는 힘든 과제를 대신해 기술정보 수집 시스템에 지나치게 의존해왔다. 여러 정황으로 미루어 곧 대통령이 이란, 시리아, 레바논의 수상한 테러리스트 집단에 잠입할 아랍인 요원을 모집하고 훈련하는 데 필요한 ISA(정보지원활동대)의 조사 결과에 서명할 것이다. 우리는 국내외 모두에서 인적 정보 수집이 매우 미비한 상황이기 때문에 이 서명이 첫 단계가 되어야만 한다.

이 밖에도 우리의 모든 정보기관들 사이의 협조를 제고하는 한편 진보와 현대성, 서구 문명에 대한 이 위협에 함께 맞설 모든 문명국과의 협력도 강화해야 한다.

테러리즘과 대중매체

같은 침대에서 잠들지만 다른 꿈을 꾼다.

현재의 테러리즘은 정부가 정책을 바꾸도록 압박하려는 목적으로 수많은 관객에게 공포를 일으키기 위해 민간인을 고의로 불구로 만들고 살해한다. 하지만 이런 야만적인 행위가 어마어마하게 증가했는데도 불구하고 이 새로운 유형의 테러리즘의 본질이 일반대중과 민주주의 정부들, 그리고 분명 매체들에도 각인되지 못했다.

우리 시대의 가장 뚜렷한 범죄이지만 미국과 서방 동맹국들에 그 위험과 싸우기 위한 일관된 전략이 있다는 어떤 증거도 없다. 오히려 우리의 무지와 무대책 때문에 공격해도 벌을 받지 않는다는 표적으로 알려지면서 이런 형태의 정치적 폭력의 비용효율을 높여주었다.

• 1986년 8월에 발행된 허브 코헨의 논문.

이 새로운 유형의 테러리즘의 두드러진 특징은 뭘까? 첫째, 이 현대적 유형의 범행은 주권국가의 후원과 재정 지원을 받아 국제적인 성격을 띠게 되었다. 한때는 고립된 이상주의자들이나 비주류 광신도들이나 정치적 무정부주의자들의 전용 무기이던 테러리즘이 특권과 명성을 얻는 길이 되었다. 정부들의 인정과 보호를 받는 테러리스트들은 여행, 명성, 경제적 안정, 흥분, 심지어 존경을 누리는 삶을 살고 있다.

앞으로 테러리스트는 도시의 가난한 문맹들이 아니라 고등 교육을 받은 중산층에서 모집될 것이다. 이는 그들이 더 많은 희생자를 낳고 보다 범세계적인 관심을 불러일으키는 더욱 극적인 혼란 행위들을 연출할 역량을 지닐 것이라는 뜻이다.

둘째, 테러리스트가 현재 사용하는 폭력 유형은 민간인과 전투원에 대한 기존의 구별을 무시한다. 실제로 이 시대의 테러리즘에서 가장 무서운 측면은 상징적 가치나 단순한 이용 가능성 때문에 선택된 무고한 피해자들이 쓰고 버릴 수 있는 물건으로 취급된다는 점이다. 클레어 스털링Claire Sterling이 자신의 저서《테러 네트워크The Terror Network》에서 언급한 것처럼, "중요한 건 시체의 정체성이 아니라 시체가 관객에게 미치는 영향이다."

셋째, 한때는 압제적 정권에 대항하는 마지막 수단으로 사용되었던 테러리즘이 지금은 처음부터 주로 입헌민주주의 국가들을 겨냥한다. 의심의 여지없이 정보의 자유를 충실히 지키고 여론 변화에 민감한 국가들이 폐쇄적이고 억압적인 사회들보다 선전과 강탈에 훨씬 더 취약하다. 전체주의 정권에서 눈에 띄는 테러리즘이 일어나지 않는 이유는 대체로 이 때문이다.

마지막으로. 오늘날의 테러 행위는 범인, 피해자, 대중이 필요한 "삼위일체" 행위다. 대중의 관심을 최대한 얻기 위해 모든 것이 세심하게 연출된다. 불만 주장, 자기과시, 선전이 하나의 연극으로 합쳐져 관객의 참여를 간청한다.

테러리즘을 선전하면 저항집단들과 그들이 공표한 대의에 대한 관심을 불러일으켜 효과가 증대되기 때문에 홍보가 필수적이다. 그러나 홍보가 중요하긴 하지만 추구하는 유일한 목표는 아니다. 테러리스트가 정치적 활동가로서의 지위를 확립하는 것 역시 중요하다. 협상 과정의 상대로서 그들의 역할을 인정하는 것은 이 지위의 확립을 암시한다. 다시 말해 정치적으로 힘이 없는 테러리스트에게 궁극적 성취는 정부가 허가한 협상에 참여함으로써 그들의 불만과 피해의 정당성을 인정받는 것이다.

따라서 대중매체는 국제 테러리즘의 본질적인 요소다. 매체의 관심이 없었다면 사산되었을 사건에 생명을 불어넣는 산소를 공급하기 때문이다. 특히 TV 기자들은 주로 경쟁욕에 불타 "카메라를 들고 여행을 한다."

그 결과 이란 인질 사태부터 아킬레 라우로Achille Lauro호 납치에 이르기까지 우리는 전자매체의 언론인이 인질범에게 경의를 표하거나 정부의 정당한 역할을 침해하는 사례를 너무 많이 보아왔다. 예를 들어 〈굿모닝 아메리카〉의 데이비드 하트먼David Hartman은 시아파 지도자 나비 베리와의 인터뷰를 "그 밖에 레이건 대통령에게 하고 싶은 말이 있습니까?"라는 질문으로 끝맺었다.

방송망들이 이런 극적인 정치적 사건들의 취재를 자제할 수 있다고 믿는 건 분명 비현실적일 것이다. 하지만 궁극적으로 TV 다큐드라마처럼 보이도록 짜 맞춘 역을 스스로 맡지 말라는 게 너무 무리한 요구인가?

이 유도심문에 대해 방송망 대표들은 하워드 코셀Howard Cosell 방식의 클리셰로 "우리는 있는 그대로 말하고 있습니다"라는 상투적인 반응을 보인다.

하지만 우리 모두는 관찰자와 피관찰자를 분리할 수 없다는 것을 알고 있다. 한 사건을 취재하는 단순한 행위가 사건의 본질 자체를 바꾸기 때문이다. 모든 인간은 꼭 객관적인 사실이 아니라 인식한 대로 사건에 반응하기 때문에 테러리스트의 이 화려한 쇼에 매체가 적극적으로 가담하면 매체와 시청자의 인식 모두에 영향을 미친다. 요약하면, 매체는 우리에게 지도를 주지만 대부분의 경우 그 지도가 지형과 일치하지 않는다.

테러리스트는 무고한 사람들을 무차별적으로 위협하거나 불구로 만들거나 살해함으로써 관객을 혼란스럽게 만들고 겁주려고 한다. 무작위적인 잔혹 행위로 보이는 짓들이 우리의 개인적 안전감에 너무도 위협적이어서 우리는 그 이면에 이해할 만한 이유나 원인이나 설명이 존재할 것이라고 추측할 수밖에 없다. 따라서 우리에겐 이미 "근원적인 불만" 또는 "근본 원인"을 알고자 하는 성향이 있고, 이는 분명 겁을 먹게 하는 효과가 있다고 생각된다.

"알리바이의 시대"에 살고 있는 우리는 선행 사건들을 직접적 원인이라고 착각하기 쉽고(즉, 조지 윌George Will의 설명을 빌리자면, "수탉이 울어서 해가 떴다"), 그와 동시에 범죄를 저지른 폭력배들의 정의로운 자기변호에 더 쉽게 흔들린다. 특히 그들이 정치적 동기를 주장하면 더욱 그러하다.

매체, 특히 TV가 우리의 사고방식을 형성할 수 있고 실제로 형성한다는 데는 의심의 여지가 없다. 매체들은 베트남 전쟁을 계속하려는 우리의 의지를 약화했다. 또 이란의 우리 대사관이 점거된 뒤에는 우리 모두를 444일간의 감정적 롤러코스트에 인질로 잡아두었다. 우리 대부분에게 매체는 국내 혹은 국제 분쟁과 관련된 상황에 관한 우리의 직접적 지식과 경험을 대체한다.

매체는 우리의 규범과 판단 형성에 지침을 주고 신뢰성을 판단하도록 돕는다. 또한 매체는 그 본질과 구조에 의해 당면한 문제들의 프레임을 짜기에 편리하다.

유감스럽게도 시각적 취재의 어마어마한 증가에도 불구하고 새로운 테러리즘 유형의 불길한 성격이 대체로 매체들에 인식되지 않았다. 심지어 주요 방송사들의 "균형 잡힌 보도" 시도가 테러리즘의 신화를 만들어내고 "테러리스트가 상대를 먹잇감으로만 보는 사고"를 갖게 하는 데 기여했을 뿐이라는 주장도 있다.

이런 평가가 가혹해 보이지만, "테러리스트의 연극"에 대한 취재가 테러리즘을 정당화하고 심지어 존경할 만하다고까지 격상해주는 현재의 혼란스러운 사고 상태에 기여했다는 증거가 존재한다.

첫째, 테러리스트와 관련된 용어들을 채택하는 매체의 성향이다. 예를 들어 흉악범이 "특공대", "유격대", "자유의 투사"로 지칭되는 것을 얼마나 자주 들었는가? 단어는 우리의 사고를 정의하고 제한하기 때문에 이러한 언어의 변질에는 반대해야 한다. 요약하면, 잔혹한 고문이 "재판"이나 "심문"으로 불려서는 안 된다. 또 범죄자들은 피해자들을 "처형"하는 것이 아니라 살해하는 것이다.

둘째, 윤리적 동등성 원칙을 적용하여 종종 우리 측과 무차별적 폭력의 가해자들을 동등하게 둔다는 점이다. 언론과 정부

사이의 적대적 관계 때문에, 사람들은 정부가 자신들의 행동에 의문이 제기될 수 있는 것이라면 뭐든 숨기려 들 것이라고 추측한다.

그래서 대중매체는 "공식 입장"에 균형추 역할을 하기 위해 학자들, 외국인들, 낯선 이름을 가진 사람들과 접촉해야 한다고 느낀다. 물론 모든 갈등에 항상 두 가지 입장이 있는 것은 아니다. 때로는 어떤 것이 명백하게 악하고 잔인하기 때문에 공정을 위해서 "일방적 보도"가 필요하다.

마지막으로, 언론은 고귀한 대의라고 알려진 것을 구실로 개인의 범죄 행위를 정당화하지 않도록 모든 노력을 기울여야 한다. "크럽키 경관Officer Krupke〔뮤지컬 〈웨스트사이드 스토리〉에 나오는 곡으로, 비행청소년들이 자신들은 원래 선량한데 가정과 사회가 그렇게 만든 것이라고 풍자하는 내용〕 방식의 책임회피"는 테러리즘이 주로 정치적 혹은 사회경제적 불평등에서 기인했다고 믿게 만들 것이다.

그러나 실제로 구체적인 사례를 검토해보면 근본 원인은 심리적·병적인 것으로 추정된다. 이를 분명히 보여주는 예가 1972년 5월에 로드공항 학살 사건을 벌인 일본의 테러리스트들이다. 테러리스트 가운데 혼자 살아남은 코조 오카모토Kozo Okamoto에 따르면 그와 공범들은 북한 요원들에게 선발되어 레바논과 시리아에서 훈련을 받았다. 서독으로부터 재정 지원을 받았고 이탈리아에서 무장을 했으며 조지 하바시George Habash 의 팔레스타인해방인민전선 조직들의 지시를 받았다.

TWA 847기 납치, 아킬레 라우로호 점거, 시아파와 타밀족 민족주의자들이 민간 항공사에 설치한 폭발물, 베를린 디스코 클럽 폭파와 같은 더 최근의 테러리스트 사건들을 살펴보면, 주목할 만한 점은 이 중 어떤 사건도 군사적 혹은 경제적 동기로 일어나지 않았다는 것이다. 이 사건들의 공통점은 이 모든 끔찍한 행동들이 가망 없는 대의를 전 세계에 널리 알리기 위해 주의 깊게 설계되고 조율되었다는 것이다. 각 사건이 일어날 때마다 매체들은 의식하지 못한 채 이 주요 목표가 성취될 수 있는 수단 역할을 했다.

국제 테러리즘이라는 몰염치한 현상으로 이미 우리의 삶의 질이 바뀌고 저하된 것은 분명하다. 하지만 매체 대부분이 우리의 문화와 생존에 대한 이 증가하는 위협에 그들이 공모하고 있다는 사실을 여간해서는 인식하지 못한다. 그 가운데 예외로 "이 문제를 더 깊이 생각하고 본질을 이해하면 그에 대해 글을 쓰는 것을 중단하거나 더 주의 깊고 신중하게 취재할 것이다" 라고 쓴 특약 칼럼니스트 데이비드 브로더David Broder가 있다.

하지만 국제 테러리즘이 제시하는 위험을 인정하는 것이 자유롭고 독립적인 언론에 충실하지 않다는 뜻은 아니다. 그보다는 매체 자체가 대중의 알 권리와 관련된 책임 사이의 균형을 맞추어야 한다는 뜻이다. 매체 자체의 이익을 위해서라도 인간의 생명을 보호하고 민주주의 사회를 보존하는 것이 그들의 의무다.

지난 반세기 동안 협상 분야와 관련된 문헌이 폭발적으로 증가했다. 더 많은 자료를 읽어보고자 하는 사람들을 위해 가능한 한 많은 문헌을 제시하며, 실질적인 지식과 이론적인 지식을 분류했다. 독자는 나의 이러한 선택에 제한된 인식, 선호도 및 편견이 포함될 수 있음을 감안하길 바란다.

추천문헌

Brandenburger, A., and B. Nalebuff. Co-opetition. Doubleday(1996).

Bazerman, M., and M. Neale. Negotiating Rationally. Free Press(1992).

Cialdini, R. Influence. William Morrow(1984).

Cohen, H. You Can Negotiate Anything. Bantam(1980).

Filley, A. Interpersonal Conflict Resolution. Scott, Foresman(1975).

Fisher, R., and W. Ury. Getting to YES. Penguin(1981).

Ginott, C. Between Parent and Child. Avon(1956).

Haley, J. The Power Tactics of Jesus Christ and Other Essays. Avon(1969).

Hoffer, E. The True Believer. HarperCollins(1951).

Iklé, F. How Nations Negotiate. Harper & Row(1964).

Lewicki, R., and J. Letterer. Negotiation. Irwin(1985).

McDonald, J. Strategy in Poker, Business and War. Norton(1950).

Milgram, S. Obedience to Authority. Harper & Row(1974).

Schelling, T. The Strategy of Conflict. Harvard University Press(1960).

Shapiro, R., and M. Jankowski. The Power of Nice. John Wiley & Sons(1998).

Trump, D., and T. Schwartz. The Art of the Deal. Random House(1992).

Zartman, W., and M. Berman. The Practical Negotiator. Yale University Press (1982).

협상 분야 고전

협상 분야에서 아래 문헌 대부분은 중요하고 큰 영향을 미쳐왔다. 그럼에도 일부 문헌은 일반 독자에게 너무 기술적이고 구식처럼 보일 수도 있다.

Alinsky, S. Rules for Radicals. Vintage(1972).

Blau, P. Exchange and Power in Social Life. Wiley(1964).

Boulding, K. Conflict and Defense: A General Theory. Harper & Row(1962).

Chamberlain, N. Collective Bargaining. McGraw-Hill(1951).

Douglas, A. Industrial Peacemaking. Columbia University Press(1962).

Druckman, D. Negotiations. Sage(1977).

Goffman, E. Strategic Interaction. University of Pennsylvania Press/Ballan-
tine(1969).

Guetzkow, H., ed. Simulation in Social Science: Readings. Prentice Hall
(1962).

Heider, F. The Psychology of Interpersonal Relations. Wiley(1958).

Kelman, H., ed. International Behavior. Holt, Rinehart & Winston(1965).

Maslow, A. Motivation and Personality. Harper & Row(1954).

McClelland, D. Power: The Inner Experience. Irvington(1975).

McGregor, D. The Human Side of Enterprise. McGraw-Hill(1960).

Peters, E. Strategy Tactics in Labor Negotiations. National Foremen's
Institute(1955).

Rapoport, A. Fights, Games and Debates. University of Michigan Press(1960).

Rapoport, A. Strategy and Conscience. Harper & Row(1964).

Schelling, T. Arms and Influence. Yale University Press(1966).

Shubik, M. Game Theory and Related Approaches to Social Behavior. John
Wiley(1964).

Siegel, S., and L. Fouraker. Bargaining and Group Decision-Making.
McGraw-Hill(1960).

Stevens, C. Strategy in Collective Bargaining Negotiation. McGraw-Hill(1963).

Von Neumann, J., and O. Morgenstern. Theory of Games and Economic

Behavior. Princeton University Press(1944).

Walton, R., and R. McKersie. A Behavioral Theory of Labor Negotiations. McGraw-Hill(1965).

읽을거리

협상과 관련해 스스로 선택하고자 하는 독자는 위의 문헌들이 언급한 것을 보완하고 절충하는 방식으로 아래 문헌을 활용할 수 있다.

Alexrod, R. The Evolution of Cooperation. Basic Books(1984).

Bacharach, S., and E. Lawler. Bargaining. Jossey-Bass(1981).

Baldwin, D. Paradoxes of Power. Basil Blackwell(1989).

Bartos, O. Process and Outcomes of Negotiations. Columbia University Press(1974).

Bazerman, M., and R. Lewicki. Negotiating in Organizations. Sage(1983).

Bell, D. Power, Influence and Authority. Oxford University Press(1975).

Brams, S. Negotiation Games. Routledge(1990).

Burch, G. Resistance Is Useless. Headline Publishing(1994).

Churchill, W. The Gathering Storm, Vol. 1. Houghton Mifflin(1948).

Coddington, A. Theories of the Bargaining Process. Aldine(1968).

DeBono, E. Conflicts: A Better Way to Resolve Them. Harrap(1985).

DeBono, E. Tactics. Collins (1985).

Deutsch, M. The Resolution of Conflict. Yale University Press(1973).

Deutsch, M., and R. Krauss. Theories in Social Psychology. Basic Books (1965).

Dixit, A., and B. Nalebuff. Thinking Strategically. Norton(1991).

Druckman, D. Human Factors in International Negotiations. Sage(1973).

Druckman, E., ed. Negotiations—Social-Psychological Perspectives. Sage (1977).

Frankel, V. Man's Search for Meaning. Simon & Schuster(1959).

Goleman, D. Vital Lies, Simple Truths. Simon & Schuster(1985).

Gordon, T. Parent Effectiveness Training. Plume(1975).

Gulliver, P. Disputes and Negotiations. Academic Press(1979).

Hoffer, E. The Ordeal of Change. Harper & Row(1963).

Hoffer, E. The Passionate State of Mind. Harper & Row(1955).

Hoffer, E. The Temper of Our Time. Harper & Row(1967).

Janis, I. Victims of Groupthink. Houghton Mifflin(1972).

Kahn, H. On Escalation: Memoirs and Scenarios. Praeger(1965).

Lall, A. Modern International Negotiation. Columbia University Press(1966).

Lax, D., and K. Sebenius. The Manager As a Negotiator. Dimensions(1986).

Levin, E. Levin's Laws. M. Evans(1980).

Mastenbrock, W. Negotiate. Basil Blackwell(1989).

McCormack, M. On Negotiating. Dove(1995).

Mnookin, R., S. Peppet, and A. Tulumello. Beyond Winning. Belknap-Harvard(2000).

Morley, I., and G. Stephenson. The Social Psychology of Bargaining. London: Allen Unwin(1977).

Murninghan, K. Bargaining Games. Morrow(1992).

Poundstone, W. Prisoner's Dilemma. Doubleday(1992).

Pruitt, D. Negotiation Behavior. Academic Press(1981).

Raiffa, H. The Art and Science of Negotiation. Harvard University Press (1982).

Rowny, E. It Takes One to Tango. Brassey's(1992).

Rubin, J., and B. Brown. The Social Psychology of Bargaining and Negotiations. Academic Press(1975).

Shea, G. Creative Negotiating. CBI Publishing(1983).

Strauss, A. Negotiations. Jossey-Bass(1978).

Swingle, P., ed. The Structure of Conflict. Academic Press(1970).

Ury, W. Getting Past No. Bantam(1991).

Woolf, B. Friendly Persuasion. Putnam(1990).

Young, O., ed. Bargaining. University of Illinois Press(1976).

Zaleznik, A., and D. Moment. Disputes and Negotiations. Wiley(1964).

Zartman, W. The Negotiation Process. Sage(1978).

Zartman, W., ed. The 50% Solution. Anchor(1976).